Matthias Bath

Gefangen und freigetauscht

Matthias Bath

Gefangen und freigetauscht

1197 Tage als Fluchthelfer in der DDR-Haft

herausgegeben von der Stiftung
Gedenkstätte Berlin-Hohenschönhausen

Jaron Verlag

Abbildungen
Bundesbeauftragte für die Unterlagen des Staatssicherheitsdienstes der ehemaligen DDR: S. 24, S. 26 u.
Privatarchiv Ursula Bath: S. 73
Gedenkstätte Berlin-Hohenschönhausen: S. 55 u., S. 62 u.
Alle anderen Abbildungen stammen aus dem Archiv des Autors

Originalausgabe
1. Auflage 2007

Umschlaggestaltung: Atelier Kattner, Berlin, unter Verwendung eines Gemäldes von Ursula Bath
Satz: Pinkuin Satz und Datentechnik, Berlin
Lithographie: LVD GmbH, Berlin
Druck und Bindung: Westermann Druck, Zwickau
ISBN 978-3-89773-566-8

(Eine frühere Fassung des Werkes erschien 1981 im Olzog Verlag, München)

Inhalt

Hubertus Knabe: Vorwort 7

Fluchthilfe 9
Die Untersuchungshaft beim MfS 23
StVE Berlin-Rummelsburg 111
Der Freitausch 232

Werner Krüger: Nachwort 242
Abkürzungen 247

Vorwort

Dieses Buch handelt von einem jungen Mann, der mehr als tausend Tage in DDR-Gefängnissen zubrachte. Matthias Bath wurde am 9. April 1976 im Alter von 20 Jahren verhaftet. Auf Bitten eines Freundes hatte er versucht, Ostdeutschen zur Flucht aus der DDR zu verhelfen. An der innerdeutschen Grenze, am Grenzübergang Marienborn, wurde er von Mitarbeitern des Ministeriums für Staatssicherheit (MfS) festgenommen.

Sein Schicksal steht für Tausende andere, die aufgrund des Grenzregimes der SED ins Gefängnis mussten. Fluchtwillige, Ausreiseantragsteller und deren Unterstützer im Westen stellten seit dem Mauerbau am 13. August 1961 in der DDR die Mehrheit der politischen Häftlinge. Wegen »ungesetzlichen Grenzübertritts« und »staatsfeindlichen Menschenhandels« kamen seitdem mehr als 72 000 Menschen in Haft. Obwohl sie die größte Gruppe der Maueropfer bildeten, stehen sie bis heute eher am Rande des öffentlichen Interesses.

Viele der Inhaftierten kamen damals in das Zentralgefängnis des Staatssicherheitsdienstes in Berlin-Hohenschönhausen. Auch Matthias Bath saß hier fünf Monate in Untersuchungshaft. Bis zu seiner Verurteilung zu fünf Jahren Haft erlebte der 20-Jährige hier die wohl schwerste Zeit seines Lebens, als er, ganz auf sich allein gestellt, den MfS-Vernehmern ausgeliefert war.

Matthias Bath, heute Staatsanwalt in Berlin, beschreibt in diesem Buch, was er in Hohenschönhausen, vor Gericht und im Strafvollzug der DDR erlebt hat. Gleich nach der Haftentlassung brachte der angehende Jurist aus West-Berlin seine noch frischen Erinnerungen zu Papier. Mit ungewöhnlicher Genauigkeit schildert er darin seine Einlieferung in die Haftanstalt Hohenschönhausen, die wochenlangen Verhöre beim Staatssicherheitsdienst und den Zellenalltag in mehreren DDR-Gefängnissen. Nicht verbittert oder larmoyant, sondern mit fast erschreckender Sachlichkeit beschreibt er das System der politischen Justiz in der DDR am Ende der 1970er Jahre. Seine präzisen Schilderungen machen das Buch nicht nur zu einem seltenen Zeitdokument. Es ist darüber hinaus auch ein Stück dokumentarischer Literatur, das vergleichbar ist mit den zur selben Zeit entstandenen »Vernehmungsprotokollen« des Schriftstellers Jürgen Fuchs.

Doch während Fuchs in der DDR aufwuchs, kam Matthias Bath aus dem westlichen Teil Deutschlands. Ohne Erfahrungen mit dem Leben im real existierenden Sozialismus muss der Schock für ihn umso größer gewesen sein, als er durch seine Verhaftung unfreiwillig in die DDR »übersiedeln« musste und sie aus der Perspektive eines politischen Häftlings kennenlernte. Vielleicht ist es dieser fremde Blick, der ihn dazu befähigt hat, seine Erlebnisse so ungewöhnlich eindringlich festzuhalten.

Baths Bericht über seine Haft macht deutlich, dass die Auseinandersetzung mit der DDR-Vergangenheit keineswegs nur Ostdeutsche betrifft. Jeder, der damals dem Unrecht nicht tatenlos zuschauen wollte, konnte wie er in die Mühlen des Staatssicherheitsdienstes geraten. Sein Buch zeigt damit auch, warum die Aufarbeitung der 40-jährigen SED-Diktatur eine Aufgabe aller Deutschen ist.

Dr. Hubertus Knabe,
Direktor der Gedenkstätte Berlin-Hohenschönhausen

Fluchthilfe

Gespräche mit Folgen

An einem grauen Nachmittag Anfang November 1975 klingelte das Telefon. Am Apparat war R., ein Vorstandsmitglied der Jungen Union (JU), den ich seit Sommer 1974 kannte und mit dem ich innerhalb der Jungen Union bei verschiedenen Anlässen enger zusammengearbeitet hatte. Er fragte, ob wir uns nicht einmal treffen könnten. Es ginge um eine Frage, die sich telefonisch nicht erörtern ließe. Wir vereinbarten, uns einige Tage später zu treffen.

Am Nachmittag des 7. Novembers wartete ich am Kurfürstendamm vor dem Café Kranzler auf R. Plötzlich hupte vor mir sein weißer BMW. Ich stieg zu, und der Wagen rollte langsam den Kurfürstendamm entlang. R. erkundigte sich als Erstes, ob ich einen Führerschein besitze, was ich bejahte. Daraufhin sprach R. unsere Bekanntschaft und Zusammenarbeit in der Jungen Union an. Offensichtlich würden wir uns politisch sehr nahe stehen. Dies gelte insbesondere im Hinblick auf die Beurteilung der Verhältnisse in der DDR, zu denen wir ja auch schon einiges an gemeinsamen Aktionen politischer Art in die Wege geleitet hätten. Aufgrund dieser gemeinsamen Aktivitäten glaube er, mir vertrauen zu können. Er befasse sich nämlich außerhalb seiner Tätigkeit in der JU auch mit Fluchthilfe und wolle mich fragen, ob ich nicht bereit wäre, bei einem Fluchthilfeunternehmen mitzuwirken. Meine Aufgabe würde es sein, in die DDR einzureisen, die Flüchtlinge irgendwo aufzunehmen und an die Autobahn zu bringen, von wo sie von einem anderen Fahrer im Transitverkehr durch die Grenzkontrollen gebracht würden. Bei den Flüchtlingen würde es sich um Freunde und Bekannte von ihm aus der DDR handeln.

Da ich wusste, dass R. vor einiger Zeit selbst aus der DDR geflüchtet und überdies im Rahmen der Jungen Union vorwiegend auf dem deutschlandpolitischen Sektor aktiv war, erschien mir diese Darstellung nicht weiter verwunderlich. Fluchthilfe hielt ich in Anbetracht der Verhältnisse in Deutschland keineswegs für ehrenrührig, sondern für durchaus gerechtfertigt. Ein »Staat«, der seinen Bürgern das Recht der freien Ausreise durch Gesetz vorenthielt, verspielte in meinen Augen den Anspruch auf Beachtung seiner Gesetze und musste damit rechnen, dass seine Bewohner ihn auch entgegen solchen Gesetzen verließen. Andererseits war mir das hohe Risiko der Fluchthelfer durchaus bewusst. Außerdem stand ich damals kurz vor dem Abitur.

Unter Hinweis auf mein Abitur lehnte ich damals auch eine Mitwirkung bei Fluchthilfeunternehmen ab. R. akzeptierte das. Wir verblieben so, dass wir uns nach meinem Abitur noch einmal eingehender über die Sache unterhalten könnten. Damit war meine Teilnahme vorerst erledigt, doch war ich nunmehr mit dem Gedanken an Fluchthilfe vertraut gemacht worden, und dieser Gedanke hatte für mich nichts Absonderliches. Damals, im November 1975, war für mich allerdings noch völlig offen, ob ich später an Fluchthilfeaktionen teilnehmen würde. Ich verließ den Wagen wieder und hatte die Angelegenheit einige Tage später schon fast vergessen.

Etwas mehr als einen Monat danach hatte ich mein Abitur bestanden. Unmittelbar darauf begann ich mit der Suche nach einem Job, um die Zeit bis zur Aufnahme des Studiums zu überbrücken. Unter den wenigen Annoncen in der »BZ«, die mir interessant erschienen, war eine, in der unter Angabe einer Telefonnummer »Kraftfahrer mit eigenem Pkw« gesucht wurden. Als ich dort anrief, teilte mir eine männliche Stimme mit, es würde sich um Fluchthilfe handeln: Wenn ich Interesse hätte, könnten wir uns treffen und alles Nähere besprechen. Kurioserweise war ich auf eine der seinerzeit aktiven kommerziellen Fluchthelferfirmen gestoßen. Da mir einiges über das Geschäftsgebaren kommerzieller Fluchthelfer aus der Presse bekannt war und es mir im höchsten Maße leichtfertig erschien, potentielle Fluchthelfer per Telefon zu werben, teilte ich sogleich mit, dass ich kein Interesse hätte. Allerdings erinnerte ich mich dadurch auch wieder an R., dessen Offerte mir von wesentlich besserer Qualität erschien. Wenige Tage später bekam ich durch Vermittlung eines Freundes eine Arbeitsstelle im Kartoffelhandel, die zwar von der Arbeit her nicht besonders attraktiv war, aber relativ gut entlohnt wurde.

Im Januar 1976 war R. dann eines Abends wieder am Telefon. Er fragte, ob wir uns nicht in der mir ja schon bekannten Angelegenheit noch einmal treffen könnten. Grundsätzlich war ich dazu bereit, und so saßen wir uns einige Abende später in der Küche seiner Charlottenburger Wohnung gegenüber. R. wiederholte an diesem Abend sein Anliegen und machte auf meinen Wunsch hin hierzu auch einige weitere Ausführungen. Er sei, wie ich ja wisse, 1965 nach Beendigung seines Ingenieurstudiums aus der DDR geflüchtet. Aus dieser Zeit habe er noch einen größeren Freundes- und Bekanntenkreis dort drüben. Auch nach 1972, als er aufgrund der seinerzeitigen Amnestie wieder nach Mitteldeutschland habe einreisen können, seien neue Bekanntschaften entstanden. Seit Übernahme seiner jetzigen Funktion im Rahmen der Ostarbeit der Jungen Union könne er aber nicht mehr in die DDR einreisen. Bei seinem Freundes- und Bekanntenkreis würde es sich vor allem um jüngere Intellektuelle handeln. Diese seien drüben durch die politischen Verhältnisse weitgehend an ihrer Selbstverwirklichung gehindert. Aus diesem Grunde trügen sich dort viele mit Fluchtgedanken. Ihnen zu helfen betrachte er als seine Aufgabe. Da er aber persönlich gehindert sei, DDR-Gebiet zu betreten, könne er nur organisatorisch zum Gelingen derartiger Fluchtversuche beitragen und benötige deshalb Helfer. Aufgrund meiner ihm bekannten politischen Auffassungen habe er das Zutrauen gehabt, sich in dieser Sache an mich zu wenden. Auf weitere Fragen teilte er noch mit, dass bis jetzt bereits zwei derartige Unternehmen gelungen seien. Ich solle, wie gesagt, in die DDR einreisen, die Flüchtlinge in der Nähe ihres Wohnortes abholen und auf der Autobahn in ein anderes Fahrzeug umsteigen lassen.

Ich vermochte an diesem Abend keine endgültige Entscheidung zu treffen und bat mir eine längere Bedenkzeit aus. Die folgenden Wochen waren voller Gewissenskonflikte. Grundsätzlich bejahte ich den Gedanken der Fluchthilfe. R. schien mir auch kein Geschäftemacher zu sein, sondern tatsächlich aus den angegebenen Motiven heraus zu handeln. Ich selbst war überzeugter Gegner der Mauer- und Stacheldrahtpraktiken der DDR. Das Regime wie auch seine Ideologie wurden von mir aus politischen Gründen abgelehnt. Ich hätte auch nicht als DDR-Bürger leben wollen. Der damalige Status quo der deutschen Teilung, der Existenz der DDR und der Entrechtung ihrer Bewohner erschien mir nicht im Geringsten erhaltenswert. Eher wollte ich an seiner Änderung mitwirken. Durch meine mehrjährige Mitarbeit in JU und CDU hatte ich die Erfahrung machen müssen, dass sich durch konventionelle Formen politischer Arbeit an diesen Problemen kaum etwas ändern ließ. Was nützte es, große Debatten über dieses leidige Thema zu führen, Flugzettel zu verteilen oder auch einmal einen Fackelzug an die Mauer zu veranstalten? Ich bezweifelte den Sinn herkömmlicher Aktivitäten und war für unorthodoxe Vorhaben empfänglich. Mit der Möglichkeit, Fluchthilfe zu leisten, bot sich mir erstmals eine Gelegenheit, Menschen effektiv zu helfen und den damaligen Status quo der deutschen Teilung zu unterlaufen.

Dem gegenüber stand ein hohes Risiko, verbunden mit unangemessener, verbrecherisch hoher Bestrafung im Falle des Misslingens. Meinen Angehörigen gegenüber musste ich zumindest vorübergehend eine Art Doppelleben führen, da meine Eltern mit Sicherheit danach getrachtet hätten, mir die Teilnahme an Fluchthelferaktivitäten unmöglich zu machen.

Würde ich allerdings diesen Gegenargumenten nachgeben, so schien mir, würde ich zugleich vor mir selbst unglaubhaft werden. Ich hatte mich öffentlich wiederholt dafür ausgesprochen, mit allen erfolgversprechenden Mitteln gegen das Unrecht in der DDR vorzugehen. Nun war mir eine solche Möglichkeit eröffnet. Sollte ich mich nun auf den Standpunkt stellen, was allgemein richtig sei, stelle sich im Besonderen für mich persönlich ganz

Sektorengrenze zwischen Neukölln und Treptow, Bouchéstr., 13. August 1961

Matthias Bath an der Sektorengrenze, Kiefholzstr., September 1961

anders dar? War nicht gerade die weitverbreitete Einstellung, politische Probleme theoretisch anzugehen, aber vor den Risiken und eventuellen Folgen ihrer praktischen Lösung zurückzuschrecken, etwas, das mich an den Vertretern einer herkömmlichen, bürgerlichen Politik abgestoßen hatte? Ich erinnerte mich auch an den Ausspruch Kurt Schumachers »Wer zum Unrecht schweigt, macht sich mitschuldig!«. Wäre nicht bloßes politisches Geschwätz, nachdem sich die Möglichkeit zu tätiger Mitwirkung geboten hatte, mit »Schweigen« im Schumacherschen Sinne gleichzusetzen gewesen?

Letztlich entschloss ich mich, um nicht vor mir selber unglaubwürdig und moralisch korrumpiert zu werden, zur Teilnahme an der vorgeschlagenen Fluchthilfe. Ich glaubte, mich so auch von einer moralischen Mitverantwortung freimachen zu können, die im Grunde genommen alle trugen, die erkanntes Unrecht nur deklamatorisch statt aktiv bekämpften. Das Risiko war mir klar, wobei ich es allerdings erheblich unterbewertete. Die notwendige Täuschung meiner Eltern und Geschwister schien mir in Anbetracht des Ziels, die Lebensbedingungen mehrerer anderer Menschen grundlegend zu verbessern, gerechtfertigt. Außerdem hatte ich vor, wohlbehalten von dem Fluchthilfeunternehmen zurückzukehren, sodass wohl keiner meiner Angehörigen je etwas bemerkt hätte.

In dieser Zeit unterhielt ich mich auch mit einer ganzen Reihe von Leuten allgemein über deutschlandpolitische Fragen. Verständlich, dass das Thema Fluchthilfe dabei nicht einmal am Rande angesprochen werden konnte. Dennoch gewann ich den Eindruck, dass viele mit der deutschen Teilung unzufrieden waren und nur – im Gegensatz zu mir – keine Möglichkeit sahen, etwas dagegen zu tun. Das bestärkte mich in meiner Entscheidung.

Ende Februar 1976 telefonierte ich abermals mit R. Bei einem Treffen am 24. Februar im Hauptgebäude der Technischen Universität (TU), wo R. tätig war, erklärte ich meine endgültige Bereitschaft, an Befreiungsaktionen für DDR-Bürger mitzuwirken.

Das nächste Treffen fand am Abend des 21. März im Café Kranzler statt. Diesmal wurde es konkret. R. teilte mir mit, ich würde Anfang April fahren. Allerdings habe es eine Änderung gegeben. Die Zubringerfahrt würde jemand aus Ost-Berlin übernehmen. Ich dagegen solle die Flüchtlinge über die Transitautobahn in den Westen »schleusen«. Zu diesem Zweck würde mir ein Wagen gestellt, und zwar ein Opel, Baujahr 1967. Nach kurzem Widerstreben erklärte ich mich auch mit der Rollenumbesetzung einverstanden. Ferner vereinbarten wir einen Termin für den nächsten Abend vor dem Zehlendorfer Rathaus. Dort sollte ich die Papiere des Opels sowie seine Nummernschilder erhalten, um ihn wieder zuzulassen.

So geschah es auch. R. übergab mir die Papiere des Pkw B-TT 881, die dazugehörigen Nummernschilder sowie den zur Zulassung nötigen Geldbetrag. Am Dienstag, dem 23. März, meldete ich das Fahrzeug dann am Vormittag bei der Kraftfahrzeugzulassungsstelle in Berlin-Kreuzberg an. Am nächsten Tag fand ich mich wieder bei R. in der TU ein. Gemeinsam fuhren wir zu einem abgelegenen TU-Institut am Charlottenburger Salzufer, wo der Fluchtwagen abgestellt war. Es handelte sich um einen alten Opel Olympia, ein sogenanntes C-Coupé, eine eher sportliche Opel-Variante mit relativ großem Kofferraum. In diesem Kofferraum sollten die Flüchtlinge die DDR verlassen. R. befestigte die Nummernschilder am Fahrzeug und teilte mir mit, der Wagen werde noch für seinen besonderen Zweck umgebaut, danach könne die Fluchthilfe in Angriff genommen werden. Bei dieser Gelegenheit äußerte ich den Wunsch, den Wagen probeweise in Berlin einzufahren, da ich mich von der Verkehrstauglichkeit des Fahrzeugs überzeugen wollte und außerdem mit dem Fahrzeugtyp Opel noch nicht vertraut war. Nach anfänglichem Widerstreben willigte R. auch ein, mir den Wagen am Nachmittag des 2. April nach Zehlendorf zu bringen.

Am 2. April wurde mir der Wagen gegen 18.00 Uhr an der Potsdamer Chaussee in der Nähe unseres Hauses übergeben. Nach anfänglichen Schwierigkeiten beherrschte ich ihn bald auch recht gut und fand das Fahrverhalten sogar angenehmer als bei meinem eigenen Wagen, einem VW 1200. Am 3. April fuhren meine Angehörigen in den Urlaub nach Baiersbronn im Schwarzwald. Ich war nun allein im Haus und hatte freie Hand. In der Post fand ich an diesem Tag meine Zulassung zum Studium der Rechtswissenschaft an der Freien Universität Berlin. Nachdem ich diese erfreuliche Nachricht erhalten hatte, zog es mich wieder zum Fluchtauto, das ich, damit es nicht auffiel, in der Potsdamer Chaussee einige hundert Meter von zu Hause entfernt abgestellt hatte. Den ganzen Tag war ich nun mit dem Fahrzeug unterwegs. Gegen Abend ging mir in Grunewald die Lichtmaschine kaputt. Ich musste mich anschieben lassen und kam mit Mühe und Not gerade noch nach Hause, von wo ich R. verständigte. Dieser kam am folgenden Tag und schleppte mich zum Salzufer ab, wobei er eine rasche Reparatur des Schadens zusagte.

Am Montag, dem 5. April, erledigte ich die Formalitäten für meine Immatrikulation und begann mein Studium an der Freien Universität (FU) Berlin. Am Nachmittag des 8. April meldete sich R. wieder bei mir. Der entscheidende Tag war gekommen. Gegen 19.00 Uhr trafen wir uns an der Potsdamer Chaussee und fuhren dann zur TU, wo mir R. in einer abgelegenen Ecke die baulichen Veränderungen des Fahrzeugs erläuterte. Durch Entfernen einer Trennplatte, einer Stützstrebe und zweier Laschen konnte man Rückbank und Rücklehne derart auseinanderziehen, dass ein Durchstieg von der Fahrgastzelle zum Kofferraum möglich war. Außerdem war die Federung der Hinterachse verstärkt worden. Hier erhielt ich auch detaillierte Instruktionen: Ich sollte am 9. April gegen 19.00 Uhr losfahren und nach Einbruch der Dunkelheit gegen 20.00 Uhr an Michendorf vorbeifahren. Hinter der Autobahnabzweigung Leipzig/Magdeburg sollte ich den ersten Parkplatz in Magdeburger Richtung ansteuern. Dort würde mir ein roter Skoda mit dem Ost-Berliner Kennzeichen ID-9743 auffallen. Das sei das Zubringerfahrzeug. Wir sollten dort aber keinen Kontakt miteinander aufnehmen. Nach einiger Zeit würde der Skoda den Parkplatz verlassen. Ich sollte ihm unauffällig folgen und würde ihn, vorausgesetzt, ich sei etwas schneller als die erlaubten 100 km/h, bald einholen. Dann sollte ich mich vor ihn setzen, eine zum Umstieg geeignete Stelle suchen (kein Verkehr, kein Parkplatz, keine Brücke, keine Abfahrt) und dem Zubringer die bevorstehende Übergabe durch zweimaliges Bremsen signalisieren. Noch während des Fahrens sollte ich die Vordersitze so weit wie möglich nach vorne ziehen, damit die Flüchtlinge gleich nach hinten steigen könnten. Bei den Flüchtlingen würde es sich um einen jungen Mann, eine junge Frau und ein kleines Kind handeln. R. zeigte mir kurz Passfotos der Flüchtlinge. Die Flüchtlinge sollten während der Weiterfahrt in den Kofferraum umsteigen. Anschließend sollte ich einen Parkplatz ansteuern, dort meine Jacke nach hinten packen und bei der Gelegenheit die Rückbank wieder ordentlich einrasten. Gegen 22.00 Uhr sollte ich in Helmstedt ankommen, wo mich auf dem Parkplatz ein Mann namens Peter ansprechen würde. Dort sollte ich weitere Instruktionen erhalten. Gegen Nervosität bei den Flüchtlingen wie auch bei mir selbst gab mir R. abschließend noch einen Viererriegel Valium-Beruhigungstabletten. Danach trennten wir uns.

Auf der Rückfahrt nach Zehlendorf ging mir dann auf dem Hohenzollerndamm die Wasserkühlung des Wagens kaputt. Knapp schaffte ich es bis zu meinem Stellplatz in der Potsdamer Chaussee. Dort stellte ich den in große Dampfschwaden gehüllten Wagen ab und klingelte danach wütend R. aus dem Bett. Er versprach, den Wagen noch einmal zu überprüfen und nicht nur die offenbar defekten Teile auszuwechseln, sondern auch prophylaktisch alles Lebensnotwendige am Fahrzeug zu erneuern.

Am Morgen des 9. April schleppte er mich bis zum Innsbrucker Platz. Dort verließ ich den Wagen und fuhr mit dem Bus 48 zurück zur FU, wo ich bis gegen 15.00 Uhr blieb. Anschließend fuhr ich nach Hause und erledigte noch einige Besorgungen. Um 17.00 Uhr brachte R. den Wagen, wünschte mir mit einem Zwinkern »Hals- und Beinbruch« und verschwand. Ich tippte für den Fall des Misslingens meines Unternehmens an drei meiner

Freunde Briefe, die ich einer Nachbarin mit der Bitte übergab, sie an die angegebenen Adressen weiterzuleiten, wenn ich sie bis Montag nicht wieder abgeholt haben sollte.

Ein Abend auf der Autobahn

Kurz vor 19.00 Uhr verließ ich zum letzten Mal das Haus. Einen weiteren Brief an meine Angehörigen hatte ich zusammen mit meiner Immatrikulationsbescheinigung sowie Schlüsseln und Papieren meines eigenen Wagens zuvor auf dem Wohnzimmertisch abgelegt. Nachdem ich noch das Gartentor abgeschlossen hatte, brachte ich auch die Schlüssel zu unseren Nachbarn.

Im Gegensatz zum Vormittag war es im Verlauf des Nachmittags aufgeklart und frühlingshaft warm geworden. Als ich zum Wagen ging, begann es zu dämmern. Die rötlich schimmernde Sonne, deren Licht vielfach von den Bäumen gebrochen wurde, verlor aber noch nicht an Wärme. Es war ein wirklich schöner Frühlingsabend. Später erschien es mir manchmal, als ob die heimatliche Umgebung sich mir zum Abschied noch einmal in aller Schönheit habe zeigen wollen. In der Wasgenstraße begegnete mir ein ehemaliger Schulkamerad. Wir begrüßten uns und wechselten ein paar Redensarten. Ihm fiel wohl nichts Besonderes an mir auf. Ich fühlte mich vielleicht auch aufgrund der Einnahme einer Beruhigungstablette jetzt sicher, ja fast heiter. Den Gedanken an das Risiko wies ich jetzt, da die Aktion unmittelbar bevorstand, innerlich weit von mir.

Am Auto verstaute ich meinen Campingbeutel mit den für etwaige Übernachtungen in Westdeutschland nötigen Utensilien. Nach einem letzten Rundblick ließ ich den Wagen an. Diesmal klappte alles reibungslos. Um 19.05 Uhr erreichte ich das Zehlendorfer Kleeblatt und fuhr auf die Autobahn. Dem Zollbeamten in Dreilinden rief ich ein kurzes »Helmstedt« zu. Damit war die westliche Kontrolle passiert; ich fuhr über den weißen Strich und befand mich in der DDR. Sekunden später hatte ich die östliche

Kontrollstelle Drewitz erreicht. An der ersten Kontrolle zeigte ich meine Papiere vor und wurde dann weiter auf die Spur für Transitreisende gewiesen, wo ich an der zweiten Kontrolle meine Papiere abgab. Es herrschte mäßiger Verkehr, der auch zügig abgefertigt wurde. So dauerte es nicht lange, bis mir ein Grenzer meine Papiere samt Transitvisum wieder ins Auto reichte und mir »Gute Fahrt« wünschte.

Es sollten 19 Jahre vergehen, bis ich im Sommer 1995 meinen Stasi-Unterlagen entnehmen konnte, dass bereits hier aufgefallen war, dass mein Fahrzeug aufgrund der verstärkten Federung etwas höher als normal stand und man daraufhin von Drewitz aus telefonisch meine Kontrolle in Marienborn veranlasst hatte.

Inzwischen war die Dämmerung fortgeschritten. Die Sonne hatte einem diffusen Blau Platz gemacht. Während es immer dunkler wurde, fuhr ich auf dem Autobahnzubringer in Richtung Berliner Ring. Als Geschwindigkeit hielt ich die vereinbarten 80 km/h ein. Kurz vor 20.00 Uhr passierte ich die Raststätte Michendorf am Berliner Ring. Mittlerweile war es vollkommen dunkel geworden.

Gemäß meinen am Vorabend von R. erhaltenen Instruktionen steuerte ich den ersten Parkplatz hinter dem Leipziger Abzweig in Richtung Magdeburg an. Bereits beim Einfahren bemerkte ich den roten Skoda mit dem mir bekannten Kennzeichen ID-9743. Mehrere jüngere Leute und ein Kind standen um das Fahrzeug herum und stiegen beim Anblick meines Opels wieder in ihren Wagen. Der Fahrer des Zubringers war ein kräftiger dunkelhaariger Mann mit Bart von Ende 20. Er trug eine Brille und eine grünliche Lederjacke. Wie vorgesehen, nahmen wir auf dem Parkplatz keinen Kontakt auf, es reichte, dass wir uns gegenseitig gesehen hatten. Während ich mich in die Büsche schlug, verließ der Skoda den Rastplatz. Ich bin überzeugt, dass niemand hierbei etwas Verdächtiges aufgefallen sein kann.

Etwa fünf Minuten später verließ ich vereinbarungsgemäß den Parkplatz, um dem Zubringer zu folgen. Da dieser einen erheblichen Vorsprung hatte, musste ich mit ca. 120 km/h etwas schneller als erlaubt fahren. Die Minuten zogen sich hin. Ich überholte einige wenige Fahrzeuge, sah aber keine Spur von dem Zubringerfahrzeug. So beschleunigte ich auf 140 km/h, holte aber den Gesuchten immer noch nicht ein. Mir kamen Zweifel, ob ich den Zubringer überhaupt je einholen würde oder ob ich ihn gar schon, ohne es zu bemerken, passiert hätte. Endlich, nach mehr als 20-minütiger Fahrt, sah ich den roten Skoda auf der Höhe von Brandenburg in der Ferne vor mir auftauchen. Trotz meiner Geschwindigkeit näherte ich mich ihm nur langsam. Schließlich zog ich aber an ihm vorbei und setzte mich vor ihn.

Vereinbarungsgemäß hätte der Zubringer nun hinter mir bleiben müssen, bis ich einen zum Umstieg der Flüchtlinge geeigneten Streckenabschnitt gefunden und die Übergabe durch zweimaliges Bremsen signalisiert hätte. Stattdessen überholte mich aber das Zubringerfahrzeug seinerseits. Instruktionsgemäß überholte nun wieder ich, um in die Position des Führungsfahrzeuges zu kommen. Doch wiederum überholte mich der Zubringer. Es war wie eine Art Katze-und-Maus-Spiel auf der Autobahn. Nachdem ich ihn das dritte Mal überholt hatte, wollte ich im Fall, dass das Spiel so weiterginge, bis Marienborn durchfahren, ohne die Flüchtlinge aufzunehmen. Aber als ob der Zubringer meine Gedanken hätte lesen können, blieb er diesmal hinter mir.

Zwischen Wollin und Ziesar, auf einem Streckenabschnitt, der mir auch von R. als geeignet genannt worden war, fiel mir eine Stelle auf, die den Erfordernissen entsprach. Außerdem war kaum Verkehr. Ich rückte die beiden Vordersitze meines Opels nach vorne und signalisierte dem Zubringerfahrzeug: »Übergabe jetzt.« Es war etwa 20.45 Uhr.

Unmittelbar danach hielt ich auf offener Strecke an. Der Zubringer stoppte ebenfalls, wobei er mir jedoch beinahe hinten auffuhr. Ich hörte jedenfalls ein metallisches Klirren, als ob Stoßstange gegen Stoßstange stieße. Für derartige Überlegungen war jetzt jedoch keine Zeit. Ich öffnete, noch während ich bremste, die Beifahrertür und schob die Lehne des Beifahrersitzes nach vorne. Da kamen die Flüchtlinge auch schon angehastet, eine junge Frau mit Kind und ein junger Mann. Unmittelbar nach ihrem Zusteigen schloss ich die Beifahrertür wieder und fuhr weiter. Um den Zubringer kümmerte ich mich nicht weiter. Der ganze Umstieg hatte nur etwa 20 Sekunden gedauert. Falls nicht unglücklicherweise gerade an dieser Stelle jemand im Gebüsch gelauert hatte, dürfte auch der Zustieg der Flüchtlinge unbemerkt erfolgt sein.

Während der Weiterfahrt erklärte ich ihnen den Mechanismus des Durchstiegs zum Kofferraum und bot den Erwachsenen je eine Valiumtablette an. Beide lehnten diese ab. Die Frau fragte jedoch, ob sie für das Kind eine Tablette haben könne. Da das nicht meinen Instruktionen entsprach, lehnte ich es zunächst ab, gab dann aber nach und reichte eine halbe Tablette nach hinten, um weitere Diskussionen und Verzögerungen zu vermeiden. Der junge Mann hatte inzwischen den Durchstieg geöffnet, indem er den Rücksitz aushob und vorzog und die Rückenlehne anhob. Wie geplant, stieg zunächst die Frau durch, der das Kind durchgereicht wurde, danach der Mann, der von innen die Lehne wieder heranzog. Als die drei verschwunden waren, empfand ich Freude und ein Gefühl von Stolz, etwas Sinnvolles getan zu haben.

Auf einem der nächsten Parkplätze hielt ich an und packte meine Jacke nach hinten, um bei dieser Gelegenheit Rücksitz und Lehne wieder einzuwuchten. Hierbei tastete ich das Wageninnere auch nach eventuell verlorengegangenen Gegenständen ab und fand den Ohrring der Frau, den ich einsteckte. Ferner sah ich nach, ob das Heck meines Wagens irgendwie beschädigt sei. Mir fiel aber nichts dergleichen auf.

Die übrige Fahrt verlief ohne Zwischenfälle. Die Flüchtlinge im Kofferraum verhielten sich ruhig. Allerdings hatte ich wegen der schlechten Fahrbahnbeschaffenheit Hemmungen, die erlaubten 100 km/h voll auszufahren. Um Beulen oder Schlimmeres bei den Flüchtlingen zu vermeiden, fuhr ich daher lediglich 60 bis 70 km/h. So wurde es 22.00 Uhr, bis wir zur Grenze kamen. Als ich in der Ferne die Lichter von Marienborn auftauchen sah, fühlte ich mich sicher und erleichtert und dachte, nun sei bald alles gut überstanden. Trotzdem ermahnte ich noch einmal in Richtung Kofferraum zu strikter Ruhe.

Die erste Kontrolle in Marienborn passierte ich anstandslos. Als ich an die zweite Kontrollstelle unter dem ersten Wetterdach heranfuhr, sah ich, wie vor mir ein heller VW-Variant kontrolliert wurde. Der Fahrer musste die Heckklappe öffnen, durfte dann aber weiterfahren. Diese unvermutete Kontrolle versetzte mich in Unruhe. Ich gab meine Papiere ab. Da trat ein weiterer Kontrolleur vor und forderte mich auf, neben der Fahrspur links herauszufahren. Kaum hatte ich das getan, wurde der Wagen von zirka zehn Grenzsoldaten und Zöllnern umstellt. Nach einigen Minuten forderte man mich auf, den Motor abzustellen, den ich bis dahin zum Übertönen von Nebengeräuschen hatte laufen lassen. Man stellte mir einige Fragen über den Verlauf der Fahrt, die ich im Sinne einer normalen Transitreise beantwortete. Plötzlich sagte der Grenzoffizier, bei mir bestünde Verdacht auf Missbrauch des Transitabkommens, ich solle den Kofferraum öffnen. Mir war nun klar, dass das Fluchthilfeunternehmen gescheitert war. Ich folgte der Aufforderung, öffnete den Kofferraum, und wir sahen die Flüchtlinge darin liegen. Nun musste ich den Kofferraum wieder schließen und wurde daraufhin durch den Offizier für vorläufig festgenommen erklärt. Unsere Fahrt hatte ihr Ende gefunden. In Helmstedt würde unser Kontaktmann vergebens warten.

Die Untersuchungshaft beim MfS

Die erste Nacht

Sofort nach meiner Festnahme wurde ich von meinem Fahrzeug getrennt und musste mich mit erhobenen Händen und abgewandtem Gesicht an die Wand einer Kontrollbaracke stellen und nach Waffen abtasten lassen. Es war wie im Kino. Dann ging es in das Innere der Baracke. In einem Raum, der bis auf ein paar Stühle und einen schlichten Tisch leer war, musste ich mich ausziehen. Meine Kleidung wurde penibel bis auf jede einzelne Naht durchsucht. Schließlich wurden mir alle persönlichen Sachen bis auf die Uhr und ein gebrauchtes Papiertaschentuch abgenommen, und ich durfte mich wieder anziehen. Etwas peinlich war mir zunächst, dass man in der Brusttasche meiner Lederjacke, die ich vorher nicht kontrolliert hatte, mehrere antikommunistische Aufkleber und 50 Pfennig Ostgeld fand. Die nächste Viertelstunde wartete ich dann unter der Aufsicht zweier Unteroffiziere in einem ähnlichen zweiten Raum.

Von ihnen eskortiert, hieß es dann wenige Meter weiter zur Zollkontrollstelle gehen. Wir gelangten dort durch eine leere Fahrzeughalle in einen Büroraum, wo eine weitere Leibesvisitation durch Angehörige der Zollverwaltung stattfand. Diese fanden jedoch nichts mehr, da ihnen ihre Kollegen von der Grenztruppe schon gründlich vorgearbeitet hatten. Ich musste mir einige Fragen zu meinen 50 Pfennig Ostgeld anhören, die ich aber dadurch abblockte, dass ich leicht höhnisch fragte, ob man mich wegen »Devisenvergehens« vor Gericht bringen wolle.

Durch die nur angelehnte Tür des Zimmers konnte ich hören, wie ein Fahrzeug in die Halle fuhr. Türen klappten. Dann hörte ich, wie man die Flüchtlinge aufforderte, aus dem Kofferraum zu

Matthias Bath nach der Festnahme in Marienborn/Autobahn, 9. April 1976

steigen, und sie mit hämischen Kommentaren begrüßte. Sogleich folgten die ersten Fragen zur Durchführung der Flucht. Ich hörte, wie die junge Frau das Zubringerfahrzeug beschrieb. Man besann sich wieder auf mich und holte mich ebenfalls in die Halle. Dort standen der Opel, den ich nun zum letzten Mal sah, und die Flüchtlinge. Wir wurden von Zollangehörigen gemeinsam und einzeln mit dem Fluchtfahrzeug fotografiert. Ich musste mich noch einmal zu »dokumentarischen« Zwecken an das Lenkrad begeben. Nachdem genügend Bilder geknipst waren, führten mich zwei Grenzer aus der Halle. Dabei teilten sie mir mit, sie seien bewaffnet und wüssten das zu nutzen, falls ich Fluchtabsichten hätte. Wir gingen zirka 100 Meter zu einem zweigeschossigen Verwaltungsgebäude innerhalb des Kontrollpunkts. Dort wurde ich in ein größeres Büro im oberen Stockwerk gebracht. Die Einrichtung bestand aus einem Schreibtisch mit einem davorgerückten Konferenztisch, mehreren Stühlen sowie einer Liege. An der Wand hing ein großes koloriertes Honeckerbild. Ich nahm am Konferenztisch Platz, wo ich die nächsten 16 Stunden verbringen sollte. Mittlerweile war es 23.00 Uhr geworden.

Zunächst befragten mich drei Offiziere der Grenztruppe, ein Oberleutnant, der das Gespräch führte und sich sehr väterlich gab, ein Major, der sich mit gelegentlichen unfreundlichen Bemerkungen ins Gespräch einschaltete, sowie ein Unterleutnant. Man wollte wissen, wer mein Auftraggeber sei, was ich über den Zubringer wisse, wo und wie die Flüchtlinge in mein Fahrzeug gelangt seien, weshalb ich »geschleust« hätte und was ich sonst noch über das Fluchthilfeunternehmen sagen könne. Das Gespräch verlief jedoch ohne greifbares Ergebnis für meine Befrager, da ich alle konkreten Angaben verweigerte. Die Offiziere schienen aber nicht sonderlich enttäuscht und beschränkten sich, nachdem sie auch auf wiederholte Fragen keine Antwort erhielten, darauf, mir eindringlich »ins Gewissen zu reden«. Ich sei doch noch jung; ich solle mir mein Leben nicht »versauen«; ich würde schon noch zur Vernunft kommen. Und drohend: Helfen könne mir hier aus dem Westen sowieso niemand, und die »Untersuchungsorgane«

MfS-Foto des aufgeklappten Rücksitzes und Blick auf das Versteck im Fluchtfahrzeug, 9. April 1976

Hauptabteilung
OLZ –

Operative Information 230 /76 04.17

Verhinderte Personenschleusung an der Grenzübergangsstelle Marienborn/Autobahn

Am 09.04.1976, 22.40 Uhr, wurde an der Grenzübergangsstelle Marienborn/Autobahn im engen koordinierten Zusammenwirken zwischen der Hauptabteilung VI und den Paßkontrolleinheiten Drewitz und Marienborn/Autobahn eine Personenschleusung verhindert, in deren Ergebnis der Bürger von Berlin (West)

B a t h, Matthias (20)
02.02.1956 in Berlin
1 Berlin (West) 38, Pfedderheimer Weg 16
Student/"Freie Universität " in Berlin (West)
ledig
PA - Nr. 2544554
XII - nicht erfaßt

Fahrer und Halter des Pkw

B - TT 821 (Opel-Rekord/Coupè)
XII - nicht erfaßt

Erstzulassung:	31.03.1967
Neuzulassung :	23.03.1976
Motor - Nr. :	258 - 0025484
Fahrgestell - Nr.:	123964414
Zeitwert :	ca. 1 TM

BStU
000159

U 155

Operative Information des MfS über die Festnahme Baths, 9. April 1976

(gemeint war das Ministerium für Staatssicherheit, MfS) würden schon aus mir herauskriegen, »was Sache sei«. Damit endete das Gespräch. Oberleutnant und Major verschwanden. Ich blieb unter Aufsicht des Unterleutnants, der es in der Folge darauf anzulegen schien, mich durch Sticheleien zu provozieren, in dem Büro zurück.

Gegen 0.30 Uhr betraten zwei Zivilisten den Raum, schickten den Unterleutnant fort und begrüßten mich mit den Worten: »Nu wollen wir uns mal unterhalten, aber gefälligst anständig.« Auf meine Frage, wer sie seien, antworteten sie, dass sie Mitarbeiter der »Untersuchungsorgane« seien. Das MfS hatte mich in seine Fänge genommen.

Meine beiden Vernehmer traktierten mich nun mit den gleichen Fragen wie schon zuvor die Grenzoffiziere. Die Gesprächsführung übernahm dabei der jüngere der beiden, ein mittelgroßer Mann, etwa 35, kurzes blondes Haar, bekleidet mit heller Hose, weiß-grün gemustertem Hemd und grünem Schlips. Der Ältere, Mitte 40, groß und breit – sozusagen ein Schrank –, kurzes dunkles Haar, trug einen der in der DDR weitverbreiteten nichtssagenden grauen Anzüge, darunter ein helles Netzhemd; er hielt sich zunächst mehr im Hintergrund. Da ich mich lediglich zu den Motiven meiner Handlung äußerte und weiterhin alle konkreten Angaben zur »Tat« verweigerte, vereiste der Ton der Vernehmung schnell. Dass ich meine Handlung mit der Unterdrückung politisch Andersdenkender in der DDR und der daraus für mich folgenden Ablehnung der Gesetzlichkeit der DDR, insbesondere der Passagen über »Staatsverbrechen«, sowie des Grenzregimes begründete, brachte mir, wie zu erwarten war, ebenfalls keine besondere Sympathie ein. Die Vernehmung drehte sich im Kreis. So vergingen mehr als zwei Stunden.

Jetzt schaltete sich auch der Ältere zunehmend in die Vernehmung ein, die immer aggressiver wurde. Man machte mich in rüdem Ton darauf aufmerksam, dass ich mit meinen Vernehmern allein sei. Was immer auch hier geschehen möge, es stünden letztlich zwei Zeugenaussagen gegen eine. Die Gerichte würden ohnehin eher der »Staatssicherheit« als einem »Element« wie mir Glauben schenken. Plötzlich brüllte mich der Ältere an: »Stehen Sie auf, Mann! Was bilden Sie sich eigentlich ein, wo Sie hier sind?« Ich stand erschrocken auf und rechnete insgeheim schon damit, im nächsten Moment unter den Tisch »gefegt« zu werden. Aber es prasselte lediglich eine Flut von Beschimpfungen auf mich herab. »Sie Wurm, Sie Niete, Sie Versager, Sie! Was glauben Sie eigentlich, wer Sie sind?«, war nur einiges, was ich zu hören bekam. Das ging mehrere Minuten so. Immer noch stehend hörte ich mir dann zum wiederholten Mal die bis jetzt unbeantwortet gebliebenen Fragen an. Da ich inzwischen wieder etwas ruhiger geworden war, lehnte ich auch weiterhin die Beantwortung ab. So stand ich etwa eine Viertelstunde. Schließlich sagte der Vernehmer in widerwilligem Ton: »Na los, setzen Sie sich wieder hin!« Die Schockphase war überstanden.

Man kam mir wieder väterlich. Beide redeten auf mich ein, ich solle an meine Zukunft und an meine Angehörigen denken. Wenn ich nun auch bestraft werden würde, so wolle ich doch wohl möglichst billig davonkommen. Ich solle mir gründlich überlegen, ob ein umfassendes Geständnis nicht das Beste in meiner Lage wäre. Auch diese Phase dehnte sich ergebnislos über mehrere Stunden. Gegen 4.30 Uhr bot man mir etwas zu essen an. Der ältere Vernehmer verließ das Zimmer, um Anweisung dafür zu geben. Schließlich kam er wieder und servierte mir falschen Hasen mit Kartoffeln und Karotten. Das schon kalte Essen schmeckte zwar nicht besonders, aber ich aß trotzdem mit Heißhunger. Während des Essens wurde die Vernehmung unterbrochen. Auch die Vernehmer verließen mehrfach den Raum. Gelegentlich erschienen dafür aber andere Zivilisten, um meinen Vernehmern vor der Tür etwas mitzuteilen.

Nach dem Essen zeigten sich beide Vernehmer sehr gelassen und überlegen. Ihren Fragen konnte ich entnehmen, dass sie nun schon etwas mehr wussten. So fragte man mich z. B., welche Freunde ich an der TU Berlin habe, wo auch R. arbeitete. Man wusste über die Modalitäten unseres fliegenden Wechsels Bescheid. Als ich dennoch die Aussage verweigerte, fragte man mich, ob ich, der ja politische Motive geltend mache, wisse, was denn meine »Fuhre« überhaupt wert gewesen sei. Ich antwortete, dass die Flüchtlinge wohl die entstehenden Kosten tragen würden. Weiteres sei mir darüber nicht bekannt. Darauf verließ der Ältere das Zimmer, um kurz darauf wiederzukommen und mir zu sagen, die Frau aus meinem Kofferraum habe 8000 DM für ihre Flucht zahlen sollen. Heute weiß ich, dass eine derartige Summe im Rahmen kommerzieller Fluchthilfe spottbillig war. Allerdings lag auch sie schon erheblich über den notwendigen Kosten. Damals aber war ich durch diese Mitteilung schockiert und hielt den Stasi-Leuten vor, sie würden bluffen. Diese bestritten das. Als ich weiter auf meiner Aussageverweigerung beharrte, bot man mir eine Gegenüberstellung an. Mir wurden vorab einige Fragen gestattet, die ich der Frau stellen durfte. Der ältere Vernehmer verschwand abermals, um mit dem weiblichen Flüchtling wiederzukommen. Ich fragte, ob sie meinen westlichen Auftraggeber kenne, was sie verneinte, ob, und wenn ja, wie viel sie für ihre Flucht hätte bezahlen sollen. Ihre Aussagen bestätigten die Behauptungen der Vernehmer. Dies stand in erheblichem Gegensatz zu dem, was R. mir bei den vorbereitenden Gesprächen gesagt hatte.

Als die Frau wieder weggeführt worden war, konnte ich mir ausrechnen, wieweit meine Vernehmer informiert waren. Vermutlich hatten die Flüchtlinge über die ihnen bekannten Hintergründe der Flucht einschließlich des Umstiegs auf der Autobahn ausgesagt. Obwohl sie R. nicht kannten, fragte man mich fortlaufend nach meinen TU-Bekanntschaften. Außerdem sah ich mich in mehrfacher Hinsicht über den Charakter des Fluchthilfeunternehmens getäuscht. So erklärte ich mich gegen 5.30 Uhr, als es draußen schon zu tagen begann, bereit, umfassendere Aussagen zu machen.

Man befragte mich nun mehrere Stunden lang zu der Fahrt und deren Vorbereitungen. Über die Fahrt gab ich eine präzise Schilderung. Was die Vorbereitungen im Westen betraf, so begnügte ich mich mit einer etwas vereinfachten Darstellung, die aber glaubhaft war. Das dauerte bis gegen 8.00 Uhr. Dann wurde die Vernehmung abermals unterbrochen, weil die Vernehmer belegte Brötchen und Kaffee kommen ließen. Nach dem Frühstück verschwand der ältere von ihnen, der übrigens Major war oder zumindest so von seinen Kollegen angesprochen wurde, wenn sie ihn aus dem Zimmer riefen. Sein Kollege fing nun an, meine Aussagen in Form eines Frage-und-Antwort-Spiels niederzuschreiben. So entstand für den Leser eines derartigen Protokolls der Eindruck, es handele sich um die authentische Wiedergabe des Vernehmungsgesprächs. Tatsächlich aber ist jedes derartige Protokoll vom Stil des Vernehmers geprägt und weicht auch manchmal von den tatsächlichen Aussagen ab.

Der Vormittag dehnte sich für mich über der Abfassung des Protokolls endlos. Gelegentlich musste ich noch eine Frage beantworten, aber die meiste Zeit kratzte nur der Federhalter des Vernehmers über das Papier. Ich hatte die ganze Nacht kein Auge zutun können und fühlte mich entsprechend. Um mich zu beschäftigen, so der Vernehmer, sollte ich meinen Lebenslauf niederschreiben. Lustlos schrieb ich eine DIN-A4-Seite mit meinen Lebensdaten voll. Meinem Vernehmer reichte das bei weitem nicht. So füllte ich wohl noch einmal drei Seiten, die ihn aber genauso wenig zufriedenstellten. Nun war ich aber nicht mehr in der Stimmung, überhaupt noch etwas niederzulegen. Mein Vernehmer schien darüber aber nicht verstimmt: »Nun gut, Sie werden schon noch schreiben. Wenn nicht heute, dann ein andermal.«

In der Folge beschäftigte er sich wieder mit der Niederschrift des Protokolls. Gegen 13.00 Uhr war er endlich damit fertig, und ich bekam es zur Unterschrift vorgelegt, jede Seite einzeln. Änderungswünsche selbst untergeordneter Art wurden von vornherein abgeblockt. »Das können Sie ja alles später viel genauer erzählen.« Am Ende der letzten Protokollseite fand ich einen zu unterschreibenden Revers, dass ich während der Vernehmung korrekt und höflich behandelt worden sei und zu essen bekommen habe. Unter Hinweis auf die Ereignisse während der nächtlichen Vernehmung lehnte ich zunächst eine Unterzeichnung dieses Vermerks ab. Sei es, um die Sache nicht neu schreiben zu müssen oder um sich irgendwelche Komplikationen zu ersparen – mein Vernehmer bequemte sich tatsächlich auch im Namen seines Kollegen zu einer Art Entschuldigung: »Wir sind doch alle nur Menschen. So etwas kann einem schon mal rausrutschen. Sie müssen auch uns verstehen. Wir hatten Bereitschaft, und hätten wir nicht Ihretwegen noch einmal rausgemusst, dann hätten wir jetzt schon ein freies Wochenende. Ich wollte angeln fahren, aber daraus ist nun nichts geworden.« Schließlich ließ ich mich breitschlagen und unterschrieb auch diesen nicht ganz zutreffenden Passus. Ich ging dabei aber auch davon aus, dass in meiner Zwangslage meiner Unterschrift ohnehin kein richtiges Gewicht beizumessen sei. Damit war die offizielle Erstvernehmung beendet.

Wir sprachen nun über Verschiedenes, was nicht mit der Angelegenheit in Verbindung stand. Der Vernehmer unterhielt mich unter anderem mit Geschichten über seine kleine Tochter, die wohl gerade in die Schule gekommen war und als echter »Stasi-Nachwuchs« das Sammeln von Autonummern zum Steckenpferd erkoren hatte, worüber sich ihr Vater natürlich freute. Er erzählte mir ferner, dass er schon in meinem Alter, mit 20, einen »anständigen« Beruf, und zwar beim MfS, gehabt habe und dass ihm diese Tätigkeit sehr zusage. »Ich arbeite natürlich nicht für ein Trinkgeld für die Staatssicherheit, aber auch die Tätigkeit macht mir Freude, selbst wenn ich manchmal, so wie heute, über den Feierabend hinaus arbeiten muss.« Er riet mir schließlich fast wohlwollend, doch meinen Sprachgebrauch auf die »richtigen« Terminologien umzustellen. »Ost-Berlin gibt es nicht. Das heißt Berlin, Hauptstadt der DDR, oder einfach Hauptstadt.« Meine Bemerkung, dass die Betonung von Formalien Unsicherheit offenbare, verärgerte ihn sichtlich.

Als ich ihn, um das Thema zu wechseln, fragte, ob seine Kleidung aus dem Westen käme – er machte auf mich nämlich einen salopp-westlichen Eindruck und schien fast als Westbürger getarnt –, hatte ich ihn schwer getroffen. Er kam mit beleidigtem Gesicht hinter dem Schreibtisch hervor und hielt mir das Etikett seines Binders unter die Nase. »Ich trage nur volkseigene Produkte, etwas anderes habe ich gar nicht nötig.« Fast schien mir, er wolle mir noch die Etikette seiner übrigen Kleidungsstücke vorzeigen, aber ihm war schon etwas Besseres eingefallen. »So wie Sie möchte ich gar nicht rumlaufen. Und im Übrigen rate ich Ihnen, sich zu benehmen, aber das wird man Ihnen ja schon im Laufe der Zeit bei uns beibringen. Warten Sie mal ab, bis Sie im Vollzug sind!« Mit diesen Worten verließ er den Raum.

Einige Augenblicke war ich nun allein. Dann kam sein Majorskollege, um mich weiter zu beaufsichtigen. Dieser riet mir in öligem Ton, die nun vor mir liegenden Wochen und Monate gut zu nutzen. »Denken Sie darüber nach, wer ein Interesse hat, dass Kriege sind. Denken Sie darüber nach, wer wirklichen Frieden und soziale Gerechtigkeit anstrebt.« Als ich ihm erwiderte, dass ich nicht glaube, der Ort, an den man mich nun bringen würde, sei geeignet, Denkprozesse auszulösen, die ihm gefallen würden, verstummte der Major. Wir schwiegen uns an.

Gegen 15.00 Uhr hörte ich Türenklappen auf dem Gang. Das Transportkommando war gekommen. Unser Büro betrat ein bulliger älterer Mann, grauer Bürstenhaarschnitt, schwarze Lederjacke, der mich anblaffte: »Name? Vorname? Geboren?« Ich antwortete ihm, worauf er mich anknurrte: »Hände vor!« Ich streckte sie vor und bekam Handschellen angelegt. Um die Fessel zu verbergen, legte man mir meine Lederjacke über die Handgelenke. Wir verließen den Raum und das Gebäude.

Unten stand ein tarngrüner Kastenwagen vom Typ Barkas B1000 vor der Tür. Wenige Schritte nur, und ich befand mich in der Enge des Fahrzeuges. Im fensterlosen Heckteil des zum Gefangenentransportfahrzeug umgerüsteten, etwa einem VW-Bus entsprechenden Kleinbusses befanden sich fünf abgeteilte Zellen mit jeweils 60 mal 50 Zentimeter Grundfläche. So passt gerade ein Notsitz in ein derartiges Abteil. Mit der »Acht« gefesselt, musste ich mich in eine derartige Zelle zwängen. Ich war darin so eingeengt, dass ich mit Armen, Knien und Rücken die grau gestrichenen Wände berührte. Auch zwischen meinem Kopf und der Decke des Kabuffs befand sich nur ein handbreiter Zwischenraum. Licht erhielt der Raum durch eine winzige Lampe, die aber nicht einmal ausreichte, um diese kleine Fläche auszuleuchten, sondern mich und die Trennwände in ein flackriges Dämmerlicht hüllte. Die Luftzufuhr erfolgte durch mehrere etwa fingergroße Löcher, die in das Oberteil der Tür gebohrt waren. Allerdings befand sich von außen vor diesen Löchern wiederum eine Blende, sodass auch hier nicht allzu viel Luft durchkam.

Als ich mich in diese Räumlichkeit gezwängt hatte und hinter mir die Tür rasselnd abgeschlossen worden war, überkam mich erstmals Verzweiflung. »Mein Gott, das gibt es doch gar nicht. So etwas kann man mir doch nicht antun«, dachte ich schockiert. Aber man konnte! Und zwar nicht nur mir! In mehrminütigen Abständen hörte ich es noch zweimal schließen. Wahrscheinlich wurden die Flüchtlinge mit mir zusammen abtransportiert. Ich hörte es auch poltern, als man unser Gepäck auf die Bank des Begleitpostens packte. Der Wagen setzte sich endlich ruckend in Bewegung. Während er über die Autobahn holperte, suchte ich trotz der Enge eine möglichst bequeme Haltung zu finden, was aber gar nicht so einfach war, denn bei jedem Schlagloch oder jedem Ruck des Wagens stieß ich schmerzhaft gegen die Seitenwände oder die Decke meines Abteils. Endlich hatte ich die bestmögliche Stellung gefunden und schloss, eingeschläfert vom monotonen Stuckern des Motors, die Augen. Plötzlich wurde die Tür aufgeschlossen. Jemand rüttelte mich und fragte: »Bist du noch da?« Als ich mich blinzelnd zurechtrückte, erkannte ich einen der uns begleitenden Posten. Anscheinend hatte selbst das Transportkommando Sorgen, wie man eine mehrstündige Fahrt in einem derartigen fahrenden Sarg überstehen würde. In der Folge wurde etwa alle halbe Stunde die Abteiltür geöffnet, um einen Schwall frischer Luft hereinzulassen und zu überprüfen, ob wir noch bei Bewusstsein wären. Natürlich war nicht daran zu denken, hierbei Schlaf zu finden. So dämmerte ich, trotz meines Schlafdefizits, nur so vor mich hin. Halb hörte ich noch, wie vorne im Radio über die Spiele der DDR-Oberliga – es war ja Samstagnachmittag – berichtet wurde und die Posten daraufhin eine Fachsimpelei über das Thema Fußball begannen.

Nach einigen Stunden verließ der Wagen offensichtlich die Autobahn und fuhr durch städtische Straßen. Das Holpern und Stuckern verstärkte sich. Wir fuhren um mehrere Ecken, was ich daran merkte, dass ich jeweils gegen die Seitenwände gestoßen wurde. Auch hörte ich Verkehrslärm. Endlich hielten wir ein paar Mal kurz an, wobei es jedes Mal so klang, als ob große Tore geöffnet würden und hinter uns wieder zuschlügen. Schließlich hielt der Wagen endgültig. Die Tür wurde geöffnet, und mir wurden die Handschellen abgenommen. Man nahm auch meinen Transportgefährten die Fesseln ab. Dann öffnete sich meine Tür abermals, und ich durfte das Fahrzeug verlassen. Ich stand in einer großen Fahrzeughalle. Durch das geöffnete Schiebetor fiel noch etwas Sonnenlicht herein. Es dämmerte aber schon. Mir schien es gegen 19.00 Uhr zu sein.

Ich musste vom Transportwagen nur wenige Schritte bis zu dem ein paar Stufen hoch gelegenen Eingang des Gefängnisgebäudes machen. Vor mir lag ein heller Gang, der mit einem roten Läufer ausgelegt war. Rechts und links des Ganges befanden sich Türen, die offensichtlich in Büros führten. Das Ganze wirkte wie ein Verwaltungsgebäude. Am Beginn dieses Ganges erwartete mich ein Uniformierter. Der Gang endete vor einer großen, hell gestrichenen Stahltür. Mein Begleiter öffnete sie, wobei mir auffiel, dass ihre Rückseite mit einem düsteren, grauen Farbton gestrichen war. Unmittelbar rechts hinter dieser Stahltür befand sich die Aufnahmezelle. Hier musste ich mich vollständig ausziehen. Es fand eine eingehende, bis hin zum Zurückschieben der Vorhaut reichende körperliche Durchsuchung statt. Schließlich erhielt ich ein blau-weiß gestreiftes Schweißhemd, eine gleichartige Unterhose, einen dunkelblauen Trainingsanzug, Hausschuhe, Schlafanzug sowie Bett- und Waschzeug. Meine Privatkleidung blieb zurück. Nachdem ich unterschrieben hatte, dass

Gefangenentransportwagen (GTW), Barkas 1000, 1998

Blick in Fahrzeugschleuse mit Zugang zum Zellentrakt der ehemaligen UHA Berlin-Hohenschönhausen, 1998

ich »ohne Wertsachen in die UHA gekommen« sei, wurde ich wieder auf den Gang geführt. Links von uns befand sich nun eine große Gittertür. Durch diese ging es in den Zellentrakt. Rechts und links befanden sich in Abständen von drei bis vier Metern grau gestrichene Zellentüren. Auf dem Gang patrouillierten zwei militärisch Uniformierte, die hin und wieder einen Blick durch den Spion in die einzelnen Zellen warfen. Nach vielleicht 25 Metern machten wir vor einer auf der linken Gangseite gelegenen Zelle halt: Zellennummer 128. Es wurde aufgeschlossen, und ich trat ein. Hinter mir fiel die Tür zu, und dröhnend wurden Schloss und Riegel vorgeschoben. Ich war endgültig Gefangener.

Zelle 128

Als das Dröhnen der Riegel verklungen war, sah ich mir meine neue Umgebung an. Vor mir lag ein schmaler, etwa vier Meter langer und etwa zweieinhalb Meter breiter Raum. Die Einrichtung bestand aus zwei Holzpritschen mit erhöhtem Kopfende, einem kleinen Holztisch unter dem Fenster sowie einem Schemel vor dem Tisch. Das Fenster war mit zwei kaminartig gegeneinander versetzten Schichten von Glasziegeln so vermauert, dass nur ein schmaler Spalt dazwischen zum Luftschnappen übrigblieb. Hinausgucken konnte man durch dieses »Fenster« natürlich nicht. Immerhin war es lichtdurchlässig, und man konnte die Tageszeit erkennen. Neben der Tür befanden sich ein WC und ein Handwaschbecken. Die Wand über dem Waschbecken war gekachelt und enthielt einen eingelassenen Spiegel. Die Wände waren an den übrigen Stellen brusthoch mit beigegrauer Ölfarbe gestrichen, darüber wie auch die Decke kalkig geweißt. Von der Decke hing eine Neonröhre herab. Über der grauen Tür befand sich noch ein Notlicht. Auf einer der Holzpritschen lagen drei Matratzen und eine Decke.

Als ich mit meinen Betrachtungen so weit gekommen war, ging rasselnd die Klappe meiner Zellentür auf. Hereingereicht

Zelle 128, 1998

wurden eine hohe grüne Plastikschüssel, die mich lebhaft an einen Hundenapf erinnerte, und ein weißer Kunststoffbecher mit einer dampfenden schwarzen Flüssigkeit. In dem »Hundenapf« befanden sich zwei Paar mit Margarine beschmierte Brote, ein Apfel und ein Löffel. Während ich diese mir wortlos überreichten Gaben noch musterte, schloss sich die Klappe wieder geräuschvoll. Ich setzte mich an den Tisch und verzehrte dieses kärgliche Abendbrot. Besonders missfiel mir die schwarze Flüssigkeit, von der ich vermutete, dass es sich um Kaffee handeln sollte.

Nach dem Essen machte sich bei mir immer stärker die Müdigkeit bemerkbar. So hockte ich auf einer der Pritschen und hoffte, dass es bald Schlafenszeit würde. Draußen war es schon längst dunkel, aber hier drinnen zog sich die Zeit endlos hin. Schließlich hörte ich es klingeln. Ein Posten bedeutete mir daraufhin durch die Tür, dieses Signal bedeute »Fertigmachen zur Nachtruhe«. Sobald es ein zweites Mal geklingelt habe, würde er das Licht ausschalten. Morgens würde auf die gleiche Weise wieder geweckt werden. So baute ich schnell mein Bett und machte mich zur Nacht fertig. Obwohl ich noch nie auf so einer, trotz der Matratzen doch recht harten, Holzpritsche geschlafen hatte, fand ich es – zumindest am ersten Abend – nicht sonderlich unbequem. Kaum hatte ich die Augen geschlossen, da schlief ich auch schon ein, obwohl das Licht noch brannte.

Am nächsten Morgen weckte mich das Klingeln. Draußen war es schon hell, und es schien auch – soweit man es durch die Glasziegel erkennen konnte – die Sonne. Ich hatte sehr gut geschlafen und fühlte mich entsprechend frisch und munter. Dieses Gefühl hielt aber nur einen Augenblick an, bis mir meine Umgebung meine neue, noch ungewohnte Lage ins Bewusstsein rief und mich daran erinnerte, wo ich mich befand. Ich baute mein Bett, wie man mir das gestern gewiesen hatte. Kaum war ich damit fertig, als sich die Klappe öffnete und ich die Worte »Schüssel, Becher« vernahm. Ich reichte beides hinaus und erhielt zwei Paar Brote, eins mit Margarine und eins mit Marmelade beschmiert, und einen Becher schwarze Kaffeeersatzflüssigkeit. Das war das

BStU
000015

MINISTERRAT
DER DEUTSCHEN DEMOKRATISCHEN REPUBLIK
Ministerium für Staatssicherheit

Berlin, den 10. 4. 1976

Einlieferungsanzeige

Am 9. 4. 1976 wurde gegen 22.35 Uhr

in GÜST Marienborn wegen des dringenden

Tatverdachtes des staatsfeindlichen Menschenhandels

a) auf der Grundlage eines richterlichen Haftbefehls

b) vorläufig festgenommen

und am 10. 4. 1976 in die UHA Berlin I

eingeliefert.

Name B A T H Vornamen Mattias

geb. am 2. 2. 1956 in Berlin

Beruf ohne zuletzt Student

Anschrift der Arbeitsstelle Freie Universität Berlin (West)

Familienstand ledig Staatsangehörigkeit Westberlin Nation. deutsch

Wohnanschrift Berlin (West), Pfedders-heimer Weg 16

Letzter Aufenthalt wie Wohnanschrift

Name und Anschrift der nächsten Angehörigen Herbert BATH [redacted]

Nummer der Personaldokumente Behelfsmäßiger Personalausweis von Berlin (West) Nr. [redacted]

Benachrichtigung
Die ~~Vorführung~~ erfolgte
am 10.4.1976, 10.00 Uhr
durch

Name und Dienstgrad des Einliefernden

96 271 20.0 Form 503

KOPIE BStU
Außenstelle Frankfurt (O.)

Einlieferungsanzeige Matthias Bath in die UHA Hohenschönhausen, 10. April 1976

Blick auf das Eingangstor der ehemaligen UHA, 1998

Blick vom Verwaltungstrakt auf den Zellen- und Vernehmertrakt der ehemaligen UHA, 1994

Frühstück, welches die nächsten Monate Tag für Tag das Gleiche blieb. Nach einer halben Stunde öffnete sich abermals die Klappe, und man reichte mir einen Elektrorasierer herein. Zugleich wurde die Steckdose neben der Tür, die zu den übrigen Tageszeiten unterbrochen war, eingeschaltet. Ich beschabte einige Minuten mein Kinn. Dann öffnete sich die Klappe wiederum, und der Apparat wurde mir wieder abgenommen. Das alles geschah fast wortlos. Nun hieß es wieder warten. Abwechselnd lief ich in der Zelle auf und ab oder hockte trübsinnig auf der Pritsche oder dem Schemel und überlegte, wie spät es wohl sein möge. So vergingen einige Stunden.

Dann wurde meine Zelle aufgeschlossen. Ein Oberfeldwebel wies mich an herauszukommen. Auf dem Gang musste ich mich mit dem Gesicht zur Wand stellen, während er die Zelle wieder abschloss. Dabei fiel mir auf, dass an der Wand in Brusthöhe eine lose elektrische Leitung verlief, die durch in die Wand eingelassene Ringe gehalten wurde. Etwa alle fünf Meter waren die Kabel durch Bananenstecker miteinander verbunden. Später hörte ich, dass diese Reißleitung in Eventualfällen zur Alarmierung der schwerbewaffneten Hauswache durch die Posten diente. Mit den Worten »Kommen Se!« bedeutete mir der Schließer, ihm zu folgen. Nach wenigen Metern bog der Gang um eine Ecke. Davor befand sich auf dem Boden ein weißer Strich, an dem ich warten musste. Der Oberfeldwebel schaute um die Ecke, ob der Gang frei sei, betätigte dann eine rote Signallampe, die den Gang wohl für Transporte anderer Gefangener sperrte, und wies mich an weiterzugehen. Wir stiegen eine Treppe aufwärts und folgten weiter dem Gang. Bei jeder Richtungsänderung musste ich an den weißen Strichen warten, bis sich der Posten überzeugt hatte, dass der Weg für uns frei und für andere gesperrt sei. Wir passierten am Ende des Zellenganges im ersten Stockwerk eine große Stahltür und befanden uns wieder in einem düsteren Korridor mit Bürotüren an beiden Seiten. Nachdem wir noch einmal rechts abgebogen waren, hielten wir schließlich fast am Ende des Ganges vor einer dieser Bürotüren. Ich musste mich wieder mit dem Gesicht

Gang in der ehemaligen UHA mit Überwachungskamera und dualer Ampelschaltung, 1998

zur Wand drehen. Mein Begleiter klopfte an, öffnete die gepolsterte Doppeltür und befahl mir einzutreten. Vor mir lag ein kleiner Büroraum mit vergittertem Fenster, durch das man ein nur wenige Meter entferntes zweites graues Gebäude erblickte, dessen vergitterte Fenster ebenfalls mit Glasbausteinen zugemauert waren. Hinter einem Schreibtisch saß ein vielleicht 26 Jahre alter Mann mit dunklem, gekraustem, nach hinten gekämmtem Haar. »Guten Tag, Herr Bath, kommen Sie rein, machen Sie die Tür zu und nehmen Sie Platz«, begrüßte er mich. Rechts neben der Tür befand sich noch ein kleinerer Tisch mit einigen Stühlen. Hier, meinem Gegenüber zugewandt, war mein Platz. Im Zimmer befanden sich außerdem noch ein Stahlschrank und ein Regal. Ich fragte, ob ich hier beim Haftrichter sei. »Nein, Herr Bath, ich bin Ihr Untersuchungsführer. Wir werden in den kommenden Monaten viel miteinander zu tun haben. Allerdings werden Sie den Haftrichter heute auch noch zu Gesicht bekommen«, erhielt ich zur Antwort. Nachdem er mir einen (richtigen) Kaffee angeboten, ihn telefonisch bestellt und ihn mir, nachdem er an der Tür das Tablett entgegengenommen hatte, auch serviert hatte, begann die Vernehmung. Es ging noch einmal um den schon in Marienborn behandelten Fragenkomplex. Geduldig schrieb der Vernehmer dann das, was er als Antworten akzeptierte, nieder. Nach vielleicht zwei Stunden erschien ein weiterer Zivilist, der mich mitnahm.

Wir gingen nur eine Tür weiter. Hier, im Zimmer 517, in einem größeren Büro, das sogar ein Vorzimmer hatte, saß ein unauffälliger Mann, der sich mir als Haftrichter des Stadtbezirkes Berlin-Mitte vorstellte. So erfuhr ich erstmals, dass ich mich in Ost-Berlin befand. Allerdings blieb mir mein genauer Aufenthaltsort vorerst weiter unbekannt. Der Haftrichter teilte mir kurz mit, dass gegen mich Haftbefehl wegen eines »Verbrechens nach § 105 StGB« beantragt sei. Ob ich mich dazu äußern wolle. Daran anschließend nahm er eine Kurzfassung meiner bisherigen Aussagen zu Protokoll. Die Angaben diktierte er einer vollbusigen Blondine, die hinter einer überdimensionalen Schreibmaschine seitlich von uns saß, in die Maschine. Im Anschluss teilte er mir mit, dass er gegen mich Haftbefehl erlasse, da ich keinen festen Wohnsitz in der DDR habe, mithin also Fluchtgefahr bestehe. »Bis zur Klärung dieser Geschichte müssen Sie also vorläufig erst einmal hierbleiben«, waren seine verharmlosenden Worte. Die Sekretärin nahm auch die Entscheidung über den Erlass des Haftbefehls zu Protokoll. Ich wurde gefragt, ob ich Widerspruch einlegen wolle, verzichtete aber darauf, da mir das von vornherein witzlos erschien und ich durch einen offiziellen Einspruch erst die Legitimität des Haftrichters bestätigt hätte.

Interessant ist, dass nach § 126, Absatz 4 der StPO / DDR ein vorläufig Festgenommener, sofern er nicht sofort wieder entlassen wurde, unverzüglich, spätestens aber am Tage nach seiner Ergreifung, dem Kreisgericht vorzuführen war. Da meine Festnahme bereits am 9. April erfolgt war, also zwei Tage bevor ich dem Haftrichter vorgeführt wurde, lag hier eine Verletzung der DDR-Bestimmungen durch die eigenen zuständigen Stellen vor. Als ich später meinen Vernehmer darauf aufmerksam machte, tat dieser erstaunt: »Wie kommen Sie denn darauf? Das ist mir aber völlig neu! Da müssen Sie sich wohl irren!« Was sollte ich machen – den Text der Strafprozessordnung (StPO) enthielt man mir während der gesamten Untersuchungshaft vor. Als ich sie unter Berufung auf die Hausordnung der Untersuchungshaftanstalt anforderte, erhielt ich stattdessen nur zirka 20 Fotokopien, jede mit einem Paragraphen, zur einmaligen Ansicht beim Vernehmer. Alles Weitere sei für mich nicht von Belang und würde mir deswegen auf Weisung des Staatsanwalts nicht ausgehändigt, teilte mir der Vernehmer dazu mit. Schon dieser Vorfall zeigt, wie ernst die DDR-Behörden ihre eigenen Gesetze nahmen und wie es um die Rechtssicherheit in der DDR bestellt war.

Zurück beim Vernehmer (Zimmer 516), wurde ich noch etwa eine Stunde zur Fluchthilfefahrt vernommen. Auch eine erweiterte Neufassung meines Lebenslaufs wurde von mir verlangt.

In meiner Zelle wartete schon das inzwischen kalt gewordene Mittagessen im grünen »Hundenapf« auf mich. Es gab Hackbraten, Karotten und einen Berg Kartoffeln mit Soße. Allerdings machte ich die Erfahrung, dass, aus einer derartigen Schüssel gegessen, alles zum Eintopf wird. Es war auch ungewohnt, dem Braten nur mit einem Löffel zu Leibe zu rücken.

Nach dem Essen hieß es wieder warten. Am Nachmittag geschah nichts mehr. Stumm zogen sich die Stunden hin. Ich saß und brütete vor mich hin oder lief auf und ab, jeweils fünf Schritte. Gelegentlich stierte ein Auge durch den Türspion. Durch die Glasbausteine versuchte ich, den Stand der Sonne auszumachen, aber der Erfolg war gering. Das Abendessen, vielleicht gegen 17.30 Uhr, war eine willkommene Abwechslung. Es gab die zwei obligaten Margarinestullen, ein Stück Wurst und zur Abwechslung sogar einen Becher Pfefferminztee. Nach dem Abendessen begann es draußen zu dämmern und wurde schließlich dunkel. Wieder zogen Stunden dahin. Was ich im Einzelnen gedacht habe, weiß ich heute nicht mehr, wahrscheinlich, wie lange ich wohl dortbleiben müsste, was meine Angehörigen, Eltern und Geschwister, im Moment machen würden und wie ich das alles überstehen würde. Endlich tönte das Klingelsignal zur Nachtruhe. Im Vergleich zum Vorabend fand ich die Pritsche heute wesentlich unbequemer. Auch nachdem das Licht ausgegangen war und nur noch ein bläulicher Scheinwerfer, durch die Glasbausteine gefiltert, den Raum in ein gespenstisches Licht hüllte, wälzte ich mich noch lange hin und her. Alle paar Minuten wurde vom Gang her das Notlicht über der Tür sekundenlang angeschaltet, wohl um nachzusehen, ob ich noch da sei, noch lebe oder was sonst sei. Jedenfalls störte es.

Der 12. April brachte ein ähnlich tristes Erwachen wie der Vortag. Nach Frühstück und Rasur hieß es wieder etwa zwei Stunden warten. Dann wurde ich erstmals zur »Freistunde« geholt. Es ging ein paar Stufen hinab auf einen leeren gepflasterten Hof. Auf der gegenüberliegenden Seite des Hofes lagen nebeneinander wie Zelleneingänge an die zehn Türen. Wir gingen über den Hof und auf eine noch offene Tür zu. Dahinter lag mein »Freihof«. Man muss ihn sich wie eine kleine Garage vorstellen, deren Wände allerdings

Teil einer Freigangszelle hinter dem Zellentrakt der ehemaligen UHA, 1998

vier bis fünf Meter hoch waren. Anstelle des Garagendaches befand sich in etwa fünf Metern Höhe ein engmaschiges Drahtgitter. Die »Garageneinfahrt«, die Seite, an der sich die Eingangstür befand, war nur etwa drei Meter hoch. In dieser Höhe verlief hier ein Steg aus Drahtrosten, auf dem uniformierte Posten auf und ab gingen. Ich durfte nun in meinem »Käfig« ebenfalls auf und ab gehen oder auch im Kreis herum. Um mich herum befanden sich meterhohe graue Rauputzwände. Sonne und Himmel sah ich, wenn ich die Augen hob, nur wie durch ein Sieb. Beobachtet wurde ich von der Galerie aus durch Posten, die, wenn ich mich an der Tür befand, direkt über meinem Kopf herumtrampelten. Auch hier war ich allein. Alles war ungemein deprimierend. Ich kam mir wie in einem Zwinger vor. Nach vielleicht 20 Minuten derartiger »Bewegung im Freien« brachte man mich wieder zurück in meine Zelle.

Auch heute ging es wieder zum Vernehmer ins Zimmer 516. Die Vernehmung drehte sich vor allem um die Vorgeschichte des Fluchthilfeunternehmens. Dann, nach einer Stunde, während einer kleinen Kaffeepause, sagte mir der Vernehmer, wie er sich den von mir zu schreibenden Lebenslauf vorstelle. »Damit Sie aber nicht denken, wir wüssten gar nichts, gucken Sie sich mal das hier an«, meinte er abschließend. Dabei kam er hinter seinem Tisch hervor und legte mir einige Fotokopien von Zeitungsartikeln vor, die 1974/75 im Zusammenhang mit meinen seinerzeitigen Aktivitäten in der Berliner Schülerunion in der Berliner Zeitung »Der Abend« erschienen waren. Danach schrieben wir beide, er das Vernehmungsprotokoll und ich meinen Lebenslauf. Diesmal beschränkte ich mich nicht auf bloße Daten, sondern ging auch auf meine Mitgliedschaft in der CDU, in der Jungen Union und der Schülerunion ein.

Wieder in meiner Zelle, wartete ich auf das Essen. Plötzlich wurde dröhnend meine Zellentür geöffnet. Herein stürmten zwei uniformierte Offiziere, ein Oberleutnant und ein Leutnant. In aggressivem Ton wiesen sie mich an, auf der Pritsche Platz zu nehmen. Während der Leutnant in der Nähe der Tür stehenblieb, rückte der Oberleutnant sich den kleinen Fenstertisch zurecht, holte eine Kladde hervor und begann, meine persönlichen Daten abzufragen. Dabei wandelte sich meine Staatsangehörigkeit überraschend von »deutsch« zu »West-Berliner«. Das wurde, ohne meine anderslautende Auskunft und meinen Widerspruch zu beachten, einfach verordnet. Später wurden mir diese Angaben in einem zu unterschreibenden »Aufnahmebogen« noch einmal vorgelegt, der mich dann die ganze Haftzeit über begleitete.

Nach diesem Erlebnis schmeckte mir die inzwischen ausgeteilte Kohlsuppe nicht mehr sonderlich. Den Nachmittag verbrachte ich wieder allein, konnte mir aber die Zeit mit der Lektüre der Anstaltsordnung etwas verkürzen, die meine beiden »Besucher« bei mir liegengelassen hatten. Erst jetzt fiel mir auf, dass ich seit meiner Einlieferung in die Untersuchungshaftanstalt weder eine Zeitung noch ein Buch zu Gesicht bekommen hatte. Ich nahm mir vor, meinen Vernehmer danach zu fragen. Gegen Abend musste ich auch die kleine Broschüre wieder herausgeben. Immer schmerzlicher wurde mir meine Isolation bewusst. Ich hatte nichts zu lesen, nichts, um mich irgendwie zu beschäftigen, und auch niemand, mit dem ich reden konnte. Die Posten auf den Gängen, sie waren wohl Angehörige des MfS-Wachregiments »Feliks Dzierzynski« und zum Großteil noch jünger als ich, beschränkten sich auf wortlose Gesten oder kurze Befehle. Als einziger Gesprächspartner bot sich der Vernehmer an, der aber zugleich mein gefährlichster Gegner war. Zum ersten Mal überlegte ich, was wohl gewisse Leute im Westen, die seinerzeit im Zusammenhang mit den Haftbedingungen in bundesdeutschen Gefängnissen gerne den Begriff »Isolationsfolter« gebrauchten, wohl sagen würden, wenn es eine derartige Unterbringung von Häftlingen in Zellen, die nicht einmal ein richtiges Fenster aufwiesen, auch im Westen gäbe. Der Abend wurde mir noch länger als der gestrige. Auch mit dem Einschlafen hatte ich wegen der ständigen störenden Lichtkontrollen große Schwierigkeiten.

Der Morgen des 13. April 1976 verlief wie in den Vortagen. In der Freistunde versuchte ich erstmals, etwas vom Gebäude der Haftanstalt zu erkennen. Ich sah ein mehrstöckiges, grau verputztes Gebäude mit flachem Dach. Die blinden Fensterhöhlen waren zusätzlich zu den Glasbausteinen von außen noch vergittert. In jedem Stockwerk war lediglich neben der Treppe ein Zimmer mit vergitterten Flügelfenstern, offenbar die Wachstube. Der Bau sah nicht alt aus. Er mochte wohl erst nach dem letzten Krieg entstanden sein.

Nach der Freistunde wurde ich zum Duschen geholt. Die Duschzelle lag schräg gegenüber von meiner Zelle. Sie bestand aus zwei Räumen, von denen einer als Wäschekammer und Umkleideraum diente. Das Duschen wurde von einem etwa 30-jährigen dicklichen Feldwebel beaufsichtigt. Dieser war an den Werktagen für das leibliche Wohl der Untersuchungshäftlinge zuständig, teilte die Mahlzeiten und Reinigungsmittel aus, war erste Instanz bei Meldungen zu irgendwelchen Stellen im Haus und sammelte Essensreste und Abfälle aus den Zellen ein. Soweit ich mich erinnern kann, benahm er sich immer korrekt. Zum wöchentlichen Duschen samt Kopfwäsche (alle 14 Tage) hatte ich zehn Minuten Zeit. Danach gab es neue Handtücher und Wäsche, und ich wurde noch tropfnass in meine Zelle zurückgebracht.

Beim Vernehmer erhielt ich an diesem Tag die Protokolle der letzten beiden Tage zur Unterschrift vorgelegt. Erneut fiel mir dabei auf, dass sie nicht entsprechend meinen zusammenhängenden Antworten, sondern in Dialogform als Fragen und Antworten niedergeschrieben waren, wobei der Dialog nur sehr indirekt das tatsächliche Vernehmungsgespräch wiedergab. Mir schien, dass die Protokolle vorher nach Plan ausgearbeitet waren und die Aussagen nur noch in die vorgegebene Form gepresst wurden. So traten alle belastenden Momente hervor, während alles Entlastende unwichtig erschien.

Welcher Art diese Dialektik der MfS-Untersuchungsführer war, sei nur an zwei Beispielen aufgezeigt. Wie berichtet, hatte ich den Fluchtwagen vor Fahrtantritt in Berlin schon einmal probeweise benutzt, um mich mit dem Fahrverhalten des Opels vertraut zu machen und seine Verkehrssicherheit zu testen. Hätte ich das unterlassen, hätte man mir grobe Fahrlässigkeit bis hin zur Verkehrsgefährdung sowie die Inkaufnahme einer möglichen Gefährdung der Flüchtlinge vorgeworfen. Dass ich es nicht unterlassen hatte, bewies aber, dass mir am Gelingen der »Schleusung« sehr gelegen war und ich »mit hoher Tatintensität« darauf gedrungen hatte, mich mit dem Fluchtfahrzeug vertraut zu machen. Das aber war als Vorbereitungshandlung schon allein strafbar. Oder: Hätte die junge Frau aus meinem Kofferraum ihren kleinen Sohn in Ost-Berlin zurückgelassen, so hätte sie nach der Dialektik des MfS als »Rabenmutter« ihr Kind im Stich gelassen. Aber sie tat es ja nicht, sondern nahm ihr Kind mit. Somit hatte sie nicht nur rücksichtslos das Leben ihres Kindes gefährdet, sondern als Erziehungsberechtigte gemeinsam mit dem zu erziehenden Kind eine strafbare Handlung begangen, was zusätzlich belastend war.

Mein Vernehmer (»Sie können mich mit ›Herr Unterleutnant‹ anreden«) war über meine Fragen zur Art des Protokolls nicht sonderlich erfreut. »Das ist hier so üblich«, bemerkte er nur. Gänzlich abhold zeigte er sich einigen Änderungswünschen, welche wohl sein Konzept störten. Schließlich, nach langem Hin und Her, einigten wir uns auf einen nur geringfügig veränderten Wortlaut der fraglichen Passagen. Nun hatte ich wieder Seite für Seite der Protokolle zu unterschreiben. Auch jede Textänderung musste noch einmal gesondert signiert werden.

Bevor die neue Vernehmung begann, legte mir der Vernehmer eine Reihe Fotos vor: Passbilder, z. T. aus westlichen Ausweisen abgelichtet, und normale Fotos, die bis auf eine abgebildete Person mit Schablonen abgedeckt waren. Darunter befand sich auch ein Passfoto meines Auftraggebers, den ich erwartungsgemäß identifizierte. Ansonsten erkannte ich keine weitere Person.

Anschließend wurde ich eingehend über meine Motive, Fluchthilfe zu leisten, befragt. Dabei gerieten wir ins politische Debattieren. Gerade als die Wellen besonders hoch schlugen, öffnete sich die gepolsterte Doppeltür des Zimmers, und ein hagerer Mann von etwa 40 Jahren trat ein. Er war mittelgroß, hatte schütteres, sehr kurzes Haar, trug eine dünnrandige Brille und wirkte wie ein Intellektueller. Bei ihm schien es sich um einen höheren Vorgesetzten zu handeln, wie ich dem Verhalten des Vernehmers entnahm, der eilfertig aufstand und auch mich nötigte, mich zu erheben. Der Neuankömmling erkundigte sich nach dem Stand der Vernehmung, stellte mir dann einige Fragen politischer Art zu dem gerade akuten Streitpunkt und verwickelte mich in eine sehr unsachliche Diskussion (»Ihre bürgerliche Wissenschaft interessiert mich überhaupt nicht, befassen Sie sich erst mal mit ›objektiven‹ Darstellungen«). Nach zehn Minuten hatte ich jede Lust an dieser Art von Unterhaltung verloren. Er brach daraufhin ab und verabschiedete sich von mir, nicht ohne mir den »guten Rat« zu geben, mich stetig weiterzubilden, jetzt aber zunächst einmal umfassende Aussagen zu machen. Dieser Mann tauchte bei den folgenden Vernehmungen noch öfter auf. Rein zufällig ließ er sich immer dann blicken, wenn meinem jungen Vernehmer die Diskussion am Rande der Vernehmung über den Kopf zu wachsen drohte oder die Vernehmung sich an einem Punkt festfraß. Dieser Obervernehmer beherrschte gut die Klaviatur menschlicher Verhaltensweisen. Mal drohte er, mal mahnte er, scheinbar um mich besorgt, mal bluffte er aber auch oder versuchte, mich durch Fangfragen zu überrumpeln. Ich fragte an diesem Tag auch den Vernehmer, wann ich auf der Zelle etwas zu lesen erhalten würde, und bekam zu hören: »Das muss der Staatsanwalt erst noch entscheiden. Ich werde mit ihm sprechen.« Übrigens verschanzte sich mein Vernehmer oft bei Fragen wie dieser, die er in eigener Kompetenz zu meinen Gunsten entscheiden konnte, mir aber wohl nicht bewilligen wollte, hinter dem ominösen Staatsanwalt. Doch dahinter kam ich erst später.

Nachmittags dehnten sich die Stunden wieder endlos, aber lange nach dem Abendessen hörte ich plötzlich an der Wand meiner rechten Nachbarzelle ein Klopfen. Große Freude erfüllte mich: Ich war doch nicht völlig allein; zumindest ein Mensch befand sich in unmittelbarer Nähe und in der gleichen Situation. Zuerst lauschte ich bloß. Dann klopfte ich hastig ebenfalls an die Wand. Das Klopfgeräusch verstärkte sich. Zunächst schien es mir völlig willkürlich und ohne System. Dann stellte ich fest, dass ein bestimmter Rhythmus geklopft wurde. Nach einiger Zeit erwiderte ich diesen. Daraufhin ging das Klopfen zu einem monotonen Gleichmaß über. Dumm, wie ich war, konnte ich damit allerdings nichts anfangen und erwiderte auch dieses. Eine sinnvolle Verbindung kam so nicht zustande. Zudem ging plötzlich die Türklappe auf, und der Kopf eines Feldwebels wurde sichtbar. Ich wurde barsch angefahren, von der Wand zu verschwinden. Das schüchterte mich zum damaligen Zeitpunkt noch sehr ein. So beschränkte ich mich darauf, gelegentlich zaghaft bei meinem unbekannten Nachbarn anzuklopfen, der sich in den nächsten Tagen auch regelmäßig meldete, bis er wohl erkannte, dass ich des Klopfens unkundig und eine Verbindung mit mir unfruchtbar sei. Dennoch brachte mir dieser Kontakt zum damaligen Zeitpunkt sehr viel. Wenngleich mir auch der Verstand schon vorher sagte, dass ein derartiges Haus bestimmt nicht für eine einzige Person allein bestimmt sei, so fehlte doch der Beweis dafür, und unterschwellig nagte die Furcht an mir, ganz allein zu sein. Nun war der Beweis gegeben, und geteiltes Leid ist halbes Leid.

Auch an den kommenden Tagen wurde ich vernommen. Zum Wochenende erhielt ich auch die ersten Bücher. Leider gab es nur drei Titel, die für eine Woche ausreichen mussten. So las ich jedes Buch mindestens doppelt. Die Auswahl der Bücher war sehr willkürlich. Man erhielt, was gerade in Reichweite des Postens auf dem Bücherwagen lag, meist Trivialliteratur. Gelegentlich hatte man aber auch Glück und erhielt Werke der Weltliteratur oder solche, die zum Nachdenken anregten. Unter Letzteren ist mir besonders Martin Luther Kings »Warum wir nicht länger warten können« über die gewaltlosen Rassenauseinandersetzungen in den Südstaaten der USA zu Beginn der 60er Jahre in Erinnerung geblieben. Das Buch war im Ost-Berliner Union-Verlag erschienen und gab einmal Anlass zu sarkastischen Überlegungen, etwa wenn ich las, dass King einmal in Polizeigewahrsam länger als 14 Stunden an einer Kontaktaufnahme mit seinem Anwalt gehindert wurde, und mir dabei vor Augen hielt, dass ich schon länger als 14 Tage in strikter Isolierung saß, von Kontaktaufnahme mit einem Anwalt ganz zu schweigen. Aber Kings Buch gab mir auch moralischen Rückhalt. Er schrieb, dass er auch in der Einzelzelle des Polizeigewahrsams nie allein gewesen sei. Nicht nur sei er sich der Anteilnahme seiner Mitkämpfer sicher gewesen, sondern er sei sich auch immer bewusst gewesen, dass, wo immer sich ein gläubiger Mensch aufhalte, auch Gott im Raum stehe. Obwohl ich mich nicht als sonderlich religiös im kirchlichen Sinne betrachte, stärkte mich diese Aussage. Dass Angehörige und Freunde sich um mich kümmern würden, schien mir sicher, und die Vorstellung, dass über uns allen ein höheres Prinzip im Sinne von Hoffnung und Gerechtigkeit steht, gab mir die Zuversicht, aus eigener Kraft über die Runden zu kommen.

Übrigens musste ich meinem Vernehmer den Erhalt der Bücher schriftlich bestätigen, wie man überhaupt über jede Kleinigkeit, die man in der U-Haft zur Verfügung gestellt oder auch nur angeboten bekam, Reverse zur Unterschrift vorgelegt erhielt. Offensichtlich sollte so bei späteren Beschwerden des Inhaftierten die Humanität der Gefangenenbehandlung bewiesen werden. Allerdings hat man mir keinen Revers über die Art der Unterbringung oder die mehrwöchige Isolation zur Unterschrift vorgelegt.

Die folgenden Wochen verliefen ähnlich wie die erste, mit dem Unterschied, dass die Vernehmungen nicht mehr so häufig waren. Allmählich gewöhnte ich mich an den Tages- und Wochenablauf. Allmorgendlich wurde gegen 6.00 Uhr geweckt, an Wochenenden und Feiertagen eine Stunde später. Im Anschluss an die Morgentoilette musste das Bett gebaut werden, indem man Matratzen, Decken und Bettwäsche am Fußende der Pritsche aufstapelte. Danach gab es Frühstück. Anschließend wurde kurz der Elektrorasierer durch die Klappe gereicht, und es hieß, vielleicht zwei Stunden bis zum 20-minütigen »Freigang« zu warten. Entweder wurde man danach zur Vernehmung gebracht, oder man wartete noch drei bis vier Stunden bis zum Mittagessen gegen 13.00 Uhr. Montag, Mittwoch und Samstag waren Eintopftage. An den anderen Tagen gab es Mahlzeiten, die erst beim Einfüllen in die hundenapfartige Schüssel zum Eintopf gerieten. Man konnte auch manchmal mit dem Plastiklöffel einem Stück Fleisch zu Leibe rücken. Nach dem Mittagessen wurde man entweder gegen 15.00 Uhr zur Nachmittagsvernehmung geholt oder dämmerte vor sich hin, bis es gegen 17.30 Uhr Abendbrot gab. An den Eintopftagen gab es zu den erwähnten Margarinestullen ein Stück Wurst. Donnerstagabend gab es oft ein Stück Käse. An den übrigen Tagen beherrschten Äpfel oder Krautbecher, mit rohem geraspeltem Kohl gefüllt, den Abendbrottisch. Nach dem Abendbrot hatte man bis gegen 20.30 Uhr »freie Zeit«. Dann ertönte das Klingelzeichen zum »Fertigmachen zur Nachtruhe«. Nach dem zweiten Klingeln um 21.00 Uhr erlosch das Licht.

Dienstags war Duschen mit Wäschewechsel, donnerstags erhielt man Reinigungs- und Desinfektionsmittel. Außerdem wurde der angesammelte Abfall fortgeholt. Freitags war Büchertausch. Jeden zweiten Tag hätte man der Hausordnung zufolge die Zelle einer gründlichen Reinigung unterziehen müssen.

Die Isolation in den ersten Wochen war, abgesehen vom Klopfen mit der Nachbarzelle, vollkommen. Die Zellen waren schalldicht. Man bekam kaum mit, was auf dem Gang geschah. Weder auf den Gängen noch in der Hofzelle traf man andere Gefangene. Längere Gespräche konnte man nur mit dem Vernehmungspersonal führen. Beinahe freute man sich daher nach längerer Isolierung auf die nächste Vernehmung. Die Vernehmer waren sich natürlich ihres »Kommunikationsmonopols« voll bewusst und nutzten es für ihre Zwecke weidlich aus.

Es war schon paradox, dass der schlimmste erdenkbare Gegner zum Hauptgesprächspartner wurde, bei labilen Gefangenen vielleicht sogar zum echten Partner. Dabei gab es keine harmlosen Gespräche. Auch scheinbar noch so belanglose Unterhaltungen am Rande wurden von den MfS-Leuten als Nachrichten und Informationen verwertet. Unterhielt man sich über Autos, war man oft schnell bei der Größe ihrer Kofferräume und der Verwertbarkeit für »Schleusungsfahrten« angelangt. Unterhielt man sich

Vernehmerzimmer in der ehemaligen UHA, 1998

Freigangszelle Haftkrankenhaus in der ehemaligen UHA, 2003

über Getränke und Zigaretten, so kamen scheinbar belanglose Fragen, wer welches Getränk und welche Zigarettenmarke bevorzugte. Selbst bei Unterhaltungen über das Wetter konnte man noch über Reaktionen anderer auf bestimmte Wetterverhältnisse befragt werden.

Die Zwangslage, in der man ohnehin bei diesen Vernehmungen steckte, wurde durch bestimmte strafprozessrechtliche Bestimmungen der DDR noch verstärkt. So erhielt man erst, wenn es den »Untersuchungsorganen« beliebte, die Möglichkeit, mit einem Anwalt Kontakt aufzunehmen. Dieser hatte nicht das Recht, eigene Ermittlungen durchzuführen, sondern war weitgehend auf das ihm von der Staatsanwaltschaft und den »Untersuchungsorganen« zur Verfügung gestellte Material angewiesen. Mein Vernehmer sagte einmal zu mir: »Ihr Anwalt befindet sich auf freiem Fuß und besitzt juristische Fachkenntnisse. Ansonsten hat er die gleichen Rechte und Möglichkeiten wie Sie.« Das drückte wohl treffend aus, was man von der Verteidigung im gerichtlichen Verfahren in der DDR erwarten konnte. Die Strafprozessordnung der DDR besagte ferner in § 8, dass der Beschuldigte das Recht zur Mitwirkung an der »allseitigen Feststellung« der Wahrheit besitze. Darüber, dass dieses Recht auch als Pflicht zu interpretieren war, wurde mit mir am 24. April 1976 eine Rechtsbelehrung in Form eines gesonderten Protokolls durchgeführt. Sofern man immer noch keine befriedigenden Aussagen machte, konnte man durch die Deklarierung der Vernehmung als »Vernehmung des Beschuldigten als Zeugen« nach den §§ 25, 26, 27 StPO aussagepflichtig gemacht werden. Ein Recht zur Aussageverweigerung bestand bei »Staatsverbrechen«, zu denen Fluchthilfe gehörte, nicht. Wer auch hier die Aussage verweigerte, konnte schon allein deswegen gemäß § 225 StGB / DDR bestraft werden.

Erst Ende April wurde mir vom Vernehmer die Möglichkeit eingeräumt, einen Verteidiger zu nehmen. Nach einiger Überlegung fiel mir der Name des Ost-Berliner Anwalts Dr. Vogel ein, der einen guten Ruf genoss und führend beim Freikauf politischer DDR-Häftlinge durch die Bundesregierung mitgewirkt haben sollte. Als ich meine Wahl dem Vernehmer mitteilte, schmunzelte er leicht und meinte: »Na, hoffentlich werden Sie da auf Ihre Kosten kommen.« Ich schrieb an das Anwaltsbüro. Heute würde ich über diesen Brief wahrscheinlich laut lachen, damals aber war ich noch hoffnungsvoll und glaubte tatsächlich, so etwas Positives zu bewirken. Wenige Tage später kam jedenfalls eine Vollmacht des Anwaltsbüros Vogel, die ich unterschrieb. Weiter hörte ich jedoch zunächst nichts von meinem Verteidiger.

Unterdessen gingen die Vernehmungen, nunmehr zu meiner Person, weiter. Penibel wurden meine Aktivitäten für CDU, Junge Union und Schülerunion in West-Berlin durchleuchtet. Meine Taktik war durch ein Versehen des Obervernehmers bestimmt, der mir einmal aufgrund meiner Aktivitäten noch ein zusätzliches Verfahren wegen »staatsfeindlicher Hetze« gemäß § 106 StGB angedroht hatte. Daraufhin beschränkte sich die von mir zugegebene Zielrichtung meiner seinerzeitigen Unternehmungen natürlich nur noch auf West-Berliner Probleme. Es war nicht ganz einfach zu erklären, weswegen man beispielsweise am 13. August demonstriert habe, wenn sich diese Demonstration nicht gegen die DDR gerichtet habe, aber irgendwie gelang es mir immer, alles zu erklären. Um meinen guten Willen zur »allseitigen Feststellung« der Wahrheit zu zeigen, brachte ich irgendwelche Ausarbeitungen zu Papier. Auch darüber könnte ich heute lachen, damals aber belastete mich das ziemlich. Was ich aufschrieb, handelte im Wesentlichen vom Ablauf bestimmter Aktionen der genannten Organisationen und von meiner Auffassung zu bestimmten politischen Fragen. Ich sollte auch meinen Bekanntenkreis angeben. Nach anfänglicher Weigerung schusterte ich einen Kreis zusammen, der aus lockeren Bekanntschaften mit Parteifreunden, Beziehungen zu ehemaligen Schulkameraden und Ähnlichem bestand. Die Vernehmungsprotokolle drehten sich eine ganze Zeit lang nur um diese Punkte.

So verging die Zeit bis Mitte Mai 1976. Nach fast fünf Wochen befand ich mich noch immer in völliger Isolation. Bis jetzt hatte ich auch noch keine Zeitung erhalten, da der Staatsanwalt noch nicht entschieden hatte, ob man mir diese »ohne Gefährdung des Zwecks der Untersuchungshaft« zugänglich machen könne. Allerdings hatte ich mich inzwischen auf eine länger währende Einzelhaft eingerichtet und litt nicht mehr so darunter wie am Anfang. Eher belastete mich noch die Ungewissheit über meine Angehörigen, zu denen ich bisher keinerlei Verbindung hatte. Endlich, am 14. Mai, erlaubte mir mein Vernehmer, nach Hause zu schreiben. Ich machte mich mit großem Elan an die Abfassung eines längeren Briefes. Als ich eineinhalb Seiten geschrieben hatte, machte mich mein Vernehmer darauf aufmerksam, dass ich lediglich eine DIN-A4-Seite schreiben dürfe. Also war der Brief Makulatur, und ich begann einen kürzeren. Der Vernehmer las ihn sich durch und sagte, so gehe der Brief nicht hinaus, es sei denn, ich würde einiges ändern oder weglassen. Auch eine dritte Version wurde von ihm verworfen, da ich darin vom »Vertrauen auf die Richtigkeit meiner Handlungen« geschrieben hatte. Dies sei eine Propagierung meiner »Straftat«. So änderte ich denn »Handlungen« in »Überzeugung« um, was hieß, die ganze Seite noch einmal zu schreiben. Auch diese vierte Fassung nahm der Stasi-Mann nur »vorbehaltlich der Entscheidung des Staatsanwalts« an. Ich war so gereizt, dass mir vor Wut fast die Tränen gekommen wären. Wie um mich zusätzlich zu verhöhnen, überreichte mir nun der Vernehmer, nachdem ich meinen Brief gerade abgegeben hatte, den ersten Brief meiner Eltern. Nur nach vielem Hin und Her erhielt ich meinen Brief noch einmal zurück, um wenigstens mit einem kurzen Postskriptum auf den erhaltenen Brief antworten zu können. Als ich danach auf meine Zelle zurückgebracht wurde, war ich ziemlich fertig.

Am folgenden Samstag, dem 15. Mai 1976, war es unheimlich kalt. Fröstelnd hockte ich auf der Pritsche und grübelte vor mich hin. Aufwärmen konnte ich mich nur durch gelegentliche Gymnastik. Allerdings hielt der dünne Trainingsanzug die Wärme nie lange. Am Nachmittag fühlte ich mich so elend wie noch nie in der Haft. Da wurde kurz vor 15.00 Uhr meine Zelle geöffnet. Ein Leutnant forderte mich auf, meine Sachen zusammenzupacken. Obwohl im Bündelpacken noch ungeübt, hatte ich binnen weniger Minuten meine Sachen zusammengerafft und wartete, was nun geschehen würde. Schließlich holte man mich; es ging ins oberste Stockwerk, und wir hielten vor der Zellentür mit der Nummer 333.

Zelle 333

Als die Tür geöffnet wurde, sah ich in dem nun vor mir liegenden Raum einen etwa 25-jährigen Mann stehen, gleich mir mit einem blauen Trainingsanzug bekleidet. Der erste Mitgefangene!

Nur mit halbem Ohr hörte ich noch, wie mir der Leutnant eine Pritsche zuwies und sagte, ich sei hinfort die »Eins« der Zelle. Während er die Tür von draußen geräuschvoll zusperrte, begrüßte ich meinen nunmehrigen Gefährten. Dieser eilte strahlend auf mich zu, half mir mein Bündel abzulegen und stellte sich schließlich vor: »Ich bin der Hilmar* und komme aus Ost-Berlin. Schön, dass die mir zum Wochenende noch jemand zur Gesellschaft hereingelegt haben. Ich bin nämlich nicht gern allein. Wer bist du denn, woher kommst du, und wie lange bist du schon hier?« Schnell entwickelte sich ein erstes Gespräch, wobei ich vorsichtig blieb und mich nur auf Angaben beschränkte, die ich auch schon beim Vernehmer gemacht hatte. So sollte es auch die ganze Haftzeit über bleiben. Ausnahmen machte ich nur gegenüber einigen wenigen, zuverlässig erscheinenden Kameraden im späteren Vollzug und bei allgemeinen Meinungsäußerungen, die sich jeder anhören durfte, der es wollte. Aber auch dabei ging ich davon aus, dass meine Einstellung den DDR-Organen bekannt sei und ein plötzliches Stillhalten mich nur noch verdächtiger machen würde. Trotzdem freute ich mich an diesem Samstag über die unverhoffte Gelegenheit zur persönlichen Aussprache mit einem Leidensgenossen. Hilmar ging es wohl ebenso.

* Name geändert (auch im Folgenden)

Tür der Zelle 333 der ehemaligen UHA, 1998

Schließlich fragte er mich, ob ich ein Kännchen Kaffee, »aber echten«, mittrinken wolle. Überrascht erfuhr ich, dass Häftlinge hier zusätzlich zum monatlichen Einkauf auch Kaffeemarken zum Preis von einer Mark – es handelte sich um gewöhnliche Eintrittskarten – erwerben durften, die zweimal täglich über die Posten gegen ein Kännchen Kaffee eingelöst werden konnten. Hilmar leistete sich diesen Luxus nur zu den Wochenenden, hatte aber wohl von einem meiner Vorgänger noch Marken übrig, sodass er mich einladen konnte. Dankend nahm ich an, nicht ohne mich aber nach den Modalitäten der Beantragung von Einkauf und Kaffeemarken zu erkundigen. Hatte ich bislang in der Einzelhaft keinen Einkauf benötigt, so wollte ich künftig meinen Anteil an Kaffee und Kuchen selber tragen. Einen Sandkuchen nämlich zog Hilmar, als uns zwei Kännchen Kaffee samt Geschirr hereingereicht worden waren, aus einem Karton unter seiner Pritsche hervor. Dabei fiel mir auf, dass diese Pritsche bezogen war. Unten hatte ich ja tagsüber Matratzen und Bettzeug am Fußende aufstapeln müssen. Hilmar meinte dazu, man nehme es hier oben nicht mehr so genau damit. Hier sei alles etwas freier.

Während unseres Kaffeestündchens musterte ich die Zelle etwas eingehender. Sie war etwa doppelt so groß wie mein bisheriges Domizil und hatte sogar zwei mit Glasbausteinen vermauerte Fenster. Zusätzlich zum Türspion konnte man die Zelle noch von einer Öffnung, die einer Schießscharte glich, aus überblicken. So blieb der tote Winkel gering. Die Einrichtung bestand aus drei Holzpritschen, zwei kleinen Tischen und mehreren Schemeln. Die Pritschen standen einzeln an den Seitenwänden, eine in der Mitte dazwischen. Bei dieser Musterung fiel mir weiter auf, dass Hilmar neben Kaffeemarken und Kuchen noch über viele andere Vorräte verfügte, von denen ich ärmlicher Ankömmling noch nicht einmal geträumt hatte. Außer zwei Pappkartons unter seiner Pritsche lag auch noch das ganze Brett eines der »Fenster« voller Schachteln und Tütchen. Hilmar sagte mir, er habe diese Sachen teils über den anstaltseigenen Einkauf erworben, teils aber auch von meinen Vorgängern geschenkt bekommen.

Sanitärecke in Zelle 333 mit einem zusätzlichen Sehschlitz zur Sichtkontrolle, 1998

Zellengang in der ehemaligen UHA, 2003

So kam die Unterhaltung auf die Gefangenen, die er vor mir auf dieser Zelle kennengelernt hatte. Das war zunächst ein Briefmarken- und Münzhändler aus Westdeutschland, der versucht hatte, einen größeren Posten neugeprägter 20-Mark-Münzen der DDR auf den westlichen Markt zu transferieren. Diese Münzen waren ihm in Ost-Berlin wohl schon zugesagt gewesen, dann aber doch unter irgendwelchen Vorwänden vorenthalten worden, sodass er schließlich zur Selbsthilfe gegriffen hatte. Diese war ihm jedoch teuer zu stehen gekommen. Er hatte sich, wie Hilmar berichtete, nach fünfwöchiger Haft nur durch eine Kaution in Höhe von 100 000 DM freikaufen können. Dann hatte Hilmar lange mit einem vegetarischen Baustoffhändler aus Bremen zusammengelegen, der zusammen mit seinem Bruder dessen Verlobte mittels Fahrzeugdoublette in den Westen hatte holen wollen. Er hatte es nach Ausschöpfung aller Rechtsmittel nach 15 Monaten Untersuchungshaft erreicht, wieder in die Bundesrepublik abgeschoben zu werden, ohne in den »Genuss« des Strafvollzugs (SV) zu kommen. Ferner hatte Hilmar noch einen Hamburger kennengelernt, der lediglich bei einem Fluchthilfeunternehmen als Beifahrer dabei gewesen war.

Hilmar erzählte mir auch seine eigene Geschichte. Er war Mitte Dezember 1975 von einem Ost-Berliner Bekannten angesprochen worden, ob er nicht für diesen eine Bekannte mit dem Trabant seiner Verlobten nach Naumburg fahren könne, da sein eigener Trabant kaputtgegangen sei. Auf der Autobahn hatte sich dann der Reisewunsch der jungen Dame überraschend gewandelt. Sie wollte sich jetzt mit Bekannten aus Westdeutschland treffen. Als deren BMW auftauchte, war es zu einem kurzen Halt auf offener Strecke gekommen, bei dem die Frau den Wagen wechselte. Hilmars Bekannter meinte nun, die Frau brauche ihre Dienste nicht mehr und man könne getrost nach Berlin zurückfahren. Dort erhielt Hilmar dann als »Dank« für seine Gefälligkeit 300 Mark Ost. Am folgenden Tag meldete sich sein Bekannter aufgeregt bei ihm. Die weitere Fahrt des BMW hätte an der Grenze ein unerwünschtes Ende gefunden. Er müsse nun mit seiner Festnahme rechnen. Hilmar aber könne nichts passieren. Er solle sich, falls man ihn vernehme, immer nur auf seinen Freund berufen. Es vergingen drei Wochen. Dann, am 5. Januar, wurde auch Hilmar auf seiner Arbeitsstelle, einem Ost-Berliner Fuhrunternehmen, festgenommen. Seit diesem Tag hatte er nichts mehr von seiner Verlobten gehört, obwohl er an sie schreiben durfte. Das hatte ihn sehr enttäuscht. Nach seiner Festnahme hatte man ihn zunächst im Pkw in das SSD-Untersuchungsgefängnis Berlin-Lichtenberg gebracht, wo er vernommen und, als er Ausflüchte machte, wüst beschimpft wurde. Nach mehrstündigem Verhör habe man ihn schließlich im geschlossenen Barkas hierher geschafft. Auf meine Frage, ob wir denn nicht in Lichtenberg wären, fragte er erstaunt zurück, ob ich denn nicht wisse, wo wir seien. Ich verneinte dies, da mir ja nur vom Haftrichter her bekannt war, dass ich mich in Ost-Berlin befinden müsse.

»Du bist hier in Berlin-Hohenschönhausen«, antwortete er mir immer noch leicht erstaunt. »Hohenschönhausen ist ein zentrales MfS-Untersuchungsgefängnis nur für harte Fälle, sozusagen ein ›Nobelknast‹. Bei euch im Westen nennt man es auch Lager X.« Dunkel erinnerte ich mich nun, früher schon einmal in irgendeiner Broschüre etwas von einer MfS-Untersuchungshaftanstalt (UHA) Berlin-Hohenschönhausen gelesen zu haben. Sicherlich hatte ich mir damals nicht träumen lassen, diese einmal von innen kennenzulernen.

Trotzdem blieb Hohenschönhausen noch ein bloßer Name für mich. Eher beeindruckte mich Hilmars Mitteilung, dass bis vor ganz kurzer Zeit Rainer Schubert, an dessen öffentlichen Prozess im Januar 1976 ich mich noch sehr gut aus Presse und Fernsehen erinnern konnte, auf unserer Nachbarzelle 332 gelegen habe. Schubert hatte damals für wohl mehr als 90 geglückte Fluchthilfeunternehmen 15 Jahre Zuchthaus erhalten. Dass man mich mit einem derartig bedeutenden Fluchthelfer verglich, indem man mich in das gleiche zentrale Untersuchungsgefängnis brachte, empfand ich entsprechend meiner damaligen Naivität beeindruckend. Ich fragte Hilmar, wie er denn mit Schubert in Verbindung gestanden habe. »Na, wir haben einfach geklopft«, war die Antwort. Nun war es an mir zu staunen. Eingedenk meines Klopfkontaktes auf der Zelle 128 fragte ich, wie das denn gehe. »Ganz einfach, du klopfst zunächst an: ta-ta-ta-ta-ta-tamtam, ta-ta-ta-ta-tamtam, so lange, bis sich der Nachbar meldet und antwortet. Dann fängt die Unterhaltung an. Du buchstabierst nun fortlaufend das Alphabet bis zum gewünschten Buchstaben durch. Dabei wird jeder Buchstabe durch einen Klopfton ausgedrückt. Hast du den gewünschten Buchstaben erreicht, so muss das letzte Klopfen etwas lauter sein. Wort- und Satzenden machst du durch ein kurzes Doppelklopfen bemerkbar, tata. Wenn du zuhörst, dann zählst du die Klopfgeräusche einfach mit, a-b-c-d-e- ... usw. Wenn du das Wort verstanden hast, klopfst du ab, tata. Wenn du etwas nicht verstanden hast, klopfst du Dauerlaut, tatatatata ... Das ist das ganze Geheimnis. Du siehst, es ist gar nicht so kompliziert.« Ich fand das alles auf Anhieb zwar ziemlich kompliziert, machte mich aber sofort unverdrossen an ein paar Klopfübungen. Der Erfolg war mäßig und blieb es auch im Laufe der Haft. Ich brachte es lediglich zu einem verstehenden Zuhören.

So verging der Tag schnell, fast unbemerkt. Wir unterhielten uns noch bis weit in die Nacht hinein. Besonders interessierte ich mich dabei immer wieder für Einzelheiten über das Gefängnis, in dem wir uns befanden. Leider wusste Hilmar auch nicht viel mehr darüber als das, was er jetzt schon erzählt hatte. Auch dieses Wissen hatte er zum Großteil erst von seinen bisherigen Mitgefangenen erworben. Er konnte mir unseren Aufenthaltsort lediglich durch Nennung von Straßennamen ungefähr erläutern: »Du fährst aus der Innenstadt kommend immer die Leninallee [die heutige Landsberger Chaussee] nach Osten. Dort musst du, schon ziemlich weit außerhalb, irgendwo nach links abbiegen. Wie man genau hierherkommt, weiß ich selbst auch nicht. Ich kann dir nur so viel sagen, dass wir hier irgendwo zwischen Große-Leege-Straße, Gärtnerstraße, Ferdinand-Schultze-Straße und Werneucher Straße sind.« Meine genaue »Adresse« blieb mir also weiterhin verborgen. Sie hätte mir im Übrigen auch nicht viel genützt, da ich von Ost-Berlin außer dem Stadtbezirk Mitte nicht allzu viel kannte. Immerhin war mir trotz meiner bescheidenen Ortskenntnisse jetzt so viel klar, dass wir uns etwa auf einer Linie mit Wedding und Siemensstadt befanden, nur eben sehr viel weiter östlich.

Der Tag hatte eine ganze Menge Neues gebracht. So war es nur zu erklärlich, dass ich, als die Unterhaltung schließlich doch zum Erliegen kam, sehr gut einschlief und eine ruhige Nacht hatte. Wer weiß, ob dies auch der Fall gewesen wäre, wenn ich zum damaligen Zeitpunkt schon gewusst hätte, was ich nach meiner Rückkehr aus älteren Zeitungsartikeln und Büchern über die Geschichte meiner damaligen Aufenthaltsstätte erfuhr. Wer weiß, ob mich nicht der Gedanke an die über 3000 Toten am Schlafen gehindert hätte, die das hier bereits im Mai 1945 auf dem Gelände der früheren Fleischmaschinenfabrik R. Heike und einer Großküche, Freienwalder/Ecke Genslerstraße, vom sowjetischem MWD eingerichtete »Speziallager Nr. 3« zu verzeichnen hatte. Dieses Lager bestand bis Oktober 1946. Dann wurden die Überlebenden zum Großteil in das von den Sowjets weitergeführte ehemalige NS-Konzentrationslager Sachsenhausen geschafft. Die Bauten der ehemaligen Großküche wurden in der Folgezeit als zentrales Untersuchungsgefängnis der sowjetischen Sicherheitsorgane in Deutschland benutzt. Im Frühjahr 1951 schließlich wurde das Gesamtgelände vom sowjetzonalen Staatssicherheitsdienst (MfS) übernommen. Dieser errichtete im Nordteil des Areals ein Haftarbeitslager (Lager X). Südlich davon, in den Bauten der ehemaligen sowjetischen Untersuchungshaftanstalt, wurde das zentrale Untersuchungsgefängnis des MfS etabliert. Dieses Gefängnis wurde zum größten Teil unterirdisch in die vormaligen Lagerräume der Großküche eingebaut; anstelle von Lebensmitteln wurden jetzt Menschen eingelagert. Der Bau wurde in der Sowjetzone hinter vorgehaltener Hand als »U-Boot« bezeichnet, da alle Hafträume im Kellerbereich gelegen waren. Die Angehörigen des SSD (Staatssicherheitsdienstes) sprachen auch zynisch vom »Hotel zur ewigen Lampe«, da damals in den fensterlosen, unterirdischen Zellen Tag und Nacht die Beleuchtung brannte. Das ganze Areal (Lager wie UHA) war von einem mehrere Straßenzüge umfassenden Sperrgebiet umgeben, in dem vorzugsweise MfS-Angehörige und deren Familien angesiedelt waren. Erst 1960 entstand neben dem Gebäude der früheren Großküche ein neues oberirdisches Untersuchungsgefängnis, in dem wir uns nun, 1976, befanden.

Auch am nächsten Tag, dem 16. Mai, gab es noch vieles zu bereden. Hilmar fragte mich dabei unter anderem, ob ich denn schon Besuch von der Ständigen Vertretung der Bundesrepublik Deutschland in der DDR erhalten hätte. Ich hatte bis jetzt gar nicht an diese Möglichkeit gedacht, da mir ja bekannt war, wie die DDR auch entgegen allen offiziellen Abmachungen West-Berliner stets als etwas anderes als Bundesbürger behandelte, und ich mich der hämischen Bemerkungen über meinen Wunsch, einen Anwalt zu sehen, entsann. So hatte ich es für aussichtslos gehalten, eine Verbindung mit der Ständigen Vertretung zu verlangen. Jetzt informierte ich mich erst einmal, was Hilmar durch meine Vorgänger über die Besuche der Ständigen Vertretung wusste. Er sagte, man würde in das SSD-Untersuchungsgefängnis nach Berlin-Lichtenberg, Magdalenenstraße, Nähe Frankfurter Allee, gefahren. Dort finde dann der Besuch eines Angehörigen der westdeutschen Vertretung statt. Das Gespräch würde durch jemanden von der DDR-Generalstaatsanwaltschaft überwacht. Im Anschluss an den Besuch erhalte man eine Tüte mit Obst, Zigaretten, Schokolade und eine Flasche Haarwaschmittel. Dann werde man wieder nach Hohenschönhausen zurückgebracht. Die Ständige Vertretung würde gleichermaßen Westdeutsche wie West-Berliner besuchen.

Am 19. Mai wollte ich beim Vernehmer neben dem Thema Einkauf auch die Frage eines derartigen Besuches anschneiden. Noch ehe ich dazu kam, erfuhr ich aber, dass der Besuch eines Mitarbeiters der Ständigen Vertretung bereits wenige Stunden später um 15.00 Uhr stattfinden würde. Meinem Antrag auf Einkauf wurde umgehend stattgegeben. Ich musste mich lediglich schriftlich damit einverstanden erklären, dass ein Teil meines Geldes in

Mark der DDR umgetauscht würde. An diesem Tag bekam ich auch erstmals eine Zeitung, das »Neue Deutschland«, zu Gesicht. Leider enthielt sie nur Nachrichten von der Eröffnung des IX. SED-Parteitags am Vortag. Hilmar meinte, derart »informativ« wären die Zeitungen hier öfter.

Nach dem Mittagessen wurde ich dann geholt: »Eins, kommen Sie!« Im Erdgeschoss erhielt ich in einer leeren Zelle meine Privatkleidung ausgehändigt. Dann ging es in die Fahrzeughalle, wo der Barkas schon wartete. Darin musste ich mich wieder in eine der engen Zellen zwängen. Es wurden noch einige weitere Gefangene in den Wagen gebracht. Schließlich fuhr der Wagen an. Nach mehreren Stopps, wahrscheinlich beim Durchfahren der einzelnen Sperrkreise, umfing uns wieder Straßenlärm. Die Fahrt dauerte allerdings nicht lange. Bald hörte ich, wie bei einem erneuten Halt des Fahrzeugs ein Tor geöffnet wurde. Wir fuhren wieder einige Meter, hielten erneut, fuhren noch einmal kurz an und standen dann endgültig. Kurz danach ließ man uns aussteigen. Der Wagen stand in einem kleinen Hof, der von gelb verputzten Gebäuden und Mauern umgeben war. Im Hintergrund sah man ein großes verschlossenes Holztor. Dort stand ein Zivilist, der Namen und Geburtsdatum mit einer Liste verglich und mich danach anwies weiterzugehen. Vor einem Gitter erwartete mich ein Uniformierter. Es ging durch mehrere Türen und Gitter, dann eine steile Wendeltreppe hinauf. Ein Stockwerk höher folgten wir dem Gang nach links. Lichtenberg war mit Hohenschönhausen baulich nicht zu vergleichen. War Letzteres noch relativ neu, so war Ersteres sicher schon zur Kaiserzeit als Gefängnis benutzt worden. Lagen in Hohenschönhausen zu beiden Seiten des Ganges Zellen, so war hier vor den Zellen nur eine schmale Galerie, davor wiederum ein durchgehender Lichtschacht, der in jedem Stockwerk mit Drahtnetzen gesichert war, so wie man Gefängnisse aus Spielfilmen kennt. Etwa in der Mitte der Galerie kam ich in eine Zelle.

Sie war schmaler als die Zellen in Hohenschönhausen. Das Glasbausteinfenster befand sich so hoch, dass man es nur erreichen konnte, wenn man sich auf die Pritschen stellte. Die Einrichtung glich der in Hohenschönhausen. Lediglich die Beleuchtung war besser, da die Neonröhre plastikverkleidet war, sodass das Licht gedämpft wurde, was in Hohenschönhausen nicht der Fall war.

Nach einer Stunde brachte man mich wieder nach unten. Am Ausgang vorbei ging es durch mehrere Ecken herum in einen Büroflur. In einem Büro, das auch nach westlichen Maßstäben als sehr gut ausgestattet gelten konnte, erwartete mich ein großer, dicker älterer Mann mit dunkler Brille, gekleidet in einen in der DDR üblichen grauen Straßenanzug. Er stellte sich nicht vor, sondern fragte mich lediglich kurz nach der Beschuldigung, meinem Beruf, meinem Befinden und ob ich noch irgendwelche vor dem Gespräch mit der Vertretung zu erledigende Wünsche hätte. Dann teilte er mir mit, welche Themen bei der folgenden Unterredung zu meiden seien: Fluchthilfe, Vernehmungen, Einzelheiten über die UHA, Mithäftlinge. Er verschwand kurz, kam aber gleich zurück und brachte mich drei Türen weiter. Dort, in einem noch besser ausgestatteten Raum, begrüßte mich eine vielleicht 35-jährige Frau: »Guten Tag, Herr Bath, mein Name ist Dirkheim*. Ich komme von der Ständigen Vertretung der Bundesrepublik Deutschland.« In diesem Moment, als ich wieder mit einem mir sicherlich nicht feindlich gesonnenen Menschen reden konnte, war mir, als stünde mir ein Besucher von einem anderen Stern gegenüber, der mir aber doch aufs engste vertraut sei. Mir wurde schmerzlich meine unfreie Lage bewusst.

Sehr schnell merkte ich aber, dass auch der Besuch den obwaltenden Umständen seine Konzessionen machen musste. Da ich im Grunde genommen alle mich betreffenden Angelegenheiten vorab im Westen geregelt hatte, gab es von mir aus kaum etwas zu besprechen. Über das wirklich Wichtige durfte ja ohnehin nicht gesprochen werden. Als einziges offenes Problem ergab sich, ob mir mein Studienplatz in Rechtswissenschaft, damals noch NC-Fach, erhalten bliebe. Frau Dirkheim versprach, sich darum zu kümmern. Nun fiel mir noch ein, was aus der Zulassung des

Fluchtwagens würde, der, einstweilen »beschlagnahmt«, wohl beim Prozess »eingezogen« werden würde. Sie beruhigte mich dahin, dass der Wagen sicherlich inzwischen schon abgemeldet sei. Sie wolle sich aber auch darüber Gewissheit verschaffen und mich entsprechend benachrichtigen. Damit war im Grunde alles erledigt, und mir blieb nur noch, ihr die besten Grüße für meine Angehörigen aufzutragen. In der nun folgenden reinen Konversationszeit hoffte ich noch einiges an Neuigkeiten zu erfahren, um so mein Informationsdefizit etwas aufzufüllen. Aber weit gefehlt! Meine Besucherin hatte rein zufällig an diesem Tag noch nicht in die Zeitung geguckt. Auch sonst erwies sie sich als wenig informiert über das, was in der Welt vorging. Sie wusste gerade noch, dass momentan in Ost-Berlin der IX. SED-Parteitag stattfand, was ich aber auch schon wusste, und dass demnächst in Italien Neuwahlen stattfänden. Das Ergebnis der Parlamentswahlen in Portugal vom Vormonat war ihr aber schon nicht mehr erinnerlich. Auch den Bundesliga-Tabellenstand vermochte sie mir nicht zu sagen. Da sich auch bei späteren Besuchen die Angehörigen der Vertretung – mit einer Ausnahme – stets als bemerkenswert unwissend über das Zeitgeschehen gaben, glaube ich, dass auch sie sich beim Besuch nicht frei bewegen konnten oder wollten. So gab ich die Fragerei schließlich ziemlich enttäuscht auf, bat noch einmal, meine Eltern und Geschwister von mir zu grüßen, und verabschiedete mich. Meine Besucherin übergab mir zum Abschied die weiße Plastiktüte mit kleinen Geschenken.

Draußen wurde mir die Tüte sogleich wieder zur Kontrolle abgenommen. Auf dem Weg zur Zelle sah ich von der Wendeltreppe durch ein offenstehendes Klappfenster direkt in die grüne Krone einer Kastanie. Das erste Grün seit Monaten, waren doch die Bäume bei meiner Inhaftierung noch kahl gewesen. Es traf mich wie ein Schock. Oben musste ich noch eine Stunde in der Zelle warten, dann ging es zurück nach Hohenschönhausen. Im Wagen gab es die Tüte zurück. In Hohenschönhausen hieß es, wieder die Privatkleider mit dem blauen Trainingsanzug zu tauschen. Zur Abendbrotzeit landete ich samt Mitbringseln wieder auf meiner

Zelle, wo mich Hilmar schon erwartete, um die »Westsachen« zu begutachten.

Die nächsten Tage verliefen sehr ruhig. Meine Vernehmer hatten offensichtlich im Moment kein Verlangen mehr, mich zu sehen. Erst am 25. Mai holte man mich aus der Freistunde. Ich bekam wieder meine Privatkleidung und wurde nach Lichtenberg gefahren. Nach einer Stunde in der Wartezelle brachte man mich in eins der komfortablen Büros. Diesmal saß hinter dem Schreibtisch ein etwa 45-jähriger Mann, umgeben von zwei Aktenstößen, deren jeder bestimmt 25 Mappen umfasste. Er stellte sich mir als Rechtsanwalt Starkulla, Mitarbeiter von Dr. Vogel, vor und begann in seinen Aktenstößen zu wühlen, bis er die richtige Mappe gefunden hatte. »Sie sind wohl Herr Bath, nicht wahr?«, fragte er. »Leider können wir uns heute noch nicht über Ihren Fall unterhalten, da Ihre Untersuchung noch nicht abgeschlossen ist.« Bei diesen Worten wies er auf den Hintergrund des Zimmers, wo in einer Ecke, bis jetzt von mir unbemerkt, ein zweiter Mann mittleren Alters saß, der mit einem Straßenanzug bekleidet war, dessen Farbe meinem Hohenschönhausener Trainingsanzug nicht unähnlich war. »Aus diesem Grunde wird, wie Sie sehen, unser heutiges Gespräch noch überwacht«, fuhr Starkulla fort. »Hingegen können wir uns über alle persönlichen und geschäftlichen Probleme, die in Verbindung mit Ihrer Festnahme eventuell entstanden sind, gerne unterhalten. Haben Sie noch Geld zum Einkauf in der UHA? Haben Sie noch irgendwelche anderen Sorgen?« Ich fragte, ob es möglich sei, mir seitens meiner Eltern etwas Einkaufsgeld zu überweisen, was er bejahte. Ferner schnitt ich das Thema der Kfz-Abmeldung an, wozu er meinte, ich solle mir da keine unnötigen Sorgen machen. Das ginge schon in Ordnung. Quasi als Abschied beugte er sich auf einmal über den Tisch und sagte: »Ach ja, beinahe hätte ich es vergessen. Ihre Eltern haben ja eine Besuchserlaubnis beantragt, der inzwischen stattgegeben wurde. Sie kommen morgen um 15.00 Uhr hierher. Das ist im Grunde alles, was ich Ihnen sagen wollte. Wir beide werden uns erst wiedersehen, wenn Ihre Untersuchung abgeschlossen ist und wir über Ihren Fall reden können.« Damit war ich verabschiedet und wurde wieder auf die Wartezelle und schließlich nach Hohenschönhausen gebracht.

Den restlichen Tag, die Nacht und den nächsten Vormittag verbrachte ich in ziemlicher Aufregung: Wie würde wohl das »Wiedersehen« sein? Was sollte ich meinen Eltern sagen? Was würden sie wohl zu mir sagen? Endlich, nach dem Mittagessen, war es so weit. Ich wurde geholt, umgekleidet und zur Magdalenenstraße gefahren. Nach einiger Zeit in der Wartezelle ging es zu dem mir schon bekannten Büroflur. Im ersten Büro erwartete mich der Offizier, den ich als Obervernehmer bezeichnet habe. Er wies mich darauf hin, welche Themen beim Gespräch verboten seien: »Sie können Ihre Angehörigen mit Handschlag begrüßen. Was es aber nicht gibt, sind tränenrührige Begrüßungen mit großen Umarmungen. Da verstehen wir keinen Spaß! Notfalls können wir, falls Sie sich nicht an diese Anordnungen halten, den Besuch sofort wieder abbrechen. Haben wir uns verstanden?« Ich nickte nur. »Na ja, dann kann's ja losgehen. Viel Spaß.« Er verschwand kurz, holte mich aber gleich nach.

Vater und Mutter saßen auf zwei Sesseln an einem kleinen Tisch. Für mich war dort ein Stuhl bestimmt. Der Obervernehmer aus Hohenschönhausen nahm an einem Schreibtisch im Hintergrund Platz. Neben ihm saß noch ein zweiter MfS-Mann, den ich nicht kannte. Man servierte meinen Eltern und mir Kaffee. Meine Eltern erzählten mir nach meiner Rückkehr, sie hätten damals die Empfindung gehabt, in dem Kaffee seien irgendwelche Psychopharmaka gewesen, um unsere naturgemäße Zurückhaltung beim Gespräch unter Beobachtung abzubauen. Mir fiel aber damals nichts an dem Kaffee auf. Was mir auffiel, war, dass meine Eltern sehr still, ja fast eingeschüchtert wirkten. Es entwickelte sich kein richtiges Gespräch. Man merkte meinen Eltern an, wie bestürzt sie über den Gang der Dinge waren. Alles, was meine Eltern in dieser Lage interessierte, durfte ich ihnen nicht berichten. Alles, was mich interessierte, war ihnen genauso verwehrt zu erzählen. So zog sich die Unterhaltung, von lan-

Ölzeichnung von Ursula Bath, Besuch am 26. Mai 1976 in der Magdalenenstr./Lichtenberg

gen Pausen unterbrochen, hin. Meine Mutter war nahe daran zu weinen. Auch mein Vater sah an diesem Tag sehr alt und hilflos aus. Als ich all das bemerkte, stieg auch mir das Wasser allmählich in die Augen, und ich hatte große Mühe, mich zu beherrschen. Hinzu kamen noch die SSD-Leute im Hintergrund, die sich nicht nur mehrfach in das Gespräch einmischten, sondern sich auch offensichtlich an unserer Hilflosigkeit ergötzten. Allerdings war es für mich doch eine große Stütze, als meine Mutter sagte, sie blieben meine Eltern, was immer auch geschehen möge, und ich könne mich darauf verlassen, dass ich von ihnen alle nur mögliche Unterstützung bekommen würde. Auch ich bemühte mich, Vater und Mutter zu beruhigen, indem ich darauf verwies, dass ich gesund sei und aufgrund meiner Jugend die ganze Sache bestimmt einigermaßen gut überstehen würde. Schließlich würde ich auch eines Tages mit 100-prozentiger Sicherheit wieder zurückkehren. Ich weiß nicht, ob meine Eltern damals wirklich beruhigt nach Hause fuhren. Mich jedoch hatte die Bemerkung meiner Mutter für lange Zeit getröstet. Dennoch musste ich mich sehr zusammenreißen, da ich das Leid meiner Angehörigen sah. Außerdem regte mich die hämische Genugtuung der Stasi-Leute, die uns belauerten, auf. Nach etwa einer halben Stunde beendeten diese den Besuch: »So, die Besuchszeit ist abgelaufen. Verabschieden Sie sich voneinander!« Unmittelbar darauf stapfte ein uniformierter Unteroffizier ins Zimmer, der mich abführte, sodass kaum Zeit für den Abschied blieb. Das ganze Verhalten der »Organe« war roh und herzlos. So wird man hart! Ich glaube, ich werde diesen Tag nie vergessen.

Auf der Rückfahrt nach Hohenschönhausen erhielt ich die in zwei Tüten umgepackten Geschenke meiner Eltern: Obst, Wurst, Süßigkeiten und Seife. Es fehlten je eine Tube Fischpastete und Zahnpasta. Diese würden beim Vernehmer liegen, hieß es, da Tuben in der UHA nicht gestattet seien. Ich dachte an die Anstaltszahnpasta in Tuben und konnte mich nur mit Mühe beherrschen. Schließlich fand ich mich mit meinen Tüten auf unserer Zelle wieder, wo Hilmar sich bemühte, mich zu beruhigen. Dabei erfuhr ich, dass es bei den Besuchen, die er von seinen Eltern erhielt, nicht anders zuging. Auch später habe ich von vielen Mitgefangenen gehört, dass die Besuche dadurch belastet wurden, dass alle Beteiligten vorher eingeschüchtert wurden. Später würden dann, bedingt durch die lange Trennung, auch zunehmend Missverständnisse oder Konflikte bei den Besuchen zu Tage treten. Dieser 26. Mai 1976 war einer der härtesten Tage während meiner Haft. Ähnliches durchlebte ich nur noch, als ich mich erstmals mit meinem Strafmaß vertraut machte, und in den letzten Haftmonaten, als ich allmählich an meiner vorzeitigen Entlassung zu zweifeln begann.

In den nächsten Wochen bis zum 10. Juni wurde ich nicht mehr zum Vernehmer geholt. Auch Hilmar hatte Ruhe. Außer zur täglichen Freistunde und zum wöchentlichen Duschen verließen wir unsere Zelle in dieser Zeit nicht. Wir lasen, erzählten einander Geschichten und werteten das »Neue Deutschland« aus, sofern wir es erhielten. Dabei kam die DDR nicht allzu gut weg. Bei den Unterhaltungen erfuhr ich eine Menge über das Leben in der DDR. So hörte ich erstmals von den Unruhen, die es anlässlich eines angekündigten Konzerts der Rolling Stones vom Dach des Springer-Hauses herab am 7. Oktober 1969 in Ost-Berlin gegeben hatte. Wir spielten auch Schach, was offiziell gestattet war, oder malten uns mit einem Aluminiumstift, den wir aus der zusammengerollten Folie von Schokoladentafeln drehten, Spielfelder für Würfelspiele auf die Tischplatte. Würfel und Figuren bastelten wir aus Toilettenpapier und Zahnpasta.

Am 10. Juni 1976 ging die Vernehmung weiter. Man legte mir Fotos der Flüchtlinge vor und führte eine »Vernehmung des Beschuldigten als Zeuge« zur Person der Flüchtlinge durch. Hierbei erfuhr ich die Namen und einige andere Personaldaten der Flüchtlinge. Einige Tage später bekam ich auch die Protokolle über die Vernehmungen der Flüchtlinge zu meiner Person zu lesen.

Am 15. Juni erschien dann kurz vor der Freistunde ein Leutnant und befahl Hilmar: »Drei, packen Sie Ihre persönlichen Sachen zusammen! In fünf Minuten hole ich Sie ab.« Aufgeregt packte

Hilmar seine Habseligkeiten in einer Tüte zusammen. Man holte ihn, als ich gerade zur Freistunde heruntergeschlossen wurde, sodass ich ihn noch die Treppe hinabbegleiten konnte. Meine letzte Erinnerung an ihn ist, wie er im Erdgeschoss in der Umkleidezelle verschwand. Ich habe ihn nie wiedergesehen. Später im Vollzug erfuhr ich von Mithäftlingen, die im Herbst 1976 mit ihm in Hohenschönhausen Klopfkontakt hatten, dass er seinerzeit nach Frankfurt/Oder gebracht und zu drei Jahren verurteilt worden war. Seine Verlobte, von der er sich enttäuscht und verlassen wähnte, da sie nichts von sich hören ließ, erhielt dort übrigens die gleiche Strafe. Sie war am gleichen Tag wie er festgenommen worden, ohne dass man ihm das in der Untersuchungshaft gesagt hatte.

Einen Tag lang war ich nun wieder allein. Doch schon am nächsten Tag kündigte mir mein Vernehmer an, dass ich bald wieder Gesellschaft bekommen würde. Und richtig, am Nachmittag ging die Tür auf, und ein etwa 35-jähriger Mann im schwarzen Trainingsanzug wurde hereingeschlossen. Er stellte sich als Gerhard* aus Ost-Berlin vor. Wenig später kam noch ein weiterer Gefangener hinzu, Paul* aus Berlin-Schöneberg. Beide waren vorher auf einer kleineren Zelle im Erdgeschoss zusammen.

Gerhard machte auf mich einen sympathischen Eindruck. Er war Diplom-Außenhandelsökonom und hatte im Haus der Elektrotechnik, einer dem Außenhandelsministerium nachgeordneten Einrichtung, am Berliner Alexanderplatz gearbeitet. Im Anschluss an die Konferenz von Helsinki hatte er unter Hinweis auf die dort getroffenen Regelungen einen Ausreiseantrag gestellt, da Eltern und Bruder seit Jahren in Braunschweig lebten. Im Herbst 1975 wurde er daraufhin mehrfach zu klärenden Gesprächen mit der Kaderleitung seines Betriebes bestellt. Als er hier auf seinem Ausreiseantrag beharrte, teilte man ihm mit, er sei hinfort für einen Betrieb des sozialistischen Außenhandels nicht länger tragbar. Zum 31. Dezember 1975 wurde sein Arbeitsvertrag aufgelöst. Er nahm zunächst Urlaub. Ab Februar 1976 war er dann arbeitslos. Für den 12. Februar 1976 wurde er »zur Besprechung einer Angelegenheit im Zusammenhang mit Ihrem Ausreiseantrag« zum Rat des Stadtbezirks Berlin-Prenzlauer Berg bestellt, aber schon vor dem Gebäude in der Schönhauser Allee von mehreren stämmigen Männern in Winteranoraks erwartet. Sie wiesen sich als Angehörige des Ministeriums für Staatssicherheit aus und zwangen ihn, in ein bereitstehendes Auto zu steigen. Dort erklärten sie ihn für vorläufig festgenommen und fuhren mit ihm direkt nach Hohenschönhausen. Beim Vernehmer erfuhr er hier erstmals die gegen ihn erhobenen Anklagepunkte: Er habe illegal die Republik verlassen wollen und den Verrat von Dienstgeheimnissen vorbereitet. Ersteres ergab sich aus einer gewagten Indizienkonstruktion (Kauf von Koffern, kein festes Arbeitsverhältnis, schickt Passfotos an die Eltern im Westen), Letzteres aus der Folgerung, einmal im Westen angelangt, würde er Auskunft über Dinge geben, die zu seinem ehemaligen Arbeitsgebiet gehörten. Die Festnahme beruhte also auf reinen Spekulationen.

Der West-Berliner Paul hingegen kam mir undurchsichtig vor. Er erzählte, man habe ihn unter dem Verdacht der Fluchthilfe festgenommen, diesen aber fallenlassen müssen. Weil man aber nicht zugeben wolle, ihn unschuldig festgenommen zu haben, nutze man einige seiner Äußerungen in der Erregung über die Festnahme, um ihn wegen Beleidigung von Staatsorganen festzuhalten. Er sei inzwischen zu zwei Jahren verurteilt worden. Heute aber habe er erfahren, dass das Urteil des Stadtgerichts Berlin wegen des Protests des Staatsanwalts aufgehoben worden sei. Nun würde in zweiter Instanz erneut gegen ihn verhandelt werden. Was Paul sonst noch über seinen Lebensweg im Westen erzählte, kam mir alles recht merkwürdig vor. Schließlich hielt ich ihn für einen Aufschneider, dessen eigentliche Heimat bestimmt nicht Wannsee war, wo seine Eltern in einer Villa wohnen sollten, die nur den Fehler hatte, am genau beschriebenen Ort nicht zu existieren. Als ich Paul später im Strafvollzug wiedertraf, erzählte er mir, die damalige Geschichte seiner Festnahme sei erfunden gewesen, da er nicht gewusst hätte, ob man uns habe trauen dürfen. In Wirklichkeit habe man ihn mit einer großen Geldsumme festgenommen. Mit diesem Geld habe »eine große Sache steigen« sollen. Was, dürfe er nicht sagen; wir könnten uns später in West-Berlin darüber unterhalten. Wenige Tage nach diesem Gespräch gingen einige Gefangene, denen Pauls großspuriges Gerede und seine Geheimniskrämerei auf die Nerven gefallen war, in seiner Abwesenheit an sein Spindfach und lasen seine Briefe. Daraus ging hervor, dass Paul ein normaler Fluchthelfer war, der allerdings eine merkwürdig niedrige Strafe erhalten hatte.

Im Sommer 1976 jedenfalls war mit Gerhard und Paul die Hektik auf unserer Zelle eingekehrt. Nahezu täglich balgten sich die beiden, wobei es schwerfiel, zwischen Spiel und Ernst zu unterscheiden. Viel wurde erzählt, von Paul auch viel Ersponnenes. Konnte man ihn bei einem Widerspruch ertappen, war er regelmäßig eingeschnappt. Schließlich beteiligte ich mich an den Unterhaltungen nur noch wenig und wandte mich verstärkt den Büchern zu. Da wir nun zu dritt waren, reichten sie, wenn man alles las, gerade so über die Woche.

Daneben gingen auch die Vernehmungen weiter. Hierbei unterlief mir um den 20. Juni 1976 herum ein ärgerlicher Fehler. Als mein Vernehmer mich nämlich fragte, wie ich so zurechtkomme, hob ich lobend hervor, dass wir im Obergeschoss im Gegensatz zum Erdgeschoss auch tagsüber auf den Pritschen liegen könnten. Das missfiel offensichtlich meinem Vernehmer, denn als ich am nächsten Tag von der Freistunde kam, fand ich Matratzen und Bettzeug säuberlich gestapelt am Fußende der Pritsche vor. Kaum hatte ich die Pritsche wieder bequem gebaut, da ging die Türklappe auf: »Eins! Packen Sie die Matratzen wieder zusammen! Sie haben keine Liegeerlaubnis!« Die hatte nun freilich niemand auf der Zelle, obwohl die anderen tagsüber weiter ungestört auf ihren Pritschen liegen durften. Zuerst weigerte ich mich, dem Befehl nachzukommen. Der Posten wurde sichtlich unruhig und schielte schließlich in Sekundenabständen durch den Türspion. Auf Zureden meiner Zellengenossen baute ich dann doch mein Bett, wie von draußen gefordert. Fast einen Monat dauerte diese Schikane an. Ich beschwerte mich, klagte über Rückenschmerzen, bewirkte aber nichts. Ich kam nicht einmal zum Arzt, sondern erhielt lediglich »Lichtkasten« durch das Sanitätspersonal. Nach vier Wochen sagte man nichts mehr, als ich meine Pritsche abermals nicht baute. Die Schikane war wieder abgeblasen.

Am 29. Juni fand Gerhards Prozess statt. Für die Vorbereitung von Republikflucht (§ 213) und versuchten Verrat von Dienstgeheimnissen (§§ 172, 245) wurde er zu drei Jahren verurteilt.

Einen Tag später konnten mich meine Eltern ein zweites Mal besuchen. Diesmal ging alles viel glatter. Wir hatten genügend Gesprächsstoff und brachten die halbe Stunde gut über die Runden. Hierbei erzählte ich auch von der Schikane mit der Pritsche und meinen Rückenschmerzen. Ich machte sogar ein paar Witzeleien über die »großartige Wasserversorgung«, da wir in den heißen Sommertagen 1976 in unserer Zelle, abgesehen von den frühen Morgenstunden, unter chronischem Wassermangel litten. Das Duschen wurde ins Erdgeschoss verlegt, und eine Dusche durfte nur von zwei Mann gemeinsam benutzt werden. Nach den Mahlzeiten wurde das Waschwasser für die Schüsseln sowie Wasser, um die Toilettenspülung zu ersetzen, von den Posten in Eimern herangeschafft. Mein Vernehmer, der meine Bemerkungen über die Wasserversorgung als Provokation empfand, rügte mich bei der nächsten Vernehmung dafür scharf. Dabei unterlief ihm aber der Fauxpas zu sagen, dass es in Berlin, insbesondere aber in Hohenschönhausen, überhaupt keine Schwierigkeiten mit der Wasserversorgung gäbe. Abgesehen davon, dass ich es besser wusste, hatte ich nun sogar aus berufenem Munde erfahren, wo ich inhaftiert war.

Meinem Vernehmer unterliefen überhaupt mehrmals kleinere Pannen. Einmal gab er mir ein schon abgetipptes Protokoll, an dem noch eine redaktionelle Änderung vorzunehmen war, ohne zu bedenken, dass er auf der letzten Seite als Untersuchungsführer schon unterschrieben hatte. So erfuhr ich, dass der mich in Raum 516 vernehmende Unterleutnant wohl »Orgis« oder »Orges« hieß. Ein anderes Mal, als ich eine Skizze des Parkplatzes, auf dem ich den Zubringer erstmals gesehen hatte, anfertigen sollte, reichte er mir eine Packung mit Filzstiften, in der sich auch eine Rasierklinge befand. Es war mir ein Vergnügen, ihm diese hinzuhalten und zu fragen, ob ich die Klinge genau wie die Stifte benutzen solle. Er sprang daraufhin auf, rannte um den Tisch und nahm mir die Klinge ab. Als »Belohnung« für mein Verhalten gab er an diesem Tag einen zweiten Kaffee aus.

Anfang Juli 1976 deutete alles auf ein Ende der Vernehmungen hin. Es fanden wieder zusammenfassende Vernehmungen wie ganz zu Anfang statt. Man eröffnete mir, dass der Pkw einstweilen »beschlagnahmt« sei. Über die Umbauten des Fluchtfahrzeugs und die Valiumtabletten, die ich bei der Festnahme mit mir geführt hatte, wurden zwei Gutachten der »Technischen Untersuchungsstelle des MfS« vorgelegt. Ich musste Tafeln mit Fotos, die nach unserer Festnahme in Marienborn angefertigt worden waren, Fotokopien meiner Ausweispapiere sowie der BVG-Fahrscheine, die ich am Vormittag des 9. April benutzt hatte, signieren. Mein Vernehmer heftete in meiner Gegenwart Protokolle und andere »Beweismittel« zu dicken Mappen zusammen, die wohl auch an Staatsanwalt und Gericht gehen sollten.

Am 5. Juli 1976 legte mir mein Vernehmer zwei Protokolle von Vernehmungen zweier West-Berliner vom Februar und April 1976 vor, die R. vor mir »angeheuert« hatte. Sie waren zwölf und sechs Wochen vor mir festgenommen worden. Ich kannte zwar die Betreffenden nicht, aber ihre Geschichten klangen ähnlich wie meine. Zur Stellungnahme aufgefordert, äußerte ich mich in diesem Sinne. Ich wusste nun, dass man nicht geblufft hatte, als man mir sagte, ich sei nicht der erste aufgeflogene Mitarbeiter des Herrn R., und fühlte mich noch mehr als zuvor hintergangen.

Einige Tage später wurde ich wieder zur Vernehmung geholt, zu meiner Überraschung aber in ein anderes Zimmer. Der Vernehmer hatte gewechselt. Drinnen erwartete mich ein etwa 35 Jahre alter, sportlicher, ganz sympathisch wirkender Mann, der mir bestätigte, dass hinfort er sich mit mir befassen werde. Am ersten Tag wollte er nur eine Einschätzung von mir gewinnen. Wir führten bei einer Tasse Kaffee einige kleinere politische Geplänkel, wobei die unvereinbaren Standpunkte erneut deutlich wurden. Das Büro des neuen Vernehmers glich dem seines Kollegen. Lediglich der Ausblick aus dem Fenster war ein anderer. Man konnte von hier aus auf den mit Rosenrabatten bepflanzten Innenhof der Untersuchungshaftanstalt blicken. Auf der anderen Seite des Hofes stand der graue Zellentrakt mit seinen blinden Fenstern, links davon der Verbindungstrakt, in dem sich zum Teil auch noch Zellen befanden. Die vierte Seite des Hofes war mit einem roten Backsteinbau zugebaut, dessen Fenster mit Metallblenden versehen waren. Hinter dem gegenüberliegenden Zellentrakt konnte man Fabrikschornsteine und einen hölzernen Turm erkennen.

Am folgenden Tag fand eine »Vernehmung des Beschuldigten als Zeuge« zur Person des Zubringers statt. Im Gegensatz zu den Vernehmungen hinsichtlich der Flüchtlinge fing diese Vernehmung nicht mit einem Vordruck an, auf dem sich drei Passfotos befanden, darunter das des Betreffenden. Die erste Frage lautete demzufolge auch nicht: »Welche der drei untenstehend abgebildeten Personen ist Ihnen bekannt?« Man begann die Vernehmung vielmehr mit einem Vordruck, auf dem alle zu einer Personenbeschreibung notwendigen Detailfragen aufgeführt waren. So blieb offen, ob der Zubringer überhaupt festgenommen worden war. Nach dem Vordruck zu urteilen, wurde noch nach ihm gefahndet. Ich fand das sehr befremdlich, da nach meinen Angaben und nach denen der Flüchtlinge eine Feststellung der Person des Zubringers mit Sicherheit möglich war. Ich hielt es auch für unwahrscheinlich, dass der Zubringer aus Ost-Berlin nach dem missglückten Unternehmen in den Westen hätte entkommen können. Bestärkt wurde ich in meinem Misstrauen noch dadurch, dass der Vernehmer erkennen ließ, dass ihm Details zum Zubringerfahrzeug bekannt waren, die man nur wissen konnte, wenn man auch den Fahrer kannte. So gewann ich den Eindruck, dass der Zubringer nicht nur nicht festgenommen worden sei, sondern unter Umständen sogar mit der Stasi zusammengearbeitet hatte. Dass man uns festgenommen hatte, erschien somit nicht mehr verwunderlich. Erst nach der Wiedervereinigung, Jahre später, sollte ich erfahren, dass aber gerade diese Vernehmung die Grundlage für weitergehende Desinformationsaktivitäten des MfS mir gegenüber legte und der Zubringer tatsächlich nicht für unsere Festnahme verantwortlich war.

Damit waren die Vernehmungen insgesamt beendet. Es folgten lange Wochen des Wartens. Ich konnte mich an den täglichen Rangeleien von Gerhard und Paul ergötzen, mich den Büchern widmen und mich mit meinen Kameraden unterhalten. Oft spielten wir Würfelspiele mit einem auf den Tisch gezeichneten Spielfeld. Es wurde auch ein Kartenspiel aus den Deckflächen von Zigarettenschachteln gebaut. Anschließend stellte ich rasch fest, dass meine Skatkenntnisse nicht die besten waren. Ich bemühte mich deshalb, diese nach Kräften aufzubessern.

Dennoch langweilten sich meine Mitgefangenen nicht weniger als ich. Paul wartete auf seinen Revisionsprozess, Gerhard auf den Abtransport in den Strafvollzug und ich auf meinen Gerichtstermin. Aus lauter Langeweile fingen wir an, uns mit Fremdsprachen zu befassen. Das war nun nicht ganz einfach, fehlten uns doch nicht nur die einfachsten Lehrmittel, sondern auch jede Schreibmöglichkeit. Wir behalfen uns mit dem »Silberpapierstift« und schrieben Vokabeln auf die Sitzflächen der Hocker. Paul lernte Englisch. Gerhard, der aufgrund seiner Ausbildung über gute Kenntnisse der russischen Sprache verfügte, brachte mir auch hiervon einiges bei. Weitere Vokabeln lernte ich auf folgende Weise von meinem Vernehmer: Nach Abschluss der eigentlichen Untersuchung kam man nur noch gelegentlich zum Vernehmer, etwa um einen Brief zu schreiben oder zum Kaffeeplausch. Oft wusste der MfS-Bedienstete, dem der Inhaftierte ja im Grunde gleichgültig war, nicht so recht, worüber er sich unterhalten sollte. Ich schlug meinem Vernehmer deshalb vor, mir doch einige russische Vokabeln beizubringen, was er – sichtlich erlöst – gerne aufgriff. Wieder auf der Zelle, schrieb ich die beim Vernehmer gelernten Vokabeln sogleich auf dem Hocker nieder, lernte sie und verblüffte ihn beim nächsten »Plausch« durch mein »gutes

Gedächtnis«. Binnen weniger Wochen brachte ich es immerhin auf einen Wortschatz von über 200 Vokabeln und Anfänge in der Grammatik.

Am 20. Juli schleppten unter großem Getöse ein Leutnant und ein Gefreiter eine vierte Holzpritsche herein, die mit der mittleren zu einer Art Doppelbett zusammengestellt wurde. Kurz darauf lernten wir unsere neue Nummer Vier kennen, einen vielleicht 60-jährigen, etwas ungepflegt wirkenden Mann mit einem großen Deckenbündel in der Hand. Das war Friedrich Lehmann*, der – wie er sagte – wegen Verstoßes gegen das Zoll- und Devisengesetz der DDR festgenommen worden war. Er hatte seinen Verwandten in Petershagen bei Berlin unverzollte Geschenke und am Bahnhof Zoo in West-Berlin eingetauschtes Geld im Gesamtwert von 47 000 Mark mitgebracht. Offenbar hatte er seine gesamte Freizeit bei diesen Verwandten verbracht, sie als der »reiche Onkel aus dem Westen« gut ausstaffiert und dort eine Hundezucht samt Abrichtung betrieben. Außer über seine Hundezucht und -dressur, über seinen Beruf als Bauschlosser, seine Kriegserinnerungen sowie über Skat- und Würfelspiele konnte man sich mit ihm kaum unterhalten.

Uns »Politischen« stand er distanziert gegenüber: »Wie kann man so was bloß machen?« Er hielt sich viel auf sein »harmloses Vergehen« und auf seine Beziehungen zum Vernehmer und dessen Vorgesetzten (»Der Major hat gesagt ...«) zugute und entwickelte sich später in Rummelsburg zu einem Arbeitsantreiber, der schließlich sogar Band- und Traktleiter wurde. Kein erfreulicher Zeitgenosse!

Am 21. Juli 1976 hatte ich dann das zweite Gespräch mit Anwalt Starkulla. Offensichtlich von der Menge der vor ihm liegenden Akten überwältigt, fragte er mich erst einmal anstelle einer Begrüßung nach meinem Namen, fischte dann die Akte aus dem Berg und begann seine »Betreuung«: »Herr Bath, Sie sehen, wir sind heute allein, Ihre Untersuchung ist abgeschlossen, und wir können frei sprechen. Allerdings muss ich Ihnen dazu gleich sagen, ich habe Ihre Akten noch nicht gesehen. Vielleicht erzählen

Sie mir einmal kurz, was man Ihnen zur Last legt.« Ich informierte ihn kurz. Daraufhin schüttelte er bedenklich das Haupt: »Das sieht aber gar nicht gut aus für Sie. Bei Ihnen handelt es sich ja um einen dreifachen Versuch. Rechnen Sie mal mit fünf bis sechs Jahren.« Als er sah, dass diese Neuigkeit nicht gerade zu meinem Wohlbefinden beitrug, beeilte er sich, mich zu beruhigen: »Das erscheint Ihnen jetzt sehr hart. Aber beruhigen Sie sich. Sie sitzen ja schließlich nicht alles ab. Wir haben ja auch unsere Verbindungen und versuchen, Sie vorzeitig freizubekommen. Nach unseren Erfahrungen können Sie mit lediglich der Hälfte Ihres Strafmaßes als reale Haftdauer rechnen.« Auch das erschien mir noch sehr hart. Starkulla hatte übrigens noch eine weitere Information für mich: »Wenn Ihr Verfahren an ein Gericht außerhalb Berlins weitergegeben wird, können Dr. Vogel oder ich Sie nicht selbst dort vertreten, weil wir arbeitsmäßig überlastet sind und nur noch Prozesse in Berlin selbst übernehmen. Wir haben aber Verträge mit Anwälten in allen Bezirksstädten, die uns dann in Untervollmacht vertreten. Gegebenenfalls würde sich also ein Untervertreter von uns bei Ihnen melden.« Damit war ich abgefertigt und konnte auf meiner Zelle darüber meditieren.

Die folgenden Tage waren sehr hart für mich. Hinzu kam, dass der für den 29. Juli angesetzte Elternbesuch ausfiel, weil, wie ich hinterher erfuhr, meine Eltern keine schriftliche Besuchserlaubnis erhalten hatten und sich verständlicherweise nicht auf eine bloß mündliche Zusage eines ihnen unbekannten SSD-Mannes verlassen wollten. Damals aber wusste ich das nicht und machte mir noch zusätzliche Sorgen.

Anfang August wurde Gerhard zum »Anwaltssprecher« nach Lichtenberg gebracht. Er kam sehr erregt zurück. Als er die Frage seiner Ausreise in die Bundesrepublik angeschnitten hatte, hatte ihm Starkulla bedeutet, ohne konkret zu antworten, er solle sich darüber im Moment keine Gedanken machen. Als Gerhard dennoch seine Frage wiederholt hatte, hatte Starkulla zu ihm gesagt: »Entschuldigen Sie mal, aber manchmal kommt man sich vor, als spräche man zu Idioten.«

Am 10. August fand Pauls zweite Verhandlung statt. Entsprechend dem staatsanwaltlichen Antrag wurde sein Urteil auf zweieinhalb Jahre heraufgesetzt.

Meine Eltern besuchten mich wieder am 12. August in der Magdalenenstraße. Jetzt klärte sich auch, warum der Besuch am 29. Juli nicht zustande gekommen war. Sehr zum Verdruss meines Vernehmers meinte ich, dass ich an der Stelle meiner Eltern mich auch nicht auf eine mündliche Zusage verlassen hätte. Zugleich deutete ich an, dass ich nicht in der Magdalenenstraße inhaftiert sei, sondern auch am 29. Juli extra hierhergefahren worden sei. Zumindest meine Mutter verstand mich gleich. Ich stellte bei diesem Besuch fest, dass nach Überwindung des Anfangsschocks die geistige Beziehung zu meinen Eltern enger war als ohne die räumliche Trennung, auch wenn das Gespräch unter Beobachtung noch immer mit einigen Stockungen und Schwierigkeiten ablief.

Als ich am 16. August vom Vernehmer auf meine Zelle zurückkam, herrschte dort Aufbruchsstimmung. Kurz zuvor waren Paul und Gerhard angewiesen worden, ihre Privatsachen für den Abtransport zusammenzupacken. Man brachte ihnen sogar noch vor der Zeit ihr Mittagessen im grünen »Hundenapf« – Blutwurst, Sauerkohl und wässrige Kartoffeln –, welches sie hastig hinunterschlingen sollten. Sie waren noch mitten im Essen, als die Tür schon wieder aufging: »Zwei und Drei, nehmen Sie Ihre Sachen auf und kommen Sie!« Was aus Gerhard geworden ist, weiß ich nicht. Ich nehme an, er wird wie die meisten wegen Fluchtversuchs Verurteilten nach Cottbus gekommen sein. Vielleicht ist er schon bald freigekauft worden und zu seinen Angehörigen in Braunschweig gelangt. Vielleicht musste er aber auch bis zu deren Ende in der DDR leben. Paul hingegen traf ich wenige Monate später im Zuchthaus Rummelsburg wieder. Er verbüßte 19 von 30 Monaten und wurde im Juli 1977 nach West-Berlin entlassen.

Die folgende Woche war ich mit Friedrich Lehmann allein, eine unerfreuliche Zeit. Zum Skat fehlte uns der dritte Mann. Die Geschichten über Stahlhochbau, Krieg und Hundezucht kannte ich inzwischen. Ich selbst mochte ihm nicht viel erzählen, da ihm das Verständnis für so ziemlich alles mir Wichtige abging. Außerdem schien er mir ein zu gutes Verhältnis zu seinem Vernehmer zu haben. Wir spielten etwas Schach, wobei er mir haushoch überlegen war, und Sechsundsechzig. Zu seinem Missvergnügen widmete ich mich auch wieder verstärkt den Büchern. Um diese Zeit mag es gewesen sein, dass ich die Kindheits- und Jugenderinnerungen Maxim Gorkis las.

Am späten Nachmittag des 24. August erhielten wir schließlich den Besuch eines etwa 50-jährigen Mannes, der korrekt wie ein preußischer Beamter wirkte. Wie Lehmann später berichtete, war es der Hauptmann, der den Zellentrakt der UHA samt Verwaltung leitete. »N' Abend, Männer! Wie geht's denn so? Alles in Ordnung? Sie kriegen heute noch einen Neuzugang«, sagte er, musterte die Zelle und verschwand wieder. Eine halbe Stunde später schloss es abermals. Herein kam ein kleiner, sehr rundlicher Südländer von etwa 30 Jahren. Das war Josef, ein waschechter Zigeuner. Seine Ankunft brachte einen bunten Tupfer in das triste Einerlei des Gefängnisalltags. Er war noch keinen Monat in Haft. Festgenommen hatte man ihn und seine Frau bei dem Versuch, ihre bei der Flucht 1972 in Polen zurückgelassene, jetzt fünfjährige Tochter im Wohnwagen auf dem Transitwege aus der DDR zu bringen. Josef, Nachkomme einer im letzten Krieg nahezu ausgerotteten Zigeunersippe, war 1950 in Kiew geboren worden. Wegen eines von ihm im Alter von zwölf Jahren verübten Taschendiebstahls siedelte die Zigeunerfamilie 1962 nach Polen über, um sich der Strafverfolgung zu entziehen. Trotzdem erreichte sie die Sowjetadministration im Jahre 1968 auch in Polen. Allerdings wollte man Josef jetzt nicht mehr bestrafen, sondern zog ihn zur Roten Armee ein. Er kam in eine Panzereinheit, die in Dallgow/Döberitz westlich von Berlin stationiert war. Seine Einheit gehörte zu jenen Truppenteilen, die im August 1968 zum Überfall auf die ČSSR herangezogen wurden. Er erzählte, niemand von den Soldaten habe damals gewusst, wohin es gehe. Aus den geheimnisvollen Vorbereitungen und der Ausgabe scharfer Munition hätte man aber den Schluss gezogen, ein neuer Krieg stünde unmittelbar bevor.

Da Josef nicht gesonnen war, sich in einem Krieg totschießen zu lassen, klagte er nach echter schwejkscher Manier schon in der Gegend von Cottbus über Gelenkschmerzen, wurde deshalb zurückgelassen und kam so um die Teilnahme an der »Eroberung« der ČSSR herum. Nach der Armeezeit ging er wieder nach Polen. 1972 ließ er sich durch ein im Westen lebendes Sippenmitglied eine fingierte Einladung zu einer Beerdigung nach Jugoslawien schicken. Gemeinsam mit Frau und Kind fuhr er von dort in die Bundesrepublik. Die damals einjährige Tochter musste bei Verwandten zurückbleiben. In Frankfurt/Main mietete Josef eine Wohnung, die er jedoch sofort weitervermietete und nur pro forma als behördlichen Wohnsitz nutzte. Der eigentliche Familienwohnsitz wurde ein großer Reisewohnwagen, mit dem die Familie nunmehr durch Europa zog und Teppiche verkaufte. Nun standen sie vor dem völligen Ruin, der Wohnwagen war mit allem Hausrat der Familie eingezogen worden, sie hatten lange Freiheitsstrafen in Aussicht, und sie mussten darüber hinaus noch befürchten, nach Polen oder gar in die Sowjetunion abgeschoben zu werden.

Trotz der traurigen Umstände war es immer wieder erheiternd zuzuhören, wie er radebrechend aus seinem Leben berichtete. Als er hörte, ich besäße einen echten Führerschein, wollte er, der sich zeitlebens mit einem »Fallshjewigatt« (Falsifikat) hatte behelfen müssen, mich sogleich für spätere Jahre als Fahrer engagieren, versprach mir einen guten Lohn und für später sogar die Aufnahme in die Zigeunersippe. Er beherrschte perfekt die Zigeunersprache, Russisch und Polnisch. Gebrochen sprach er Deutsch, Italienisch und Französisch. In dieser Situation verschmerzte ich auch den Verlust Friedrich Lehmanns gern, der am folgenden Morgen abgeholt wurde und mir erst im November wieder in Rummelsburg begegnete.

Mit Josef verbrachte ich eine unterhaltsame Woche. Er gab mir gute Einblicke in die uns fremde Mentalität der Zigeuner. Ihm fiel es wahrscheinlich noch schwerer als mir, die Enge des uns zugewiesenen Lebensraums zu ertragen. Trotzdem ließ er den Kopf nicht hängen und machte wohl auch dem Vernehmer zu schaffen. Seine Vernehmungen wurden über einen Dolmetscher auf Polnisch geführt. Die Protokolle unterzeichnete er mit drei Kreuzen, da er dem Vernehmer gegenüber behauptete, nicht schreiben zu können. Er erinnerte mich immer wieder in seiner Verschmitztheit an den »braven Soldaten Schwejk«.

Am Nachmittag des 30. August 1976 kam dann für mich die Stunde des Abtransports. Mitten aus einer Partie Sechsundsechzig heraus hieß es: »Eins, packen Sie Ihre Privatsachen zusammen! Sie werden verlegt.« Ich tat wie geheißen, verabschiedete mich von Josef, von dem ich nie wieder hören sollte, und wurde nach einer Viertelstunde geholt. In der Umkleidezelle erhielt ich meine Privatkleidung. Dann ging es zur Fahrzeughalle, wo ich mich in den Barkas zwängte. Nach dem Anlegen der Handschellen und dem Zusteigen einiger weiterer Gefangener setzte sich der Wagen schließlich in Bewegung. Als während der Fahrt einmal kurz die Zellentür geöffnet wurde, weil sich der Posten von unserem Wohlbefinden überzeugen wollte, konnte ich einen kurzen Blick durch die Frontscheibe des Wagens erhaschen: Wir fuhren auf der Autobahn, und es war ein wunderschöner Sommertag. Ich überlegte, wohin man mich wohl bringen würde. Sicher schien mir, dass es, wie vom Anwalt schon angekündigt, zum Prozess in eine Bezirksstadt gehe. Ich tippte auf Potsdam oder Frankfurt/Oder, weil diese Berlin am nächsten gelegen sind, oder aber auf Magdeburg, weil ich in Marienborn, das zum Bezirk Magdeburg gehörte, festgenommen worden war. Nach etwa einstündiger Fahrt hörte sich der Straßenlärm wieder wie Stadtverkehr an. Schließlich hielten wir, und ich vernahm das mir nun schon gut bekannte Geräusch eines großen Tores, das geöffnet wurde. Wir rollten noch einige Meter und hielten endgültig an.

Prozess in Frankfurt / Oder

Man nahm mir die Handfesseln ab und hieß mich aussteigen. Wir befanden uns offensichtlich in einer Garage. Allerdings konnte ich kein Tor erkennen. Auf der Seite, von der der Wagen wahrscheinlich hereingefahren war, befand sich, wie mir schien, eine Holzwand. Auch die anderen Seiten des Raumes waren geschlossen. Ich konnte mich etwas länger umsehen, da es scheinbar Komplikationen bei meiner Übergabe gab. Schließlich erschien aber doch ein Unterleutnant mit der roten Armbinde des »Offiziers vom Dienst« (OvD), ließ sich vom Transportführer meine Akte geben und wies mich an, ihm zu folgen.

Es ging einige Stufen hinauf bis zu einem Gang, dort wenige Meter nach rechts. Mein Begleiter schloss die Zellentür auf, befahl mir einzutreten und sperrte hinter mir ab. Die Zelle maß weniger als einen Meter im Geviert. Die Vorderseite wurde fast zur Gänze von der Tür eingenommen. Die Einrichtung bestand nur aus einem niedrigen Schemel. Beleuchtung kam von einem Notlicht an der Decke. Hier musste ich etwa eine halbe Stunde warten.

Dann ging es in einen Raum, auf dessen Fußboden eine bunte Wolldecke ausgebreitet war. Darauf lag die gesamte für mich bestimmte Ausstattung: Wäsche, Handtücher, Waschzeug etc. Zunächst musste ich einen Revers unterschreiben, dass ich ohne Wertgegenstände angekommen sei und mich damit einverstanden erkläre, von der UHA gestellte Kleidung zu tragen. Bei dieser Gelegenheit erfuhr ich, wo ich mich befand: In der UHA des MfS Frankfurt / Oder. Es folgte noch eine oberflächliche Durchsuchung, und nach einem ausgiebigen Duschbad erhielt ich wieder blau-weiß gestreifte Leibwäsche und zur Abwechslung einen schwarzen Trainingsanzug. Ich nahm mein Bündel auf, und es ging treppauf in den zweiten Stock, wo ich in die Zelle Nummer 54 gesperrt wurde.

Der Raum war etwa zweieinhalb mal vier Meter groß. Er ent-

Gebäude der früheren MfS-Bezirksverwaltung in Frankfurt/Oder, 1998

Gebäude des früheren Bezirksgerichts (heute Landgericht) in Frankfurt/Oder, 1998

hielt zwei an den Wänden hochgeklappte Betten, bei denen es sich um Holzkästen mit eingelegten Federrahmen handelte, einen Doppelspind und unter dem Fenster einen Tisch mit zwei Hockern. Das Fenster bestand aus einer Lage Glasbausteine und darüber einem kleinen Klappfenster, das sich bis etwa 45 Grad kippen ließ, sodass man wenigstens ein kleines Stück Himmel und manchmal sogar die Sonne sehen konnte. Die Sanitärecke war völlig gefliest. In dieser Ecke standen auch Besen, Handfeger und Kehrschaufel. Abgesehen von der besseren Ausstattung, wirkte der ganze Raum auch freundlicher als die Zellen in Hohenschönhausen. Fast kam ich mir, obwohl ich allein war, wie in einer Jugendherberge vor.

Die Zelle lag nach Süden, sodass die Sonne sie auch gegen Abend noch gut ausleuchtete. Durch das geöffnete Klappfenster drang ein Geruch von Nadelwald herein. Mit großem Appetit wartete ich auf das Abendessen. Als schließlich draußen der Speisewagen vorbeirollte und die Türklappe aufging, verblüffte mich zunächst einmal die Frage, wie viele Scheiben Brot ich wolle. Es gab Graubrotscheiben nach Bedarf, einen Würfel Margarine, etwas Wurst und Käse sowie einen Schöpflöffel voll Tee. Hier konnte man sich auch seine Stullen selber schmieren, da man ein Stullenbrett und ein Messer erhielt, einen seeräuberartigen Plastikdolch, wie ihn Kinder zum Spielen benutzen mögen. Alles empfand ich gegenüber Hohenschönhausen als besser. Noch während des Essens wurde abermals aufgesperrt. In der Türöffnung erschien ein Oberfeldwebel, der jetzt die rote OvD-Armbinde trug, und erkundigte sich, ob alles in Ordnung wäre. Anhand der bei diesem Durchgang geöffneten Zellen konnte man ungefähr hören, wie stark der Flur belegt war. Ich glaube, dass so an die 20 Türen auf- und zugingen.

Als ich mich später zur Nachtruhe im weißen Nachthemd wohlig auf dem im Vergleich zu einer Holzpritsche enorm weichen Federrahmen räkelte, war ich mit der veränderten Lage einigermaßen zufrieden. Am Morgen des 31. August verlangte ich zunächst den Anstaltsarzt wegen meines Rückens zu sprechen. Nach der Freistunde kam ich auch dorthin und trug unter Hinweis auf meine Rückenschmerzen meinen Wunsch nach Liegeerlaubnis vor, dem auch stattgegeben wurde. Der Tagesablauf in Frankfurt glich übrigens weitgehend dem in Hohenschönhausen.

Am 1. September holte mich ein Unterleutnant aus der Freistunde. Durch den Zellentrakt und über einen Verbindungsgang gelangten wir in ein Bürogebäude. Hier schienen die Vernehmer zu sitzen. Vor einer Tür im Obergeschoss mit der Aufschrift »Staatsanwalt« machten wir schließlich halt. Drinnen erwartete mich ein kleiner älterer, bebrillter Zivilist, lud mich ein, Platz zu nehmen, erkundigte sich, wie ich mich in Frankfurt eingelebt hätte, und kam schließlich zur Sache: »Sie sind zur Durchführung des Termins gegen Sie nach Frankfurt verlegt worden. Der 1. Strafsenat des Bezirksgerichts Frankfurt/Oder hat sich vorgestern mit Ihrer Sache befasst und einen Eröffnungsbeschluss ergehen lassen. Dieser wird Ihnen hiermit zur Kenntnisnahme zugestellt. Desgleichen lege ich Ihnen auch die Anklageschrift vor, die Sie aber wohl besser nachher auf Ihrer Zelle durchlesen. Sie liegen ja wohl allein? Sollten Sie nach Lektüre Ihrer Anklageschrift noch irgendwelche Fragen haben oder sollte Ihnen noch etwas unklar sein, so melden Sie sich morgen wieder bei mir. Jetzt möchte ich Sie nur noch bitten, mir die Empfangsbestätigung für den Eröffnungsbeschluss und die Anklageschrift zu unterschreiben. Sie können beides kurz mal überfliegen.«

Er reichte mir mehrere Bögen Papier über den Tisch. Auf einem weißen Vordruck las ich, dass ich von Eröffnungsbeschluss und Anklageschrift in Kenntnis gesetzt worden sei. Auf mehreren Bögen bläulichen Durchschlagpapieres fand ich die Anklageschrift. Auf der Rückseite des letzten Blattes dieses Schriftstückes prangte ein großer Formstempel, in den einige handschriftliche Angaben eingesetzt waren. Das war der Eröffnungsbeschluss, in dem der 1. Strafsenat des Bezirksgerichts Frankfurt/Oder in der Besetzung von Oberrichter Schmidt als Vorsitzendem und den Herren Köhler und Rösner als Schöffen die Anklage zur Kenntnis nahm, meinen Haftbefehl bestätigte und den Termin für die Gerichtsverhandlung für Montag, den 6. September 1976, 15.00 Uhr, festsetzte. Ich überflog auch die von einem Staatsanwalt Lindemann unterzeichnete Anklageschrift, unterschrieb den Vordruck und gab alle Papiere wieder zurück. Abschließend erkundigte ich mich nach meinem Verteidiger und fragte, ob man mir nicht ein paar Bücher auf die Zelle geben könne, wenn ich schon allein untergebracht sei. Mein Verteidiger würde sich noch vor dem Prozess bei mir melden, sagte man mir, und Bücher könne ich mir drei Stück, eins mehr als sonst üblich, geben lassen.

Als ich abgeholt wurde, erhielt der Läufer die Anklageschrift mit der Maßgabe, sie mir nach dem Mittagessen auf Verlangen auszuhändigen. Ferner wurde er angewiesen, mit der Bücherliste bei mir vorbeizuschauen. Noch vor dem Essen konnte ich mir so drei Bücher aussuchen, darunter ein unerwartet gutes über die Vereinigung Österreichs mit dem Deutschen Reich 1938. Nachmittags meldete ich mich bei dem Flurposten, einer Frau Oberfeldwebel, und verlangte meine Anklageschrift. Zuerst tat sie etwas erstaunt, versprach dann aber, sich zu erkundigen, und brachte sie mir schließlich auch nebst Bleistift und Papier.

Die Anklageschrift beschäftigte sich ausgiebig mit meiner Person und Herkunft. Die eigentliche »Straftat« war dagegen nur kurz angesprochen. Ich käme aus einer typischen bürgerlichen Familie und hätte frühzeitig und widerspruchslos die mir verordneten traditionellen Werte übernommen und verinnerlicht. Insbesondere sei ich zu einer negativen Einstellung zur DDR erzogen worden. In dem Maße, wie ich mich vom Elternhaus gelöst hätte, hätte ich mich, anstatt meine negative Entwicklung zu korrigieren, selbständig im reaktionären Sinne betätigt. Vorgehalten wurde mir in diesem Zusammenhang meine Mitgliedschaft in Junger Union und CDU. Aber selbst in diesen Kreisen hätte ich mich »als Verfechter des Antikommunismus« aufgespielt. Zur Verstärkung meiner »feindlichen Aktivitäten gegen die DDR sowie gegen die fortschrittlichen Kräfte in Berlin-West« hätte ich Ende 1975 sogar eine eigene Schülerorganisation gegründet. Schließlich hätte ich mich »aus staatsfeindlicher Zielsetzung«

DER STAATSANWALT
DES BEZIRKES FRANKFURT (ODER)

211-50-76

(In jedem Schreiben anzugeben)

12 Frankfurt (Oder), den 30. 8. 76

Bachgasse 10 a
Telefon 6191
Hausapparat

Bezirksgericht
Bezirk Frankfurt (Oder)
30. AUG. 1976
Anlagen: Bd.: 1

1 Strafprozeß Vollmacht
1 Strafregisterauszug
1 Anklage

Bezirksgericht
I. Strafsenat

12 Frankfurt (Oder)

Haftsache!

Anklage

Der Student Matthias Bath,
geb. am 2. 2. 1956 in Berlin-Neukölln,
wohnhaft 1 Berlin 38, Pfeddersheimer Weg 16,
ledig,
Einwohner von Berlin West,
laut Strafregisterauszug in der DDR nicht vorbestraft,
in dieser Sache seit dem 10. 4. 1976 in U-Haft,
U-Haftanstalt Frankfurt (Oder), Otto-Grotewohl-Straße,
Verteidiger: Rechtsanwalt Dr. jur. h. c. W. Vogel,
Berlin, Reiler Straße 4,

wird angeklagt,

die Grundlagen der sozialistischen Staats- und Gesellschaftsordnung in der Deutschen Demokratischen Republik angegriffen zu haben.

Der Beschuldigte ließ sich im März 1976 aus Haß und Feindschaft gegen die sozialistische Staats- und Gesellschaftsordnung in der DDR vom Leiter der in Berlin West etablierten Menschenhändlerbande REINHARDT als Schleuserfahrer eingliedern, um die gegen die DDR gerichtete Feindtätigkeit aktiv zu unterstützen.
In Vorbereitung zur Verwirklichung der Ausschleusungen von Bürgern der DDR in die BRD übernahm er es vom Bandenchef Reinhardt,

- 2-

Anklageschrift Matthias Bath, 30. August 1976

gegenüber der DDR in eine in »West-Berlin etablierte Menschenhändlerbande als aktiver Helfer eingliedern« lassen. Meine Fahrt am 9. April 1976 und die Vorbereitung dazu seien »als besonders gefährliche und verbrecherische Handlung zu werten«. Bereitwillig hätte ich »die Bestrebungen imperialistischer Kräfte aus eigener feindlicher Einstellung gegen die DDR« unterstützt, dieser »großen Schaden zuzufügen«. Außerdem sei ich bereit gewesen, »im Zusammenhang mit den verbrecherischen Menschenhändlerbanden das Transitabkommen zwischen der DDR und der BRD zu unterhöhlen«. In diesem Stil ging es über fünf Seiten. Die eigentliche Anklage wurde nach §105 Abs. 2 StGB/DDR in Verbindung mit den §56 (Einziehung von Tatwerkzeugen) und §63 (Tatmehrheit) erhoben.

Nachdem ich mich durch dieses Elaborat gearbeitet hatte, war ich doch ziemlich schockiert. Hier wurde ja meine Meinung schlimmer bewertet als die konkrete, gegen die DDR gerichtete Aktion. Was an meinem Herkunftsort normal und zulässig war, wurde hier kriminalisiert, obwohl es mit der Fluchthilfeaktion nur indirekt zu tun hatte. Diese geriet fast zu einem bedeutungslosen Anhängsel. Heute weiß ich, dass der Staatsanwalt damals, konnte er mir schon nicht »schnöde Bereicherungsabsichten« unterstellen, mich zumindest zum »Berufskonterrevolutionär« stempeln musste und dass derlei Wortgeklingel in politischen DDR-Strafverfahren unverzichtbar war. Ich hatte mir Notizen gemacht, weil mir einiges unklar war oder unrichtig erschien. Erstaunt war ich, als mir abends nicht nur die Anklageschrift, sondern auch die eben gemachten Notizen abverlangt wurden. Auf die Frage, wozu ich denn überhaupt Notizen gemacht hätte, antwortete mir der Posten, ich könne sie ja morgen beim Vernehmer wieder einsehen.

Am 2. September meldete ich mich morgens zum Staatsanwalt. Der Posten schien darüber verblüfft und fragte mich, ob er mich richtig verstanden habe. Dann schloss er kopfschüttelnd die Klappe und meinte, er würde es ausrichten. Als man mich dann wieder in das Büro des Staatsanwalts brachte, war es an mir, verblüfft zu sein. Statt meines gestrigen Gesprächspartners saß mir ein stämmiger älterer Mann gegenüber, der wie ein Maurer aussah und sich als Staatsanwalt Lindemann vom Bezirksgericht Frankfurt/Oder vorstellte. Ich klärte ihn zunächst über das Missverständnis auf. Eigentlich wollte ich den »Herrn von gestern« wieder sprechen. Er erwiderte, dass der Raum nicht nur von ihm benutzt würde, aber nun sei er einmal hier und ebenfalls bereit, mir alle fälligen Auskünfte zu erteilen. Er informierte mich über die Bedeutung der §§105 Abs. 2; 56; 63 StGB/DDR, über die vor Gericht zu beachtenden Formalitäten, den Gang einer normalen Verhandlung und befasste sich mit meinen Anmerkungen zur Anklageschrift. Meine Einwände fand er alle von untergeordneter Bedeutung. Die Schilderung meines Werdeganges, deren globale Richtigkeit ich doch wohl nicht bestreiten wolle, sei notwendig, um dem Gericht eine Einschätzung meiner Person zu ermöglichen. Mein »Verbrechen« würde vor Gericht schon noch ausgiebig zur Sprache kommen. Nachdem derart der amtliche Teil erledigt war, hatte er offensichtlich keine Lust, sich sogleich wieder von mir zu trennen. So erkundigte er sich, wie ich untergebracht sei, ob ich irgendwelche Beschwerden hätte und wo ich in Berlin in U-Haft gewesen sei. Als ich antwortete, ich wisse das nicht so genau, aber in Frankfurt gefalle es mir besser, nickte er und sagte: »Sie sind sicher in Berlin-Lichtenberg gewesen. Das ist kein besonders schönes Gefängnis und stammt auch noch aus der Vorkriegszeit.« Damit war er beim Thema: der Vorkriegszeit, dem Faschismus, der Etablierung »der Macht der Arbeiter und Bauern in zumindest einem Teil Deutschlands« und der daraus resultierenden unterschiedlichen Entwicklung in beiden Teilen Deutschlands. »Glauben Sie mir, auch ich bedauere die Teilung und hoffe auf deren Überwindung«, sagte er, »allerdings nur auf fortschrittlichem Wege. Mit einer DKP-Bundesregierung wären wir dem schon ein gutes Stück näher. Solange bei Ihnen natürlich die alten bürgerlichen Verhältnisse herrschen, werden sich die beiden Teile immer weiter auseinanderentwickeln.«

Scharf kritisierte er dann Fluchtbewegung und Fluchthilfe:

»Das Wort ›Flucht‹ ist überhaupt unzutreffend. Flüchten kann man ja nur da, wo man verfolgt wird. Aber bei uns wird niemand verfolgt. Im Gegenteil! Wir brauchen die Leute; schließlich fehlen uns 500 000 Arbeitskräfte. Wir geben jedem alle seiner Leistung entsprechenden Möglichkeiten, ja, wir bezahlen sogar dafür, und die Ausbildung ist kostenlos. Da ist es wohl unser gutes Recht zu verlangen, dass der, der bei uns ausgebildet wurde, auch hierbleibt und entsprechend dem gesellschaftlichen Bedarf arbeitet. Wer wie Sie versucht, uns Arbeitskräfte zu stehlen, will uns schaden und in unserer Entwicklung beeinträchtigen und muss deshalb hart bestraft werden. Noch härter müssten die großen Chefs bestraft werden. Sie hier sind ja bloß ein kleiner Schleuserknecht.«

Ich erwiderte ihm, auch bei uns sei das Studium kostenfrei, ohne dass daraus absolute Ansprüche auf die Absolventen abgeleitet würden. Außerdem könne man wohl schon von Verfolgung sprechen, wenn allein die kleinste Bekundung einer von der Staatsmeinung abweichenden Auffassung für den Betreffenden mit wesentlichen Nachteilen verbunden sei. Ich bekam zur Antwort, dass ich das aufgrund meiner bürgerlichen Denkweise nicht verstehen könne. Was meine Bemerkungen über Verfolgungen betreffe, so sei ich das manipulierte Opfer westlicher Medien. Ich könne mir ja gar nicht vorstellen, was da so alles zusammengelogen werde, erboste sich Herr Lindemann. Insbesondere zürnte er über die »im Westen erfundenen« Zwangsadoptionen: »So etwas hat es bei uns nie gegeben, alles westdeutsche Medienlügen!« Ich glaube nicht, dass viele Gefangene Gelegenheit hatten, sich derart entlarvende Äußerungen ihres Staatsanwalts so ausführlich anzuhören. Erst nach mehr als einer Stunde hatte er genug und ließ mich abholen.

Während seiner Ausführungen hatte ich übrigens aus dem Fenster gucken können, da ich günstiger saß als am Vortage. Das Büro, ein Eckzimmer, hatte zwei Fenster. Man blickte auf die Einfahrt zur Tiefgarage, durch die ich am Montag gekommen war und von der ich keine Zufahrt aus dem Inneren der Garage gesehen hatte.

Die Bretter der scheinbaren Holzwand waren nämlich Streben eines Rollos. Es fuhr gerade ein Gefangenentransportfahrzeug die Rampe herab, das Rollo wurde geöffnet und senkte sich hinter dem Wagen sogleich wieder. Hinter der Einfahrt befand sich eine mehrere Meter hohe weiße Mauer, auf der Scheinwerfer montiert waren, mit einem Wachtturm, wie sie an der DDR-Grenze zu finden waren. Rechter Hand blickte man auf einen großen Parkplatz, auf dem sich verschiedene Kraftfahrzeuge, auch welche aus dem Westen, befanden. Dahinter lagen Garagen. In einer Entfernung von einigen 100 Metern sah man ein Verwaltungsgebäude im Stil der 30er Jahre.

Einen Tag später, am 3. September, sah ich zum ersten Mal meinen Frankfurter Anwalt im Besucherraum, der im Erdgeschoss des Vernehmungsgebäudes lag, einen etwa 45-jährigen untersetzten Mann. Er begrüßte mich und sagte: »Mein Name ist Heim*, ich bin vom Kollegen Vogel mit der Übernahme Ihrer Verteidigung beauftragt worden. Allerdings muss ich Ihnen gleich sagen, dass ich Ihre Akten nicht einsehen konnte. Dafür habe ich aber aus Berlin alle für die Verteidigung nötigen Informationen erhalten. Ich schlage Folgendes vor: Da wir die Straftat schlecht abstreiten können, werde ich vor Gericht auf Ihre Jugend und Ihre Unerfahrenheit hinweisen. Vielleicht bringt das was. Trotzdem sollten Sie sich aber auf viereinhalb bis fünf Jahre innerlich einstellen. Außerdem ist es besser, sich vor Gericht ruhig und zurückhaltend zu benehmen und dort nicht eine politische Märtyrerrolle zu spielen. Das wäre es in aller Kürze. Haben Sie noch Fragen?« Danach unterhielten wir uns noch über einige Belanglosigkeiten, wobei mein Eindruck war, dass meinem Verteidiger jegliches Verständnis für die Tat wie auch dafür, dass jemand die DDR verlassen wolle, abging. Er kleidete es in Ironie: »Ich habe auch eine Tochter in Ihrem Alter, die Jura studiert. Glauben Sie mir, es fällt manchmal schwer, euch junge Leute zu verstehen.« Schließlich wurde er wieder ernst: »Übrigens hat man Ihre Angelegenheit sehr beschleunigt. Aus unserer Sicht wäre Ihr Prozess noch längst nicht fällig, es waren im Sommer doch ohnehin

Gerichtsferien. Man behandelt Ihre Angelegenheit ja gerade so, als wären Sie hochschwanger, hätten offene Tbc oder gerade den dritten Herzinfarkt überstanden. Finden Sie das nicht auch merkwürdig?« Er blickte mich mit wichtiger Miene an und senkte die Stimme: »Vielleicht hat man in Ihrem Fall etwas ganz Besonderes vor, und Sie sind Weihnachten schon wieder zu Hause. Warten Sie ab! Aber verhalten Sie sich in der nächsten Zeit äußerst ruhig!« Dann verständigte er telefonisch den Läufer und ließ mich abholen. »Na, dann bis Montag. Ihre Aussichten sind ja sehr gut. Bleiben Sie nur besonnen, dann wird schon alles laufen.«

Ich ging damals noch davon aus, dass auch in der DDR ein Anwalt die Interessen seines Mandanten wahrnimmt, und schöpfte ein wenig Hoffnung aus diesem Gespräch. Dass nur ein übler Scherz vorlag, um mich fürs Erste zu »neutralisieren«, wurde mir erst später klar. Das Wochenende verbrachte ich in Erwartung des Prozesses. Endlich, nach dem Mittagessen am 6. September, brachte man mir meine Privatkleidung auf die Zelle. Eine Viertelstunde später öffnete ein barscher Oberfeldwebel meine Zelle und holte mich in die Tiefgarage. Unterwegs klärte er mich auf: »So, wir fahren zum Termin. Benehmen Sie sich anständig. Bei Fluchtversuch wird sofort ohne Anruf von der Schusswaffe Gebrauch gemacht. Ist das klar?« Mir war alles klar. Unten wurden mir Handschellen angelegt. Mein Transportkommando bestand aus vier Mann: einem Oberleutnant als Transportführer, dem Oberfeldwebel, einem Gefreiten und einem Soldaten. Der Barkas fuhr unverzüglich los. Wir rumpelten nur wenige Minuten durch die Straßen Frankfurts. Dann hielt der Wagen schon wieder an, statt der Handschellen legte mir der Gefreite noch im Wagen die Knebelkette um das Handgelenk, die er mörderisch fest anzog, und ich durfte aussteigen. Man führte mich zum Eingang eines undefinierbaren Bürogebäudes. Anscheinend war gerade Büroschluss. Ein ganzer Schwall von Frauen mit Einkaufstaschen kam uns entgegen. Mit Interesse wurde unser Aufzug gemustert. Vorneweg der Oberleutnant mit den Begleitpapieren, dann ich, von dem Gefreiten an der Knebelkette geführt, auf der anderen Seite der junge Soldat, hinter uns der Oberfeldwebel. Ich fand die Situation ein bisschen lächerlich, hier wie ein gefährlicher Schwerverbrecher vorgeführt zu werden.

Der Gerichtssaal im zweiten Stock, ein Raum kaum größer als ein Klassenzimmer, war noch leer. Vor der Stirnwand mit Hammer und Zirkel befanden sich die Plätze des Gerichts, unter dem Staatswappen eine Tür, durch die das Gericht einziehen würde. Dieser Teil des Saales war durch eine hölzerne Barriere abgetrennt. Links von der Barriere war der Platz des Staatsanwalts, ihm gegenüber die Anklagebank und davor der Platz des Verteidigers. Dazwischen lag der Zeugenstand, in meinem Fall freilich völlig überflüssig. Im hinteren Teil des Raumes waren mehrere Bänke für Zuschauer aufgestellt. Auch sie waren für mein Verfahren überflüssig, da es außer meinen vier Bewachern nur noch einen Zuschauer gab, nämlich meinen Vernehmer aus Hohenschönhausen.

Nach einigen Minuten hastete Anwalt Heim mit seiner abgewetzten Aktentasche herein. »Hatte noch einen anderen Termin«, entschuldigte er seine Verspätung, »bei Ihnen läuft ja sowieso alles. Lassen Sie sich durch das Urteil nicht irritieren. Ich habe heute noch einmal mit Berlin telefoniert über unser Gespräch vom Freitag; es scheint sich tatsächlich so zu verhalten. Die Dinge stehen sehr günstig für Sie.«

Inzwischen waren auch das Gericht und Staatsanwalt Lindemann erschienen, der im schwarzen Anzug nicht mehr ganz so wie ein Maurer wirkte. Oberrichter Schmidt, ein schlanker, glatter Mann Mitte Dreißig, eröffnete die Verhandlung. Zunächst verkündete er den Ausschluss der ohnehin nicht vorhandenen Öffentlichkeit. Dann wandte er sich meiner Person zu. Jedes Mal, wenn ich angesprochen wurde, musste ich mich erheben und so als einziger Angeklagter und Hauptperson in diesem Schauspiel fast die ganze Verhandlung über stehen.

Der Vortrag der Anklage war eher müde, von geiferndem Pathos nichts zu spüren. Lindemann las einfach die mir schon bekannte

Anklageschrift im Stil eines mittelmäßigen Referats vom Blatt ab. So gerieten auch die schärferen Formulierungen eher flach.

Die Beweisaufnahme erbrachte nichts Neues; es wurden die Vernehmungsergebnisse der Stasi referiert. Ich brauchte sie nur zu bestätigen. Man behandelte mich weitgehend korrekt. Eine Kostprobe »sozialistischer Logik« war es, als der Vorsitzende meinte, wenn ich die §§ 105 und 213 des DDR-Strafgesetzbuches ablehne, hätte mir doch vor der Tat der Gedanke kommen müssen, dass ich, wenn ich nicht gegen diese Paragraphen verstoßen würde, die DDR-Behörden auch nicht zur Anwendung dieser von mir abgelehnten Klauseln veranlassen würde. Ob mir denn niemals dieser Gedanke gekommen sei? Verblüfft antwortete ich auf diese Frechheit mit: »Nein!« Der Schöffe Köhler, ein weißhaariger Arbeiterveteran, wollte mir noch ein kommerzielles Interesse an der Fluchthilfe unterstellen. Eine Motivation wie die meine passte offenbar nicht in sein klassenkämpferisches Weltbild. Aber nach einem kleinen Wortwechsel gab er seine Absicht auf. Der Schöffe Rösner hingegen gab die ganze Verhandlung über kein Zeichen der Anteilnahme von sich, sondern döste nur so vor sich hin.

Auf die Beweisaufnahme folgten die Plädoyers. Der Staatsanwalt wiederholte leicht verändert noch einmal die Anklageschrift. Ich sei ein »Produkt der Manipulation westlicher Medien«, das sich aktiv in den Dienst »imperialistischer Kräfte« gestellt und sich somit bewusst in den Kampf gegen die DDR eingereiht habe. Meine Tat sei von hoher »krimineller Intensität« gekennzeichnet gewesen. Ich hätte mich mit Sicherheit zu einem »gefährlichen Serientäter« entwickelt, wäre ich nicht frühzeitig dingfest gemacht worden. Mildernd falle allenfalls ins Gewicht, dass ich geständig und in der DDR nicht vorbestraft sei. Trotzdem sei hier eine exemplarisch harte Bestrafung angebracht. Darum beantrage er für den Studenten Matthias Bath eine Freiheitsstrafe von fünf Jahren. Bei diesen Worten drehte sich mein Verteidiger um und raunte mir zu: »Da haben wir das Urteil ja schon gehört.« Ich war nicht sonderlich schockiert, hatte ich mich doch seit Juli an den Gedanken eines Urteils in dieser Höhe gewöhnt. Außerdem klangen mir noch die optimistischen Bekundungen des vor mir sitzenden Anwalts im Ohr.

Sein Plädoyer war kurz und schwach. Er verwies wie angekündigt auf meine Jugend und Unerfahrenheit. Ich sei in einem der DDR feindlichen Milieu aufgewachsen, was man mir aber nicht anlasten könne. Durch Westmedien verhetzt, sei ich unter den dominierenden Einfluss eines wesentlich älteren CDU-Funktionärs geraten, der mich zu Taten veranlasst habe, deren Tragweite ich nicht hätte absehen können. Dies alles mindere meine Verantwortung. Außerdem sei ich – wie die Beweisaufnahme ergeben habe – über wesentliche Hintergründe der Schleusung im Unklaren gelassen worden. Aus den genannten Gründen bitte er um eine mildere als die beantragte Strafe. In meinem Schlusswort sagte ich lediglich, dass ich helfen wollte, ohne damit die Absicht zu verbinden, jemanden zu schädigen.

Das Gericht vertagte sich zur Urteilsfindung für zwei Stunden und verschwand durch den Hinterausgang. Auch mein Verteidiger packte seine Papiere in die abgewetzte Aktentasche und meinte zu mir: »Das Urteil höre ich mir nicht mehr an. Es gibt sowieso fünf Jahre. Da gehen wir auch nicht in die Berufung. Sollte es überraschend wesentlich höher ausfallen oder sollten irgendwelche anderen Probleme auftauchen, so setzen Sie sich mit unserem Büro in Berlin in Verbindung. Im Übrigen sehen Sie zu, dass Sie schnell in den Vollzug kommen! Auf Wiedersehen.« Er schüttelte mir noch einmal die Hand und entschwand.

Zwei Stunden später fanden sich Gericht und Staatsanwalt wieder ein. Der Vorsitzende Schmidt verkündete das Urteil: »Im Namen des Volkes« befand es der 1. Strafsenat des Bezirksgerichts Frankfurt für richtig und angemessen, mich für fünf Jahre hinter Gitter zu schicken. Zur nun folgenden Urteilsbegründung wurde die nichtexistente Öffentlichkeit erneut ausgeschlossen. Dann verlas der Richter einen dritten Aufguss der Anklageschrift, die sich nun das Gericht zu eigen gemacht hatte. Interessant war nur, dass auch das Gericht akzeptiert hatte, mir seien wesentliche

Aktenzeichen:
I a Bs 27/76
211 - 5[illegible] - 76

Frankfurt (Oder), den 8. Sep 1976 Le

[signature]

I M N A M E N D E S V O L K E S !

In der Strafsache

gegen — den Student
Matthias B a t h ,
geb. am 2. Februar 1956 in Berlin-Neukölln,
wohnhaft in 1 Berlin 38, Pfeddersheimer Weg 16,

seit dem 10. 4. 1976 in U-Haft

wegen — staatsfeindlichen Menschenhandels

hat der I. Strafsenat des Bezirksgerichts Frankfurt (Oder) in der Hauptverhandlung vom 6. September 1976, an der teilgenommen haben:

Oberrichter Schmidt
als Vorsitzender

Herr Rösner
Herr Köhler
als Schöffen

Staatsanwalt Lindemann
als Anklagevertreter

Rechtsanwalt Heyn
in Untervollmacht für RA Dr. Vogel
als Verteidiger

Justizangestellte Lehmann
als Protokollführer

für R e c h t — erkannt:

Der Angeklagte wird wegen staatsfeindlichen Menschenhandels – Verbrechen nach § 105 Ziffer 2 StGB – zu

<u>5 – fünf – Jahren Freiheitsstrafe</u>

verurteilt.

Der zur Tat benutzte PKW "Opel" amtl. Kennzeichen B-TT 881 nebst Zubehör wird entschädigungslos eingezogen.

Die Auslagen des Verfahrens trägt der Angeklagte.

Urteil Matthias Bath vom 6. September 1976

Hintergründe der Fluchtaktion unbekannt gewesen. Aber auch das hatte das Urteil nicht mildern können. Ich erhielt noch eine kurze »Rechtsmittelbelehrung«, womit die Verhandlung abgeschlossen war. Gegen 19.00 Uhr befand ich mich wieder auf meiner Zelle. Die ganze Angelegenheit hatte also einschließlich der zwei Stunden Pause nicht länger als vier Stunden gedauert.

Am Abend rechnete ich erstmals die Zahl der theoretisch nun noch vor mir liegenden Hafttage aus. Es waren 1675 Tage; eine Zahl, die mich ob ihrer Unfassbarkeit erschreckte.

Am folgenden Tag wurde ich wieder zu jenem Zivilisten gebracht, der mir am 1. September die Anklageschrift vorgelegt hatte. Dieser – wie ich später erfuhr, ein Hauptmann – fragte mich, ob ich Berufung einlegen wolle, sagte aber gleich dazu, dass es wenig sinnvoll sei. Hauptsächlich wegen der Andeutungen meines Anwalts unterschrieb ich daraufhin eine Erklärung, dass ich auf Berufung gegen mein Urteil verzichte. Im Anschluss daran unterhielten wir uns über verschiedene Themen. Er riet mir, meine Gesundheit im Vollzug zu schonen. Als »Ausländer« würde ich ohnehin nicht der Arbeitspflicht unterliegen. Im Strafvollzug solle ich mich von kriminellen Elementen fernhalten. Die zuständigen Organe wüssten schon zu differenzieren und würden nicht jeden Gefangenen als unverbesserlichen Staatsfeind behandeln. Als »angehendem Juristen« müsste ja auch mir an einer Aufrechterhaltung von Sicherheit und Ordnung gelegen sein. Sollten mir im Strafvollzug kriminelle Auswüchse begegnen, sollte ich mich daher »vertrauensvoll« an die zuständigen Organe wenden. Das habe überhaupt nichts mit Bespitzelung oder Denunziantentum zu tun.

Auf seine Frage, was ich denn schon über den Vollzug wisse, erwiderte ich keck, einiges sei mir schon bekannt, zumindest wisse ich, dass Rummelsburg anders sei als Bautzen. Ohne es zu wissen, hatte ich hiermit direkt ins Schwarze getroffen und die beiden einzigen in Frage kommenden Anstalten genannt. Der Hauptmann gewann so den Eindruck, ich sei gut informiert, und gab mir – vielleicht war ich ihm auch sympathisch – noch eine weitere Auskunft: Bautzen würde bei meinem Strafmaß kaum in Frage kommen. Hätte ich wirklich Bescheid gewusst, wäre mir klar gewesen, dass ich in die Strafanstalt Berlin-Rummelsburg kommen würde. So aber begnügte ich mich damit, mein Unwissen hinter einer wichtigen Miene zu verbergen. Dann sprachen wir über einige politische Themen, wobei er ständig bemüht war, Gemeinsamkeiten zwischen uns beiden herauszustellen. »Ich glaube, wenn wir nur wollten, würden wir schon eine gemeinsame Sprache und auch viel sachliche Übereinstimmung finden. Es besteht für uns ja immer noch ein Unterschied zwischen jemand wie Ihnen und Herrn Strauß. Sie sind doch im Grunde genommen auch nur ein kleines Opfer.« Er unterhielt mich noch mit einigen Geschichten, die er selbst erlebt haben wollte. So sei er 1956 dabei gewesen, als der amerikanische »Spionagetunnel« in Alt-Glienicke, mit dem die US-Behörden das Telefonnetz des sowjetischen Hauptquartiers in Ost-Berlin angezapft hätten, »ausgehoben« wurde. Ferner erzählte er von einem US-Soldaten, der Anfang der 60er Jahre mit einem Kampfpanzer aus Würzburg desertiert und in die DDR durchgebrochen sei. 1972 sei er als Zuhörer beim Prozess gegen den homosexuellen Triebmörder Hagedorn gewesen, der in Frankfurt wegen dreier Morde zum Tode verurteilt wurde. Zum Abschluss des Gesprächs, das wohl über zwei Stunden gedauert hatte, eröffnete er mir noch, ich würde demnächst wieder aus Frankfurt/Oder wegverlegt.

Vielleicht zwei Stunden später öffnete eine hübsche junge Frau in der Uniform eines Unteroffiziers meine Zelle, reichte mir meine Zivilkleidung herein und wies mich an, meine Sachen zusammenzupacken. 15 Minuten später saß ich bereits im Transportwagen. Es ging zurück nach Berlin. Ich dachte an die Andeutungen meines Verteidigers und war damit auch wieder voller Hoffnung, dass es nur noch besser für mich werden könnte. In dieser Stimmung verließ ich Frankfurt.

Wieder Hohenschönhausen – Zelle 213

Eine Stunde später waren wir wieder in Hohenschönhausen. Ein Oberfeldwebel brachte mich in den ersten Stock und sperrte mich dort in eine Zelle ein. Meine neue Zellennummer lautete 213. Die Zelle war ebenso ausgestattet wie die erste Zelle, die ich hier kennengelernt hatte, nur noch kleiner, vielleicht dreieinhalb Meter lang und zwei Meter breit, sodass man sich kaum bewegen konnte. Zwischen den beiden Pritschen war nur noch ein Zwischenraum von 20 Zentimetern. Lediglich unmittelbar an der Tür neben Waschbecken und Toilette befand sich eine freie Fläche von etwa einem Quadratmeter.

Nach zwei Stunden kam ein Leutnant von den Effekten und brachte mir Decken, Wäsche, Waschzeug und meinen alten Trainingsanzug: Ich verwandelte mich wieder in einen Hohenschönhausener Untersuchungsgefangenen. Als es gegen 17.30 Uhr Abendbrot gab, erlebte ich allerdings eine Überraschung. Statt des erwarteten »Hundenapfes« mit den beiden Margarinestullen wurde mir ein Tablett mit einem Kännchen Tee, sechs belegten Broten sowie etwas Obst durch die Luke hereingereicht. Zunächst glaubte ich an einen Irrtum, aber auch an den nächsten Tagen erhielt ich jeweils zum Frühstück und Abendessen ein derartiges Tablett. Das verbesserte Essen schürte zunächst meinen Optimismus, den Anwalt Heim entfacht hatte. Vielleicht erwartete man, dass ich nach meiner Rückkehr nur von der guten Verpflegung der letzten Tage berichten würde.

Je mehr Tage verstrichen, desto mehr schwand aber mein Optimismus und machte einer tiefen Niedergeschlagenheit Platz. Mein Leben verlief wieder im alten Rhythmus, nur hatte ich keine Vernehmungen mehr, erhielt besseres Essen und bis zu sechs Bücher in der Woche. Auch besaß ich jetzt ärztliche Liegeerlaubnis. Zum damaligen Zeitpunkt wusste ich natürlich noch nicht, dass auf Initiative meiner Eltern die Ständige Vertretung der Bundesrepublik Deutschland in der DDR an mich geschrieben und unter

Hinweis auf meinen Rücken nach meinem Gesundheitszustand gefragt hatte, weil mir dieser Brief vom MfS vorenthalten worden war. Immerhin hatte der Brief auch so seine Wirkung getan.

Kontakt zu meinen Mitgefangenen hatte ich in dieser Zeit nicht. Zwar war die Nachbarzelle 212 ebenfalls belegt, aber die dort liegende Frau war offensichtlich des Klopfalphabets genauso unkundig wie ich zu Beginn meiner Haftzeit. Auf meiner Etage lagen also auch die in Hohenschönhausen inhaftierten Frauen. Man merkte es daran, dass hier sehr viel weibliches Wachpersonal umherlief und dass einem beim Duschen der Vorrat an weiblicher Unterwäsche in der Wäschekammer neben dem Duschraum auffiel. Dass auf meiner Nebenzelle eine Frau lag, hatte ich durch Äußerungen der Posten, die ich an der Tür hörte, mitbekommen.

An einem der nächsten Tage meldete ich mich zu dem Hauptmann, der den Zellenbereich der Anstalt leitete, um mich nach der Möglichkeit zu erkundigen, auf eine Gemeinschaftszelle zu kommen. Auch interessierte mich der weitere Gang der Dinge in meinem Fall. Am Nachmittag des gleichen Tages ließ mich der Hauptmann holen. Er erwartete mich in der Wachstube der ersten Etage, die ringsum mit Spinden ausstaffiert war, auf denen Marschgepäck und Stahlhelme aufgestapelt waren. Die Wachstube besaß ein normales, wenngleich vergittertes Flügelfenster. Ich konnte bis an den Horizont Industrieanlagen, Kräne und Fabrikhallen sehen. Offenbar war das Gefängnis bis auf eine Zufahrt völlig in Industrieanlagen eingebaut, um es vor den Augen der Öffentlichkeit zu verbergen.

Ich nahm auf dem mir zugewiesenen Stuhl Platz und brachte mein Anliegen vor. Mein Gegenüber fragte mich nach meinem Urteil und ob ich Berufung einlegen wolle, und äußerte dann, es werde wohl noch drei Wochen dauern, bis die Akten wieder in Berlin wären. Auch würde mir mein Urteil noch einmal zur Kenntnisnahme vorgelegt. Danach stehe dann meiner Verlegung in den Strafvollzug nichts mehr entgegen. Meinen Wunsch nach Gesellschaft könne er verstehen. Er wolle deshalb prüfen, ob eine derartige Möglichkeit bestünde. Sollte sich allerdings nichts

Passendes finden, müsste ich damit rechnen, die restliche Zeit in der Untersuchungshaft allein zu verbringen. Das war dann auch der Fall. Auch die genannte Frist von drei Wochen traf zu, eine der raren Ausnahmen während meiner Haft, dass eine Auskunft tatsächlich auch stimmte. Je länger die Einzelunterbringung (EU) dauerte, desto weniger glaubte ich an die mir vom Frankfurter Anwalt gemachten positiven Andeutungen. Allerdings wartete ich mit einer gewissen Spannung auf ein anwaltliches Abschlussgespräch, wie es seinerzeit bei Paul und Gerhard nach deren Verurteilungen stattgefunden hatte. Vielleicht würde ich dabei etwas Neues erfahren. Aber dieses Abschlussgespräch ließ auf sich warten.

Auch die Untersuchungsorgane hatten ihr Interesse an mir weitgehend verloren. Einmal noch wurden mir gute Ratschläge für den Strafvollzug erteilt, mich korrekt zu betragen, allen Weisungen nachzukommen – dort gehe es nämlich strenger zu als hier – und gut zu arbeiten. Tütenkleben würde es nicht mehr geben; alle Gefangenen würden entsprechend ihrer Qualifikation an modernen Werkzeugmaschinen arbeiten. Intelligent, wie man mich einschätze, würde ich schon wissen, wie ich mich im Vollzug am besten verhalten sollte. Mein Vernehmer schien überzeugt, mich nicht mehr wiederzusehen. Sicher würde ich in Zukunft die DDR überhaupt meiden, um mich nicht wieder zu gefährden. Ich stimmte dem zu, wobei ich allerdings bei mir dachte, wenn schon ein Wiedersehen, dann allenfalls unter umgekehrten Vorzeichen. Am 21. September 1976 erhielt ich mein Urteil zur Kenntnisnahme. Ich durfte es lesen und musste anschließend die Kenntnisnahme abzeichnen. Auf meine Frage, warum ich keine Ausfertigung des Urteils erhalte, meinte der Vernehmer, er würde sich an meiner Stelle über ein solches »Dokument« schämen und sich bemühen, es wieder aus seinem Leben zu verdrängen. Sich das Urteil womöglich noch eingerahmt an die Wand zu hängen wäre für ihn völlig unbegreiflich. Mit solchen Papieren solle kein »negativer Kult« getrieben werden. Deshalb werde von einer Aushändigung des Urteils abgesehen. An diesem Tag durfte ich auch noch den letzten Brief aus der Untersuchungshaft an meine Eltern richten, in dem ich sie erstmals selbst über meine Verurteilung informieren konnte. Außerdem erfuhr ich, dass meine Eltern am 20. September zu einem weiteren Besuch kommen würden.

Dieser Besuch fand wieder in der Magdalenenstraße statt. Meine Eltern waren ruhig und gefasst. Sie waren bereits von anderer Seite über mein Urteil informiert worden. Nun, da die Entscheidung gefallen war, zeigte sich eine gewisse Erleichterung, dass – was bei der Phantasie der Richter durchaus möglich war – nicht noch ein weit höheres Urteil herausgekommen war, obwohl wir schon das ausgesprochene Strafmaß für vollkommen überzogen hielten. Meine Eltern meinten, dass nunmehr auch die Möglichkeit bestehe, für mich etwas Konkretes zu tun. Leider erwies sich dies später als ein optimistischer Irrglaube. Wir unterhielten uns über das Echo meiner Festnahme in unserem Bekanntenkreis. In Zehlendorf erregte inzwischen ein weiterer derartiger Fall die Gemüter. Der Bruder eines Mitschülers, Georg F., war zwei Wochen zuvor unter noch ungeklärten Umständen auf der Transitstrecke festgenommen worden und musste sich jetzt auch irgendwo hier befinden. Der zuhörende Vernehmer rutschte bei dieser Information unruhig auf seinem Stuhl hin und her, sagte aber nichts. Als Letztes erörterten wir kurz die anstehenden Bundestagswahlen, wobei ich erfuhr, dass laut Meinungsumfragen die damalige Regierungskoalition wieder knapp vor der Opposition liegen würde, was mich nicht gerade erfreute.

Am 4. Oktober hatte ich wiederum, wie schon zu Beginn meiner Haftzeit, fünf Wochen Isolierhaft hinter mir. Mehr sollten es auch nicht werden, denn am späten Vormittag befahl man mir, meine Sachen zu packen. Die Verlegung in den Strafvollzug war da. Beim Umkleiden erfuhr ich auch das Ergebnis der Bundestagswahlen vom Vortag. Der Leutnant, an den ich mich wandte, brummte zwar zunächst, ob ich heute noch nicht die Zeitung gehabt hätte, meinte dann aber: »Die SPD hat es wohl wieder knapp geschafft.« Auf dem Weg zur Fahrzeughalle sah ich im Korridor neben meinen »Effekten« eine weitere Tasche stehen. Offensichtlich hatte ich noch einen weiteren Transportgefährten. Im Barkas musste ich mich wieder in eine der engen Zellen zwängen und erhielt Handschellen umgelegt. Dann verließ der Wagen für mich letztmalig die UHA Hohenschönhausen und durchfuhr die verschiedenen Sperrkreise. Wir befanden uns wieder im Stadtverkehr. Nach einer Viertelstunde hielt der Wagen irgendwo. Nach längerem Halt ruckte er schließlich wieder an und fuhr einige Meter. Noch einmal Halten, wieder Anfahren und abermals Halten, dann wurde meine Zelle aufgeschlossen. Man öffnete meine Handfesseln und forderte mich auf auszusteigen.

StVE Berlin-Rummelsburg

Der erste Tag

Wir standen auf einer Art Hof zwischen zwei mehrstöckigen roten Backsteingebäuden. Rechts befand sich eine Verladerampe, auf der mehrere mit weiß-blauen Schweißhemden und dunklen Hosen mit langen gelben Streifen bekleidete Männer unter Aufsicht eines Blau-Uniformierten damit beschäftigt waren, Kisten auf einen LKW Robur zu verladen. Hinter uns wurde eine größere Freifläche von einem weiteren Gefangenenkommando geharkt. Hinter der Freifläche waren weitere Backsteinbauten zu erkennen.

Das ganze Bild wirkte irgendwie altertümlich. Fast fühlte ich mich um mehr als 70 Jahre zurückversetzt. Die blauen Uniformen des Aufsichtspersonals schienen mir aus Kaisers Zeiten zu stammen, ebenso die Kluft der Gefangenen. Die uns umgebenden Bauten stammten ohnehin aus der wilhelminischen Zeit. Ich hätte mich nicht gewundert, in einem der Gefangenen plötzlich den Schuster Wilhelm Vogt, den Hauptmann von Köpenick, zu erkennen.

Inzwischen war auch mein Transportgefährte aus der »Minna« geklettert, ein kräftiger Mann Ende 20, bekleidet mit einem roten Rollkragenpullover und Jeans. Grinsend nickte er mir zu. Mehr war noch nicht möglich, denn der Begleitoffizier überwachte jede unserer Bewegungen mit Argusaugen. Er wies uns an, unsere Sachen aufzunehmen und in das Gebäude links von uns einzutreten. Wir stiegen eine Treppe bis in das zweite und zugleich oberste Stockwerk hinauf. Dort versperrte ein Gitter den weiteren Weg. Der Leutnant drückte den Klingelknopf, worauf ein Blau-Uniformierter, der überdies noch einen blauen Arbeitskittel mit

Schulterstücken trug, erschien, das Gitter aufsperrte und uns samt Begleitpapieren übernahm: Wir waren in die Verwaltung des Strafvollzugs übergegangen. Der MfS-Leutnant hinter uns drehte ab und verschwand. Es sollten fast drei Jahre vergehen, bis ich wieder die militärisch-feldgraue Uniform der MfS-Wacheinheiten erblicken sollte.

Unser nunmehriger Begleiter sperrte uns fürs Erste in einen Warteraum neben der Treppe. Dieser war unsäglich schmutzig. An den grauen Wänden hatten sich anscheinend über Jahrzehnte ganze Häftlingsgenerationen verewigt. Wir stellten unser Gepäck auf eine der wackligen Bänke und setzten uns. Mein Mithäftling stellte sich vor: »Peter Möller*, 28 Jahre, komme aus Wesel, BRD, habe acht Jahre wegen § 105.« Während ich antwortete, überkam mich ein Gefühl der Erleichterung, jemanden mit einem noch höheren Strafmaß zu treffen, hatte ich nach meinen U-Haftbekanntschaften doch schon befürchtet, ein besonders »schwerer Junge« zu sein. Peter erzählte mir kurz, was er gemacht hatte, von seiner Festnahme und wo er Termin hatte. Nach zwei geglückten Fahrten mit jeweils mehreren Flüchtlingen in einem VW-Bus hatte man ihn bei der dritten Fahrt am 31. März 1976 festgenommen. Nach den Vernehmungen in Hohenschönhausen war er zum Prozess nach Schwerin gebracht worden und danach wie auch ich wieder zurück nach Berlin.

Wir hatten uns noch gar nicht lange unterhalten, als die Tür aufgeriegelt wurde. Draußen stand ein Gefangener und brüllte: »Möller!« So blieb ich zunächst allein zurück. Nach vielleicht zehn Minuten war ich dann an der Reihe: »Bath!« Über den Flur ging es in einen Raum auf der anderen Seite. Dort fiel mir als Erstes eine große Holzbarriere auf, die den Großteil des Raums gegen die Tür hin abschirmte. Dahinter waren mehrere Gefangene, aber auch einige Uniformierte, fleißig damit beschäftigt, Kleidung zu verpacken sowie Eintragungen in irgendwelchen Kladden vorzunehmen. Der Uniformierte, der uns an der Treppe in Empfang genommen hatte, blickte auf und sah mich erwartungsvoll an. Gleiches tat ich mit ihm. Schließlich kam einer der Gefangenen

Eingang der ehemaligen StVE Berlin-Rummelsburg, 1998

Luftaufnahme der ehemaligen StVE Berlin-Rummelsburg, Januar 1987

an die Barriere und erklärte mir: »Man sagt, Strafgefangener ... meldet sich an, guten Tag, Herr Obermeister.« Zunächst verstand ich nur Bahnhof. Als mich dann aber der Blaue, vermutlich der Obermeister, anknurrte: »Na los, melden Sie sich an!«, plapperte ich, um nicht gleich unangenehm aufzufallen, die vorgesprochenen Worte nach: »Strafgefangener Bath meldet sich an, guten Tag, Herr Obermeister.« Als Erstes gab man hier auf der Effektenkammer des Zuchthauses also den »Herrn« ab und erhielt dafür den »Strafgefangenen«.

Als Nächstes reichte ich meinen Campingbeutel und den Karton mit Obst und Süßigkeiten vom letzten Besuch über den Tresen. Schließlich erhielt ich einen Teil der Sachen wieder zurück: Kamm, Nagelschere, Zahnpasta, Zahnbürste, Seife ohne Schälchen, Kugelschreiber ohne Mine, Süßigkeiten zum Teil ohne Verpackung und das Obst. Alles wurde zusammen in einen großen Plastikbeutel geschüttet, den man mir in die Hand drückte. Nun musste ich mich ausziehen und erhielt dafür ein Paar Socken und eine Garnitur blau-weißer Gefängnisleibwäsche. Das Hemd hatte auf dem Rücken einen gelben Streifen, wie er mir schon an den Hosen der Häftlinge aufgefallen war, passte aber halbwegs. Die Hose hingegen wurde oben durch eine Kordel zusammengehalten, deren eines Ende völlig im Bund der Hose verschwunden war. Als ich darüber etwas unglücklich guckte und es wohl auch monierte, erhielt ich eine zweite Hose, bei der es indes nicht anders war. Schließlich wurde mir nach einigem Hin und Her von dem knurrigen Obermeister eine Hose mit Gummizug zugeworfen.

Zum Abschluss musste ich noch unterschreiben, was jetzt alles von mir auf den Effekten lag und womit mich die Anstalt ausgestattet hatte. Dann erhielt ich den Hinweis, mich wieder abzumelden. Ich murmelte etwas Entsprechendes vor mich hin und kam mir dabei ziemlich dumm vor. In Socken und Unterwäsche durfte ich wegtreten. Nächste Station war die Kleiderkammer. Hier erhielt ich von den zwei dort beschäftigten Gefangenen eine schwarze Hose mit eingenähten gelben Sichtstreifen, eine braune Tuchjacke mit gelben Streifen an beiden Armen und auf dem Rücken, ein tarngrünes Sträflingskäppi und ein Paar schwarze knöchelhohe Schnürschuhe. Da kein Aufseher dabeistand, fragten mich die beiden, wie viel an Jahren ich denn mitgebracht hätte und weswegen ich überhaupt hier wäre. Als sie hörten, ich hätte als »105er« fünf Jahre erhalten, meinte der eine bloß: »Das ist mit euch Westlern immer das Gleiche. Allmählich müsste es sich doch rumgesprochen haben, dass die Sache immer schiefgeht. Aber mach dir mal keinen Kopf, die Jahre gehen auch vorbei. Ich hab' von meinen zehn Jahren schon mehr weg, als du überhaupt bekommen hast. Außerdem werdet ihr Westler besser behandelt als wir und habt auch immer die Chance, vorzeitig entlassen zu werden.« Dieser gutgemeinte Trost ermutigte mich nicht sonderlich.

Als neueingekleideter Häftling erhielt ich noch ein schweres Bündel: eine Decke, in die alles eingeschlagen war, was mir für die nächsten Jahre zu eigen gegeben wurde. Mit diesem Bündel und dem Plastikbeutel fand ich mich wieder in der Wartezelle ein. Dort wartete schon Peter, auch er nun ein Musterhäftling an Gestalt. Als ich eintrat, begann er zu lachen. Auch ich konnte mir, als ich ihn sah, das Lachen nicht verkneifen. Aber das verging uns bald, erkannte man sich doch selbst im anderen wieder. So bemühten wir uns, den neuen Anblick mit Fassung zu tragen.

Kurz darauf wurde ein weiterer Gefangener hereingeschlossen. Auch er schien noch etwas betroffen über die ihm soeben widerfahrenen Veränderungen. Er stellte sich als Jürgen, Inhaber eines kleinen Betriebs für Sanitäranlagenbau in Celle, vor. 1974 habe er auf der Leipziger Messe ein Mädchen kennengelernt, mit dem er jetzt verlobt sei und das er anlässlich der diesjährigen Leipziger Frühjahrsmesse habe in die Bundesrepublik holen wollen. Dies sei leider schiefgegangen. Er habe nun drei Jahre wegen »Beihilfe zum illegalen Grenzübertritt« (§ 213), seine Verlobte aufgrund des gleichen Paragraphen zwei Jahre und sechs Monate.

In den nächsten Stunden unterhielten wir uns über die verschiedensten Themen, vor allem natürlich über unsere Erwartungen hinsichtlich der weiteren Haft, aber auch über das Ergebnis der Bundestagswahlen vom Vortage. Was unsere Vorstellungen vom Strafvollzug (SV) betraf, so kann ich rückblickend nur sagen, dass sie von Sachkenntnis ziemlich ungetrübt waren. Das bittere Erwachen sollte noch am gleichen Abend kommen.

Gegen 16.00 Uhr erschien ein Blau-Uniformierter mit zwei Silbersternen auf den grauen Schulterstücken, ein kleiner, drahtiger Mann unbestimmbaren Alters mit getönter Brille, der uns befahl, unser Gepäck aufzunehmen, die Käppis aufzusetzen und ihm zu folgen. Wir verließen das Gebäude. Später erfuhr ich, dass es Haus IV der Anstalt war. Über den schon beschriebenen Hof ging es in Richtung Freifläche, wo wir nach links abbogen und einem Fahrweg folgten. Das Gelände der Anstalt kam mir an diesem sonnigen Oktobernachmittag, als ich mich mit meinem Gepäck über die Wege schleppte, unermesslich groß vor. Es schien mir, als bilde das Zuchthaus eine ganze Stadt für sich. Wir passierten ein Heizhaus, wandten uns dann nach rechts und marschierten auf ein kleines Tor in der Mauer neben einem der roten Zellengebäude zu. Unser Aufseher schloss auf. Vor uns setzte sich der mit Kopfsteinen gepflasterte Weg fort. Links davon lag ein großer Hof mit einigen Blumenrabatten und Rasenresten. Rechts befand sich längs zum Weg das Haus. Die Fenster der Zellen waren nicht nur vergittert, sondern auch noch alle mit grauen Metallblenden verkleidet, sodass nur von oben etwas Licht einfallen konnte. Im Erdgeschoss waren unter den Fenstern große weiße Ziffern angebracht. Am Mitteleingang des Baus machten wir Halt. Der Wärter öffnete die Tür, schloss ein dahinter befindliches Gitter auf und hieß uns den ersten Treppenabsatz hinaufsteigen. Oben zweigten rechts und links Gänge ab, die aber durch mit Holzplatten verkleidete Gitter gesperrt waren. Direkt vor uns befand sich eine durch ein Gitter verstärkte Glastür mit der Aufschrift »Zentrale – Eintritt für Strafgefangene verboten«.

Drinnen saßen um einen Tisch herum mehrere SV-Angehörige. Unser Begleiter trat in diese Zentrale ein, legte unsere Akten irgendwo ab, erschien wieder und öffnete das Gitter links von uns. Zwei Meter dahinter lag ein zweites, gleichermaßen verkleidetes

Gitter. Dazwischen befand sich linker Hand noch eine Tür, die einer Zellentür glich. Dahinter lag der Duschraum der Zugangsstation, in dem wir zunächst warten sollten. Der Raum erinnerte an eine Höhle, Fußboden aus Beton, Wände und Decke aus unverkleidetem grauem Zement. Eine der vier Duschen war abgebrochen, die anderen tropften. Als Abfluss diente ein Loch von vielleicht 30 Zentimeter Durchmesser in einer Ecke. Neben dem Eingang befand sich ein schmuddeliger Heizkörper. Eine kipplige, roh zusammengezimmerte Bank diente als Ablage. Jürgen, der Sanitärtechniker, musterte bedenklich die vermorschten Leitungsrohre und entsetzte sich vor allem über die »Mischbatterie«, ein kurzes, dickes Rohr, in dem Heiß- und Kaltwasser zusammenfließen und sich vermischen sollten. Jürgen verhieß uns permanente Wechselbäder beim Duschen, und so sollte es später auch kommen.

Hier warteten wir mehrere Stunden. Abwechslung bot lediglich die Freistunde eines Häftlingskommandos draußen, die wir durch das halbgeöffnete Fenster beobachten konnten, weil der Duschraum keine Blende hatte. Für vielleicht eine halbe Stunde drehte ein grauer Wurm, in dem nur die gelben Streifen aufleuchteten, von vielleicht 50 Gefangenen seine Runden. Alle trugen Tuchjacken, Hosen und Käppis wie wir. Das Ganze wurde von einigen Gefangenen mit gelben Armbinden beaufsichtigt. Diese standen in der Mitte des Hofes, während die Übrigen außen herumliefen. Wir schauten so lange nach draußen, bis auf einmal eine Stimme schrie: »Sofort das Fenster zu, aber dalli!« Draußen stand unter dem Fenster ein Aufseher und gestikulierte heftig. Verschreckt schlossen wir das Fenster. Uns allen war ziemlich schwummerig zu Mute. Es war alles trist.

Kurz vor Sonnenuntergang holte uns der Schließer von vorhin wieder und schloss uns auch durch das zweite Gitter. Vor uns lag ein langer Gang mit acht Zellen auf jeder Seite. Er quoll, so schien mir, über vor Menschen. Es wurde gerade Abendessen ausgegeben. Neben einem Wagen standen zwei Gefangene mit weißen Jacken und Käppis und waren dabei, Kaffeeflüssigkeit in bereitgehaltene Kannen zu gießen oder Brot, Fett und Wurst auszuteilen. Um sie herum stand ein ganzer Pulk und schaute zu. Als wir näher kamen, hieß es: »Was denn, schon wieder Zugänge? Hier ist doch schon alles voll!« Ein hoch aufgeschossener jüngerer Gefangener trat an uns heran und sagte: »Der Unmut richtet sich nicht gegen euch, aber die Station ist völlig überbelegt, wir sind hier weit über 80 Mann!« Der Aufseher hinter uns brüllte plötzlich los: »Stationsverantwortlicher!« Ein kleiner spitznasiger Gefangener meldete sich. »Hier sind drei Neuzugänge. Bringen Sie die Männer unter!« Als auch dieser etwas von Überbelegung sagte, brüllte der Uniformierte: »Quatschen Sie hier nicht rum. Auf einigen Verwahrräumen liegt doch noch gar kein Sechster.« Schließlich überwachte er höchstpersönlich unsere Unterbringung. Nach und nach fand sich für uns drei doch noch Platz. Als Letzter blieb ich übrig. »Wir haben nur noch auf der 21 fünf Mann«, meldete sich der Stationsälteste, »aber der Strafgefangene Müller spielt wieder verrückt, wenn wir seinen Verwahrraum auch so füllen wie alle anderen.«

»Darauf können wir jetzt keine Rücksicht nehmen«, war die Erwiderung. So wurde für mich der »Verwahrraum (VR) 21« aufgeschlossen. Als ich durch die Tür blickte, traf mich ein neuer Schock. Der Raum hatte eine Grundfläche von vielleicht dreieinhalb mal vier Metern. Hiervon musste man den Platz für zwei dreistöckige Hochbetten, einen großen Tisch, sechs Schemel und zwei Spinde abrechnen. In einer Ecke befanden sich WC und Ausguss. In diesem Raum mussten also sechs Menschen hausen.

Vier Häftlinge saßen um den Tisch herum, der fünfte lag in seinem Bett. Diesen schrie der Blaue sogleich an: »Strafgefangener Sablonski*, was liegen Sie da im Bett! Kommen Sie gefälligst hoch!« Dieser schien aber nicht sonderlich beeindruckt und tönte zurück: »Ich habe Liegeerlaubnis, Meister Rohne!« Daraufhin schrie dieser wieder: »Aber doch nicht den ganzen Tag!« Als ich dieses Szenario sah und hörte, fragte ich mich verschreckt, in welches Irrenhaus ich denn hier geraten sei. Tatsächlich galten hinter diesen Mauern, wie ich auch später immer wieder feststellte, andere Lebensregeln als gewohnt, und manches vom normalen Standpunkt aus irrationale Verhalten stellte hier die einzige zweckdienliche Möglichkeit dar. So betrat ich auf einen Wink des SV-Meisters hin mit meinem Gepäck den »Verwahrraum«, stellte es auf den schmutzigen, gesprungenen rötlichen Steinfußboden und machte mich mit meinen neuen Gefährten bekannt. Die guckten mich nur abwartend an und schienen von dem abendlichen Zuwachs nicht sonderlich erbaut zu sein. Schließlich erhob sich der fünfte Mann aus seinem Bett und meinte sarkastisch: »Na, dann willkommen in Rummelsburg, dem Haus am See!« So bekam ich Gewissheit, wo ich mich überhaupt befand.

»Du hast ja eine ganze Menge Sachen, die kannst du in die Spinde packen. Leider hat jeder nur zwei Fächer. Dir müssen wir jetzt noch deine beiden frei machen. Konny, zeig ihm doch mal, welche Fächer er nehmen kann.« Daraufhin erhob sich ein unscheinbarer Gefangener mit Brille vom Tisch, stellte sich mir als »Konny« vor und fing an, am Spind herumzukramen, sodass nach und nach tatsächlich zwei Fächer frei wurden. Der Wortführer forderte einen anderen Gefangenen auf, mir beim Bau des Bettes zu helfen. Zunächst musste der schwere Bettrahmen, bislang zusammengeklappt zwischen die bereits aufgestellten Betten geklemmt, herausgeholt, auseinandergeklappt und in die schwindelerregende Höhe der dritten Bettenetage gehoben werden. Hierbei packte die ganze Belegschaft mit an. Dann kletterte ich nach oben bis knapp unter die Zellendecke. Von irgendwoher waren inzwischen auch Matratzen aufgetaucht, die man mir hinaufreichte. In meinem Deckenbündel fand sich unter anderem auch Bettwäsche, sodass ich mich in meinem Oberstockbett häuslich einrichten konnte. Nach und nach verschwanden auch meine Sachen vom Zellenfußboden und wanderten in die Spinde oder auf mein Bett. Die Spindfächer mussten dabei so vollgestopft werden, dass man schwerlich etwas herausnehmen konnte, ohne den ganzen übrigen Inhalt mit herauszureißen. Schließlich blieb nur noch das Obst übrig, das ich in eine Schüssel füllte und der Gemeinschaft zur Verfügung stellte. Meine Mitgefangenen machten mich zunächst darauf aufmerksam, dass Obst hier eine Rarität wäre und ich mir meinen Entschluss noch einmal überlegen solle. Als ich aber dabei blieb, dauerte es nicht lange, bis alles verschwunden war. Übrigens stellte sich jetzt beim Abendbrot heraus, dass ich als Zugang noch gar nicht berücksichtigt war. So mussten neben etwas Obst ein paar Scheiben des in der Anstalt gebackenen Kommissbrotes und etwas Margarine, die mir die anderen von ihren kärglichen Rationen abgaben, genügen. Die Verpflegung war mehr als bescheiden. Soweit ich mich erinnern kann, gab es an diesem Abend einen kleinen Würfel Margarine von vielleicht zehn Gramm und ein dünnes Stück Harzer Käse. Lediglich von dem klitschigen Kommissbrot gab es ausreichend.

Nach dem Abendbrot saßen wir noch lange um den Tisch herum. Gesprächsstoff bot auch hier zunächst das Bundestagswahlergebnis. Mit einer Ausnahme bedauerten alle die knappe Niederlage der Unionsparteien. Der einzige Opponent äußerte dagegen die Hoffnung, die SED werde aus Genugtuung über den Wahlausgang weitergehende Zugeständnisse bei den innerdeutschen Verhandlungen machen und sich eventuell sogar zu einer Amnestie noch zum 7. Oktober bereit erklären. Dieser Häftling war übrigens auch erst am 1. Oktober nach Rummelsburg gekommen. Die Erfahreneren stimmten über solchen Optimismus nur ein Hohngelächter an und meinten, er würde schon noch sehen, wie die Dinge tatsächlich seien. Dann war ich mit dem Erzählen an der Reihe. Ich berichtete kurz meinen Fall und musste mir anhören, wie dumm ich doch gehandelt hätte. Anschließend erzählten die anderen der Reihe nach ihre Geschichte.

Der Hauptwortführer Sablonski, der »Alpina-Peter« genannt wurde, weil er im April 1973 mit einem Fahrzeug vom Typ Renault-Alpine festgenommen worden war, hüllte sich über seinen Fall in Schweigen und begnügte sich mit obskuren Andeutungen, die ihn fast als einen westlichen Agenten erscheinen ließen. Von sich selbst sagte er nur, er sei 36 Jahre alt und Hotelier aus Lüneburg. Er war ein großer, knochiger Mensch, der erheblich älter als angegeben wirkte, viel und laut redete, mit seinen Nerven ziemlich am Ende schien und keinen angenehmen Eindruck machte. Konny, den ich schon erwähnte, war im März 1975 bei seiner ersten Fahrt für einen kommerziellen Fluchthelfer aus Berlin in Drewitz festgenommen worden. Er war Ende 20, stammte aus Franken, hatte aber seit einigen Jahren in Berlin gelebt und dort in einer Zoohandlung gearbeitet. Er hatte seinen Job verloren und sich auf eine Zeitungsanzeige »Kraftfahrer gesucht« gemeldet. Als Ergebnis dessen saß er hier mit vier Jahren und drei Monaten als Urteil.

Dann war da noch »Kongo«, ein stämmiger, schwerfällig wirkender Gefangener. Er wurde so von den anderen wegen seiner oft bekundeten Zuneigung zu dem bekannten Söldnerführer genannt, mit dem er den Nachnamen Müller gemeinsam hatte. Er schien wie auch Sablonski eine Sonderstellung gegenüber den anderen Gefangenen einzunehmen, was sich schon an der Bemerkung des Stationsältesten bei meiner Einweisung zeigte. Kongos Handgelenke waren zernarbt, auch an seinem Hals hatte er Schnittmale. Er sprach polternd mit rollendem R. Wie er nicht ohne Stolz erzählte, hatte er seit frühester Jugend an die zehn Jahre in verschiedenen bundesdeutschen Gefängnissen zugebracht. Hinzu kamen noch zwei Jahre in der Landesnervenklinik von Niedersachsen in Königslutter. Jetzt war er 36 Jahre alt und befand sich seit Sommer 1974 in DDR-Haft, weil er betrunken wegen einer Wette den Grenzzaun nahe seines Heimatortes im Harz überklettert hatte. Als er im Niemandsland zwischen dem ersten und zweiten Sperrzaun stehenblieb und der Weisung einer DDR-Grenzpatrouille, auch den zweiten Zaun zu übersteigen, nicht folgte, war einer der Grenzer über den Zaun gestiegen, hatte ihn mit der Waffe niedergeschlagen und mit sich gezerrt. Den ganzen Vorgang hatte ein Amateurfilmer zufällig gefilmt. Der Film lief im ZDF. Den zuständigen DDR-Organen fiel es nicht schwer, daraus eine »langfristig vorbereitete Grenzprovokation« zu konstruieren. Entsprechend hart fiel auch das Urteil aus: vier Jahre, sechs Monate. Kongo war mir unheimlich; ich hielt ihn für psychisch krank.

Auf dem Gang ertönte ein Schrei: »Station, fertigmachen zur Zählung!« Meine Gefährten standen auf und zogen ihre Tuchjacken über, was ich ihnen nachmachte. Wir stellten uns mit dem Gesicht zur Tür und warteten. Nach fünf Minuten kam ein weiteres Kommando: »Zählung!« Gleich darauf hörten wir, wie Zellen aufgeschlossen wurden, die Riegel knallten und wieder abgeschlossen wurde. Die Geräusche kamen näher. Dann flog krachend die Tür auf. Eine blau-uniformierte Gestalt erschien in der Türöffnung. Konny straffte sich und rasselte los: »Verwahrraumeinundzwanzigbelegtmitsechsmann gutenabendherrmeister.« So schnell, dass man es kaum verstehen konnte. Noch bevor Konny aber zu Ende war, knallte die Tür schon wieder zu. Die Geräuschfolge wanderte weg von uns bis zum Ende des Ganges. Schließlich fiel das Gitter zum Treppenhaus mit einem helleren Klang zu. Ich hatte die erste Zählung meiner Haftzeit erlebt.

Nach dieser Unterbrechung gingen die Gespräche weiter. Der Optimist von vorhin stellte sich als Dieter vor, 33 Jahre, Makler aus Berlin. Er hatte aus Freundschaft an der Ausschleusung einer Frau mitwirken wollen. Das Resultat des fehlgeschlagenen Unternehmens: drei Jahre, sechs Monate. Als Letzter stellte sich Christian Christiansen vor. Nun war es an mir, verblüfft zu sein. Anfang Juli hatte mir doch mein Vernehmer zwei Protokolle derjenigen zu lesen gegeben, die R. vor mir »auf die Strecke« geschickt hatte. Der Name des Ende 1975 Festgenommenen war Christiansen. Ich fragte, ob sein Auftraggeber R. heiße. Jetzt sperrte er den Mund auf. Der Zufall hatte es gewollt, dass wir beide uns gleich an meinem ersten Tag im Strafvollzug treffen sollten. Nun gab es viel zu bereden. Die anderen schmunzelten; denn es kam nicht alle Tage vor, dass sich Leute mit gemeinsamen Bekannten und gleichem Tathintergrund trafen. Christian war 25 Jahre alt, stammte aus Nordfriesland und hatte an einer Fachhochschule in Berlin studiert. Über den Hochschulsport lernte er einen Bekannten von R. kennen, der erst kürzlich aus der DDR gekommen war. Dieser machte ihn mit der mitteldeutschen Problematik vertraut und brachte ihn schließlich mit R. zusammen. Als der dann davon zu sprechen begann, man müsse Bekannten zur Flucht in die Freiheit verhelfen, erklärte sich Christian zur Mitwirkung bereit, weil ihm die triste Wirklichkeit im Osten zuwider war. Nach einem geglückten Unternehmen, bei dem Christian Zubringerfahrer gewesen war, hatte man ihn bei einer normalen Transitreise festgenommen und zu fünfeinhalb Jahren verurteilt. Wir redeten noch miteinander, als das Licht ausging.

Ich kletterte auf mein Bett in der dritten Etage, drei Meter über dem Boden und nur noch anderthalb Meter unter der Decke. Von hier oben konnte man sogar über die von außen angebrachte Metallblende hinwegsehen, wenn auch nicht direkt nach unten. Vor dem nächtlichen Himmel bot sich ein gespenstisches Panorama. Direkt vor uns befand sich ein gepflasterter Platz, dahinter waren Anstaltsküche und SV-Kantine. Über das Dach dieses Gebäudes ragte der Bau eines weiteren Zellenhauses hinaus. Rechts der Küche befand sich hinter einer Durchfahrt das Heizhaus mit einem großen Wasserturm. In der Ferne konnte man noch weitere Anstaltsbauten erkennen. Alle Gebäude waren aus dunkelroten Ziegeln errichtet, die Sockel weiß getüncht, die Fenster vergittert und teilweise mit Blenden verkleidet. An exponierten Punkten der Gebäude befanden sich Scheinwerfer, die ihr totes, bläuliches Licht auf die Fronten der anderen Häuser oder in irgendwelche Winkel verstrahlten. Links konnte man ein kleines Stück der weißen Außenmauer erkennen. Vor diesem meterhohen Bauwerk befand sich eine Hundelaufanlage, davor wiederum Zaun, Patrouillenweg und E-Zaun. Ich fühlte mich wie in einem klassischen Gefängnisfilm, nur dass ich diesmal selber Darsteller war.

Auf Zugang

Am nächsten Morgen erwachte ich, als draußen der Ruf erscholl: »Station, Nachtruhe beenden!« Das Licht, eine funzlige, nackte Birne in einer Fassung über der Tür, ging an. Zugleich wurde die

Zellentür aufgeschlossen. Ich kletterte von meinem Hochbett herab, wusch mich und zog mich an. Zu meinem Erstaunen blieben alle anderen noch liegen. Erst als draußen der Essenswagen rollte, sprang Kongo aus dem Bett und eilte noch in Unterhosen zur Tür. Ich dachte, nun würde es Frühstück geben, und hatte schon entsprechenden Hunger. Was kam, war die große Enttäuschung. Kongo, der gelegentlich zum Scheuern der Treppe und zum Fegen des Korridors herangezogen wurde, erhielt sein Frühstück. Wir übrigen mussten uns mit einer Kanne schwarzer, übelriechender Kaffeeersatzflüssigkeit begnügen. Ich guckte etwas verstört in der Meinung, es würde etwas fehlen. Da meinte Sablonski sarkastisch: »Das ist hier nicht anders. Wer nicht arbeitet, der soll auch nicht essen. Mittagessen und Abendbrot reichen schließlich völlig aus.« So fing der Tag mit knurrendem Magen an.

Die folgende Zählung lief wie am Vorabend ab. Dazu waren nun auch alle anderen aufgestanden und hatten sich Hose und Tuchjacke angezogen. Nach der Zählung legten wir uns wieder auf die jetzt gebauten Betten und dösten. Der Gesprächsstoff zwischen den schon länger Einsitzenden war ziemlich gering. Nur ich als Neuling hatte noch viele Fragen und hätte noch Neuigkeiten erzählen können. So dösten wir, nur gelegentlich ein paar Worte wechselnd, mehrere Stunden. Mein Hunger wurde immer größer. Gegen 10.00 Uhr ertönte das Kommando »Station, fertigmachen zur Freistunde!« Nach einer Viertelstunde wurden die Zellen geöffnet, und wir konnten heraustreten. Auf dem Flur stand die gesamte Station, über 80 Mann, mit Schnürschuhen, Tuchjacke und Sträflingskäppi bekleidet. Der Stationsälteste, mit Spitznamen »Planschi« genannt, ein Fluchthelfer aus Hamburg, zu sechs Jahren verurteilt, und die ihm unterstellten »Hausarbeiter« riegelten die Zellen zu, wobei sie sorgfältig darauf achteten, dass niemand darin zurückblieb. Als sicher war, dass alles auf dem Flur stand, gab der SV-Meister vom Treppengitter her das Kommando zum Raustreten. Ein paar Stufen hinab, dann standen wir auf dem Hof. Automatisch formierte sich eine Kolonne in Zweierreihen.

Unversehens sah ich mich neben einem mir völlig unbekannten Gefangenen. Auf Planschis Kommando hin setzte sich der Zug in Bewegung. Der Meister beobachtete die Kolonne von der Hauswand her. Zur »Sicherung« war ferner noch ein Hundeführer auf dem Hof. Planschi hielt sich in der Mitte auf einer Freifläche, die wohl einmal Rasen gewesen war und um die wir jetzt herummarschierten, wie wir es am Vortag schon bei dem Arbeitskommando beobachtet hatten. Mein Nachbar, mit dem ich später nie mehr etwas zu tun hatte, erzählte mir in weinerlichem Ton seine Geschichte. Betrunken hatte er sich seinen Personalausweis in einer Ost-Berliner Kneipe abschwatzen lassen. Als er sich Stunden später am Kontrollpunkt, dem S-Bahnhof Friedrichstraße, einfand, war schon jemand auf seinen Personalausweis in den Westen ausgereist. Zum Ausgleich behielt man ihn ein und bedachte ihn mit zweieinhalb Jahren.

Nach einer halben Stunde des Rundendrehens auf diesem trübsinnigen Hof zwischen Zellenhaus, Anstaltsmauer und Anstaltsgärtnerei gab der Meister Planschi einen Wink, woraufhin dieser zum Eingang eilte, die Spitze des Zuges anhielt und »Einrücken« kommandierte. Drinnen wurden hinter uns die Zellentüren für weitere zwei Stunden abgeschlossen. Dann wurde endlich das Mittagessen ausgegeben. Jeder durfte seine kleine Plastikschüssel hinausreichen und erhielt einen Schlag Senfsoße, dazu zwei Eier. Dazu gab es Pellkartoffeln, »Pellis« genannt. Auf einem Spind in unserer Zelle stand eine große Emailleschüssel. Diese holten jetzt meine Zellengefährten herunter, legten eine alte Zeitung hinein und reichten die Schüssel zum Empfang der Pellis nach draußen. Die Hausarbeiter schütteten mehrere Handvoll aus dem großen Kübel in die Schüssel. Dann kam diese auf den Tisch, und jeder fischte sich seinen Anteil heraus. Die Pellis waren nicht gekocht, sondern gedämpft. Sie waren nicht mehr fest, sondern bräunlich und glitschig und flossen, sobald man sie anfasste, wie Mus auseinander. Da ich aber großen Hunger hatte, nahm ich trotz meines Ekels meinen Teil. Die anderen schienen sich schon an diesen Fraß gewöhnt zu haben. Zwar hatten sie vorher auf mein

Befragen gewaltig über das Essen geschimpft, aber nun aßen sie es ohne Zeichen irgendwelchen Abscheus. Nach dem Essen wurden die übriggebliebenen Pellis in die Toilette gekippt und weggespült. Man hätte die Essensreste auch offiziell abgeben können, aber meine Mitgefangenen fürchteten, dass dann nach einiger Zeit die ohnehin schon kümmerlichen Rationen noch mehr zusammenschmelzen würden. Die Zellen wurden erst gegen 17.00 Uhr wieder geöffnet, als es Abendbrot gab. Die Zeit dazwischen nutzten wir zur Unterhaltung oder spielten »Mensch ärgere dich nicht«. Zum Abendbrot gab es ein Kommissbrot für die Zelle, für jeden einen Würfel Schmalz von vielleicht zehn Gramm und ein kleines Stück Wurst von vielleicht ebenfalls zehn Gramm, dazu die übliche Kanne mit schwarzer Kaffeeersatzflüssigkeit. Nach weiteren zwei Stunden erfolgte die abendliche Zählung. Gegen 19.30 Uhr kam dann das Kommando: »Station, fertigmachen zur Nachtruhe!« Eine halbe Stunde später ging nach dem Ruf »Station, Nachtruhe!« das trübe Licht aus, und wir hatten die zehnstündige Nacht vor uns.

Auf dieser Station glich ein Tag dem anderen. Zähflüssig und ohne Abwechslung verstrich die Zeit. Gegen 6.00 Uhr früh wecken – die Funzel über der Tür ging an. Kein Frühstück, nur schwarze »Kaffeelorke«. Um 6.45 Uhr Schichtwechsel des Wachpersonals und morgendliche Zählung. Alles baute sich auf, und der Stubenälteste rasselte militärisch seine Meldung herunter. Gegen 10.00 Uhr Freigang für eine halbe Stunde, von den Gefangenen auch »Idiotenrallye« genannt. Um 12.00 Uhr Mittagessen. Gegen 17.00 Uhr Abendbrot. Um 18.45 Uhr abermaliger Wechsel des Wachpersonals, verbunden mit der abendlichen Zählung. 19.30 Uhr »Fertigmachen zur Nachtruhe«. 20.00 Uhr »Nachtruhe«. Die Funzel über der Tür, welche seit 6.00 Uhr früh ihr Dämmerlicht verstrahlt hatte – wenn man sie nicht aus der Fassung drehte, was verboten war –, erlosch wieder.

Zwischen diesen Ereignissen blieben die Zellen verschlossen. Die Gefangenen dösten vor sich hin, lagen auf den Betten, was tagsüber laut Hausordnung ebenfalls verboten war, oder saßen um den Tisch herum und redeten, wobei der Gesprächsstoff mit der Zeit immer knapper wurde, spielten irgendwelche Brettspiele oder, wiederum verbotenerweise, Skat oder andere Kartenspiele mit selbstgefertigtem Blatt aus Zigarettenschachtel-Etiketten. Wenn ein Posten vorbeikam und durch den Spion die Kartenspieler ertappte, zog er die Karten in der Regel sofort ein. Manche Schließer machten sich einen regelrechten Sport daraus. Gelegentlich las man auch ein Buch, womit es allerdings traurig bestellt war. Es gab zwar Bücher auf der Station, doch waren sie schon seit Monaten nicht mehr ausgetauscht worden. Pro Gefangenem gab es auf Monate nur ein Buch. Man war auf den Tausch untereinander angewiesen. Dabei war jeder bemüht, ihm nicht Gefallendes abzustoßen. Hatte aber einer Gefallen an einem Buch gefunden, so verschwand es meist unter seinem Kopfkissen und ward nicht mehr gesehen. So spielte das Lesen damals trotz der vielen freien Zeit nur eine Nebenrolle.

Das also war der Tagesablauf auf B(erta) II, der Zugangsstation des »Ausländerkommandos« der Strafanstalt Berlin-Rummelsburg. Unser Kommando befand sich seinerzeit in Haus III der Anstalt.

Die Bezeichnungen der einzelnen Stationen richteten sich nach der jeweiligen Etage und danach, ob sie rechts oder links der Zentrale gegenüber der Mitteltreppe des Hauses gelegen waren. Im Keller befanden sich die Stationen A(nton) I und II mit Arrest- und Isolierzellen. Letztere wurden in Rummelsburg »Einzelunterbringung« genannt. Im Erdgeschoss befand sich links der Zentrale die Station B(erta) I, wo 1976 Gefangene des Ausländerkommandos lagen und damit beschäftigt waren, Kabelbäume für Straßenlaternen zu flechten. Dieses Arbeitskommando wurde »Leuchtenbau« genannt. Rechts der Zentrale lag unsere, die Zugangsstation. Über uns befand sich C(äsar), darüber wiederum D(ora) II. Auf beiden Stationen lagen »Ausländer«, vorwiegend aus West-Berlin und Westdeutschland, aber auch Algerier und Syrer, die in der DDR zu Arbeit oder Ausbildung geweilt hatten. Von den Delikten her waren die »Westler« zu 80 Prozent Fluchthelfer, verurteilt nach den §§105 und 213, in geringerem Maße »Grenzprovokateure«, verurteilt nach §213, und »Verkehrsunfaller«, vereinzelt auch wegen Verstoßes gegen das »Zoll- und Devisengesetz« Verurteilte. Die Araber hingegen waren überwiegend wegen Körperverletzung oder Vergewaltigung inhaftiert, nur vereinzelt wegen politischer Straftatbestände. Die Gefangenen dieser beiden Stationen gehörten zum Arbeitskommando »EAW«, das doppelschichtig in zwei Produktionsbereichen des Hauses V für die »Elektro-Apparate-Werke Treptow« (vormals AEG-Treptow), und zwar für deren Lichtenberger Zweigwerk, tätig war. Die Produktionsbereiche in Haus V wurden von EAW als Betriebsabteilung 430 geführt. Produziert wurden hier verschiedene Relais. Über B(erta) I befanden sich die Stationen C(äsar) I und D(ora) I, mit DDR-Häftlingen belegt, die überwiegend wegen krimineller Delikte, vorwiegend Eigentumsdelikte, verurteilt waren. Sie arbeiteten damals wohl im Industrieflügel von Haus VI, das neben unserem Haus lag. Mit den Gefangenen der beiden letztgenannten Stationen hatten wir offiziell keinen Kontakt. Gelegentlich aber traf man infolge einer Nachlässigkeit des Wachpersonals mit einem »Ostler« beim Arzt zusammen oder konnte sich mit ihm am Gitter von der Mitteltreppe aus unterhalten.

Geleitet wurde jede dieser Stationen von einem Offizier des Strafvollzugs. Diese Offiziere, meist im Rang eines Unterleutnants oder Leutnants, führten die Dienstbezeichnung »Erzieher«, womit sich der Anspruch der DDR dokumentierte, erzieherisch auf die Gefangenen Einfluss zu nehmen. Allerdings begnügte man sich zumindest uns »Westlern« gegenüber bereits mit diesem Anspruch und verzichtete weitgehend darauf, ihn in die Tat umzusetzen. Der »Erzieher« unserer Station, Berta II, war damals der Leutnant des SV Herbig. Er war erst vor kurzem nach Rummelsburg versetzt worden, noch sehr jung und wirkte im Auftreten unsicher, was er durch Forschheit zu kaschieren suchte. Später erfuhr ich, dass Herbigs Vater Oberst des SV war und eine der größten Haftanstalten der DDR leitete. Leutnant Herbig ließ sich auf der Station wenig blicken. Sah man ihn, fiel einem unweigerlich eine bauchige Kartentasche auf, die er ständig umgehängt hatte. Die Gefangenen tauften ihn daher »Brottasche«.

Ich lernte Herbig am Nachmittag des 7. Oktober kennen, als plötzlich überraschend unsere Zelle aufgeschlossen wurde und er im Raum stand. Christian und Dieter lagen gerade auf ihren Betten und wurden dafür angeraunzt. Wir anderen, übrigens auch Kongo, obwohl er ebenfalls auf dem Bett gelegen hatte, durften »wegen guter Führung« zum Fernsehen und uns die Festlichkeiten in Ost-Berlin anlässlich des 27. Jahrestages der DDR ansehen. Die anderen »Erzieher« lernte ich erst im Laufe meiner Haft kennen. Nächsthöherer Vorgesetzter war der Hauskommandant, der die Dienstbezeichnung »Abteilungsleiter« führte, über diesem wiederum stand die Anstaltsleitung. Abteilungsleiter war damals der Oberleutnant des SV Wendel, ein fetter Kerl Ende 50, der wegen seines Aussehens, insbesondere seines rötlich gedunsenen Gesichts, »Blutblase« genannt wurde. Mich persönlich erinnerte Wendel mit seiner Statur und der dunkel getönten Brille, die er ständig trug, an die Figur eines »Panzerknackers« aus den Donald-Duck-Comics von Walt Disney. Abgesehen von solch lustigen Gedanken aber war Wendel – so wie ich ihn einschätzte – ein Vertreter der alten stalinistischen Schule, gewillt, jederzeit jeden Befehl gegen uns Gefangene durchzusetzen. Wahrscheinlich bedauerte er sehr, uns gegenüber durch Gesetze sowie unseren Ausländerstatus in seiner Handlungsfreiheit etwas (wenn auch nicht viel) eingeschränkt zu sein.

Neben diesen Offizieren wurde die Aufsicht im Haus durch gewöhnliche Schließer, die in der Regel den Dienstgrad »Meister des SV« führten, ausgeübt. Ständig befand sich eine Schicht von vier bis fünf Meistern im Haus. Ihr Dienst dauerte zwölf Stunden. Es gab vier Schichten, die sich in einem endlosen Rhythmus ablösten, der auch die Wochenenden einschloss.

Neben diesem Apparat des Strafvollzugs, der dem Ministerium des Innern (MdI) unterstand, gab es noch einen weiteren, wesentlich kleineren Überwachungsapparat des MfS. Offiziell war dieser nur durch zwei Verbindungsoffiziere des MfS sowie durch gelegentlich von außen kommende Stasi-Mitarbeiter repräsentiert. Die Verbindungsoffiziere wurden von uns »V-Null« oder auch »Leckys« genannt. Neben diesen in Zivil operierenden Personen gab es aber hier noch Tätige, die zwar die Uniform des Strafvollzugs trugen, aber sowohl nach ihrem Gehabe wie auch nach ihrem Zuständigkeitsbereich für jene andere Behörde hätten tätig sein können. Zu diesen Leuten gehörte beispielsweise Meister Rohne, der uns am ersten Tag in Haus III eingewiesen hatte.

Jeder neuangekommene Strafgefangene kam zunächst auf die Zugangsstation Berta II und wartete dann darauf, dass auf einem der Arbeitskommandos ein Bett für ihn frei wurde. Das dauerte zwischen drei Tagen und drei Monaten. Betten auf den über uns gelegenen Arbeiterstationen wurden – wie ich sehr schnell erfuhr – immer dann frei, wenn »Aktion« gewesen war. Als »Aktion« bezeichnete man die vorzeitige Entlassung eines Schubes von Häftlingen im Rahmen der Freikaufverhandlungen zwischen der Bundesregierung und der DDR. Jeder hoffte, möglichst bald bei einer dieser Aktionen dabei zu sein. Aktionen gingen so vonstatten, dass die ausgewählten Gefangenen von der Stasi abgeholt wurden. Man munkelte, sie würden erst nach Karl-Marx-Stadt (Chemnitz) gebracht. Von dort würden wöchentlich Busse mit entlassenen Häftlingen über die Grenze nach Gießen fahren. In Rummelsburg wurden indessen die Arbeitskommandos wieder aufgefüllt, um »die Produktion zu gewährleisten«.

Das Leben auf Berta II war schlecht, wesentlich schlechter noch als auf den Arbeitskommandos. Über die Tristesse des Tagesablaufs habe ich berichtet. Es gab wenig Bücher. Die Erlaubnis zum Fernsehen galt als hohe Auszeichnung. Ich kam auf der Zugangsstation zweimal in diesen Genuss, offenbar weil »Kongo-Müller« besondere Privilegien genoss, von denen auch seine Zellengenossen profitierten. Als ich nach 14 Tagen aus dieser Zelle verlegt wurde, kam ich in den folgenden vier Wochen überhaupt nicht mehr zum Fernsehen.

Zum Tagesablauf kamen noch einige Wochenereignisse hinzu.

Montags war Einkauf. Zu diesem Zweck wurde im Fernsehraum der Station ein provisorischer Verkaufstisch aufgebaut. Zwei DDR-Gefangene verkauften im Auftrage der Handelsorganisation (HO) denjenigen, die etwas Geld hatten, ein karges Warensortiment: Tabak, Zigaretten, Zigarettenpapier, Streichhölzer, Bonbons, Seife und andere Toilettenartikel, gelegentlich auch Schnittkäse, Butter, Speck, Quark und etwas Obst. Allerdings hatten wir Neuzugänge ohnehin kein Geld. Als Zahlungsmittel dienten »Wertgutscheine«, eine Art Papiergeld, das nur im Bereich der Anstalt zum HO-Einkauf gültig war. Es gab solche Scheine für alle gängigen Münzen und Banknoten bis 20 Mark. Je nach Wert differierten Farben und Formate.

Dienstags war Duschen und Wäschetausch. Zum Duschen begab man sich in den höhlenartigen Duschraum an der Mitteltreppe, in dem wir am Tage unserer Ankunft gewartet hatten. Hier hatten dann sechs Mann drei Duschen für zehn Minuten zur Verfügung, bis die nächste Zelle an die Reihe kam. Lediglich die Hausarbeiter genossen die Vergünstigung, etwas länger und auch manchmal außerhalb der Reihe duschen zu dürfen. Der Wäschetausch umfasste eine Garnitur Leibwäsche, Handtücher, Geschirrtuch, Taschentuch und zwei Paar Socken. Bettwäsche wurde alle 14 Tage getauscht. Nachtwäsche gab es nicht, sodass man entweder nackt oder mit der normalen Unterwäsche schlafen musste. Die Oberbekleidung blieb vom Wäschetausch unberührt und verdreckte mit der Zeit erheblich. Andere Abwechslungen gab es nicht.

Post gab es nur unregelmäßig. Vielleicht alle zwei bis drei Wochen bequemte sich unser »Erzieher«, ein paar Briefe auszugeben. In der Regel betrug dann die Laufzeit mindestens einen Monat. Ich erhielt während meiner Zeit auf Berta II keinerlei Post. Am 8. Oktober, nachdem ich Papier und Bleistift von Konny erhalten hatte, konnte ich meinen ersten Brief nach Hause schreiben und meine neue Anschrift mitteilen. Briefe durften nur mit Bleistift und nicht länger als ein DIN-A4-Bogen geschrieben werden. Das Verbot, mit Kugelschreiber zu schreiben, sollte angeblich den

Missbrauch der Tinte zum Tätowieren verhindern. Tatsächlich war es aber wohl so, dass mit Bleistift geschriebene Briefe leichter zu zensieren waren. Missliebiges brauchte vom »Erzieher« schließlich nur ausradiert zu werden. Auch die Briefe nach draußen hatten immer eine Laufzeit von mehreren Wochen.

Die Verpflegung war nicht nur qualitativ schlecht, sondern auch quantitativ unzureichend. Entsprechend den damaligen Bestimmungen gliederte sie sich in C-Verpflegung (für Arbeiter über 130 Prozent Sollerfüllung), B-Verpflegung (für Arbeiter unter 130 Prozent Sollerfüllung) und A-Verpflegung (für Nichtarbeiter). Bei Letzterer wurde das Frühstück völlig gestrichen. Das Abendbrot betrug nur die Hälfte der Abendration eines Arbeiters mit C-Verpflegung, konkret etwa zehn Gramm Streichfett und zehn Gramm Wurst, Fleischersatz oder Käse. Pro Zelle gab es hierzu täglich ein Kommissbrot. Zur Qualität dieser Kost ist zu sagen, dass es vielleicht zehn verschiedene Wurst- oder Fleischsorten gab, die einander abwechselten. Manchmal erhielt man auch dreimal hintereinander dieselbe Sorte. Der Belag wurde nicht in Scheiben, sondern in Klumpen ausgegeben, die man dann mit dem stumpfen Aluminiummesser weiter bearbeiten durfte. An Streichfett gab es dreimal in der Woche Margarine, zweimal Schmalz und nur mittwochs und sonntags Butter. Das Brot war fast immer klitschig, manchmal so feucht, dass man die Scheiben nicht voneinander lösen konnte, ohne sie zu zerkrümeln. Zum Mittagessen gab es dreimal in der Woche Eintopf, in der Regel Kohlsuppe oder Hülsenfrüchte, wobei alles zu einem grauen Brei zerkocht war, der so schmeckte, wie er aussah.

Wenn in diesen Suppen überhaupt Fleisch gewesen war, so war es ebenfalls bis zur Unkenntlichkeit verkocht. Freitags war Fischtag. Abwechselnd gab es Pressfisch, offiziell als »Grönlandschnitte«, von den Gefangenen aber treffender als »Panzerplatte« bezeichnet, oder eine grüne Suppe mit darin schwimmenden Fischpartikeln, offiziell als »Fischragout«, von den Gefangenen aber als »Schiffsschraubenfisch« bezeichnet. Donnerstags gab es entweder Krautgulasch (Kohl-, Fleisch- und Wurstreste zusammengekocht) oder Blutwurst, die allerdings die Konsistenz von Spinat hatte und von den Gefangenen »Tote Oma« genannt wurde. Dienstags war die Spannbreite der möglichen Gerichte etwas größer. Man konnte Jägerschnitzel, das allerdings kein Schnitzel, sondern eine angebratene Scheibe Jagdwurst war, oder Spinat oder Senfeier oder Specksoße oder auch Rippchen bekommen. Lediglich sonntags war das Essen meist gut. Dann gab es Schnitzel, Roulade, echtes Gulasch oder auch ein Stück Braten. Allerdings war man auch an diesem Tag nicht vor unangenehmen Überraschungen à la Krautgulasch gefeit. Obst oder frisches Gemüse gab es so gut wie gar nicht. Allenfalls konnte man den geraspelten Kohl (offiziell »Krautsalat«) dafür gelten lassen, den es des Öfteren als Beilage gab. Als warme Gemüsebeilage gab es ausschließlich Kohl, mal als Wirsing, mal als Sauerkohl oder auch als Rotkohl. Ferner gab es anfänglich zu jeder Mittagsmahlzeit, die kein Eintopf war, die schon erwähnten Pellis, deren Qualität stets der geschilderten glich.

Bei dieser Art der Verpflegung nahm es nicht wunder, dass man nie auf seine Kosten kam. Stets hatte man Hungergefühle. Ich erinnere mich, dass wir manchmal vormittags Kommissbrotscheiben mit Salz bestreut aßen, weil wir großen Hunger hatten, und dass es uns, obwohl das Brot klitschig war und eigentlich nach nichts schmeckte, vortrefflich mundete. Wenn wir, was gelegentlich vorkam, von den über uns liegenden Arbeitsstationen etwas »Tote Oma« (wie auch die Fleischblutwurst der Abendverpflegung genannt wurde) oder »Sachsenspeck« (grobe Sülze) von Fenster zu Fenster herabgependelt bekamen, so war das jedes Mal ein wahrer Festtag.

Bereits in den ersten Tagen machte ich mein erstes Geschäft. Von den Effekten hatte ich eine angefangene Familientube Zahnpasta ausgehändigt bekommen. Diese fiel einem der Hausarbeiter auf. Er fragte mich, ob ich sie ihm nicht verkaufen wolle, er biete 3,00 Mark und eine Tube der von der Anstalt ausgegebenen Zahnpasta. 3,00 Mark war auf dieser Station eine Menge Geld. So willigte ich in der Meinung ein, ein sehr gutes Geschäft gemacht zu haben. Kaum aber hatte der Käufer mitsamt der Zahnpasta unsere Zelle verlassen, als ein großes Gelächter losbrach. Sablonski konnte sich gar nicht beruhigen, mir zu versichern, was für ein Idiot ich sei, mich derart über das Ohr hauen zu lassen. In Rummelsburg galten andere Preise, als ich sie von draußen gewohnt war. Für meine angebrochene Familientube Westzahnpasta hätte ich getrost 8,00 Mark verlangen können und wäre sie trotzdem noch schnell losgeworden. Es gab, wie auf dem Schwarzen Markt, für alles, was aus dem Westen kam, seine Preise: eine Tafel Schokolade 2,50 Mark, die Schachtel Zigaretten 5,00 Mark, eine angebrochene Tube Zahnpasta bis zu 10,00 Mark, ein Stück Seife 5,00 Mark. Als Neuling hatte ich davon natürlich keine Ahnung gehabt. Mit dem Geld erwarb ich von Konny dessen zweiten Bleistift für 1,00 Mark, ein wirklich guter Handel. Den Rest setzte ich beim Einkauf in Obst um, es gab ausnahmsweise Birnen.

Der 7. Oktober war für viele mit einer großen Enttäuschung verbunden. Allzu viele hatten allzu viel von diesem Tag erhofft. Das traf vor allem auf die meisten Neulinge zu. Aber auch mancher, der schon länger hier war, hatte wohl insgeheim seine Hoffnungen auf diesen Tag gerichtet. Es hielten sich hartnäckig die Gerüchte, alle vier Jahre würde in der DDR eine Amnestie stattfinden. Das sei 1972, 1968, 1964, 1960 und 1956 so gewesen. Warum also sollte nicht auch 1976 etwas Derartiges stattfinden? Die so argumentierten, ließen freilich außer Acht, dass 1968 das neue DDR-Strafgesetzbuch in Kraft getreten war, wonach eine Reihe bisheriger Delikte straffrei wurde. Das hatte zwar größere Entlassungen zur Folge, war aber nicht als Amnestie zu bezeichnen. 1964 hatte es sich um den 15. Jahrestag der DDR, also eine runde Zahl gehandelt. 1960 und 1956 hatten aktuelle politische Ereignisse eine Rolle gespielt, so auch 1972. Jetzt aber lag nichts dergleichen vor. Als sich nichts Positives abzeichnete, sah man viele mit »langen Nasen« herumlaufen. In der Folge wurde das Klima zwischen den Gefangenen gereizter. Auf meiner Zelle, dem Verwahrraum 21, war es besonders schlimm. Kongo, der schon als psychisch Kranker inhaftiert worden war, machte für jeden deutlich, dass eine Strafanstalt nicht geeignet ist, psychische Defekte auszuheilen. Auch Sablonski, an dessen Nerven schon dreieinhalb Haftjahre zehrten, war ein schwieriger Fall. Selber äußerst aggressiv, war er von mimosenhafter Empfindlichkeit gegenüber den Zellengenossen. Auch Konny, unser Stubenältester, hatte seinen Haftschaden bereits weg. Er konnte stundenlang auf seinem Bett liegen, ohne sich zu rühren. Plötzlich sprang er dann herab und an die Tür, wo er einen Urschrei wie Tarzan ausstieß. Ich schloss mich enger an Dieter und Christian an, die noch nicht lange in Rummelsburg waren und mit denen ich mich gut unterhalten konnte. Trotzdem war ich nicht unglücklich, als am Morgen des 16. Oktober Planschi in unsere Zelle kam und mich aufforderte, als Sechster und zuletzt Gekommener meine Sachen zusammenzupacken, weil in der gegenüberliegenden Zelle, dem VR 20, ein Bett frei geworden war.

Die Leute dort kannte ich schon flüchtig von der Freistunde her. Stubenältester war Dirk*, ein 22-jähriger »Verkehrsunfaller«. Er hatte im Sommer 1976 seine Mutter und seine Großmutter ins Fichtelgebirge fahren wollen. Auf der Transitstrecke nach Hof sah er vor einer Brücke einen dunklen Gegenstand auf der Fahrbahn liegen. Beim Versuch, diesem Hindernis auszuweichen, war er gegen einen Brückenpfeiler gefahren. Mutter und Großmutter waren sofort tot. Dirk blieb unverletzt. Die Verkehrspolizei war angeblich nicht imstande, den dunklen Gegenstand aufzufinden und sicherzustellen. Als Dirk in der kriminalpolizeilichen Vernehmung zugab, mit 110 km/h etwas schneller als erlaubt gefahren zu sein, war sein Schicksal besiegelt. Wegen »Herbeiführung eines schweren Verkehrsunfalls« (§ 196 StGB / DDR) wurde er zu 18 Monaten Freiheitsentzug verurteilt.

Leo, ein 25-jähriger stiller Münchner, wollte für einen Freund dessen Bekannte aus der DDR holen. Als Treffpunkt war ein Parkplatz an der Transitstrecke ausgemacht. Als Leo dort ankam, wartete die Dame schon. Was aber noch wartete, war das Taxi, mit dem sie zum Treffpunkt gekommen war. Erst als sie Leos BMW erkannte, ging sie zum Taxifahrer und bezahlte ihn. Währenddessen hatte Leo schon den Kofferraum zum Einsteigen geöffnet. Der Taxifahrer mag wohl noch im Rückspiegel gesehen haben, wie der Kofferraumdeckel hinter seinem Fahrgast wieder geschlossen wurde. Völlig überraschend für Leo und seinen »Kofferrauminhalt« erfolgte dann an der Grenze ihre Festnahme. Beim MfS in Potsdam hatte man ironisch zu ihm gemeint, so »profihaft« wie er sei selten ein Schleuser vorgegangen. Für sein »profihaftes Tun« hatte man ihn mit zwei Jahren und zwei Monaten bedacht. Die drei übrigen Zellengefährten Thomas, Gerd und Michael waren Fluchthelfer mit normalen Geschichten und Strafen zwischen viereinhalb und sieben Jahren.

Das Klima auf dieser Zelle war angenehmer als im ersten Verwahrraum. So paradox es allerdings klingen mag: Je besser das Klima auf dem Verwahrraum war, desto härter empfand man die Lebensbedingungen. Mir wurde bedrückend klar, dass diese Lebensbedingungen für mich noch auf Jahre bestimmend sein könnten: mangelhafte Ernährung, Unterbringung auf engstem Raum, schlechte hygienische Verhältnisse, Trennung von den Angehörigen, Unterdrückung aller wesentlichen Lebensäußerungen, als Arbeiter ständig wechselnde Schichten und Akkordarbeit. Hinzu kamen noch fortwährende Demütigungen und kleinere Schikanen seitens des Wachpersonals. So lebte ich mich schmerzlich in das Anstaltsgefüge ein.

Allmählich gewann man aber auch einen gewissen Überblick über die Anstalt. Die Strafvollzugseinrichtung (StVE) Berlin-Rummelsburg lag im Stadtbezirk Berlin-Lichtenberg, dort, wo der Rummelsburger See von der Spree abzweigt. Das Seeufer bildete die rückwärtige Begrenzung des Anstaltsgeländes. Wir konnten manchmal von unseren vergitterten Fenstern über die Blenden hinweg die Vergnügungsdampfer der Weißen Flotte sehen, wenn sie an unserem »Domizil« vorbeifuhren. Jenseits des Sees auf einer Halbinsel zwischen See und Spree liegt Alt-Stralau. Über den See und die Spree hinweg konnten wir auf dem anderen Spreeufer den Treptower Park erkennen. Bei der täglichen Freistunde war sogar das Riesenrad des Vergnügungsparks im Plänterwald auszumachen.

Die Vorderseite der Anstalt lag an der Hauptstraße in Berlin-Lichtenberg. Hauptstraße 8 war auch die amtliche Anschrift der Anstalt. Lediglich wir Häftlinge hatten eine andere Adresse. Die Strafanstalt hatte beim Postamt Berlin 1134 das Postschließfach Nummer 11 belegt. Alle Post an Häftlinge lief über dieses Postfach. Um der anstaltseigenen Poststelle die Verteilung zu erleichtern, enthielten die Häftlingsadressen hinter der Postfachnummer noch weitere interne Zahlen, die Haus und Station angaben. Meine Adresse auf Zugang lautete z. B. DDR-1134 Berlin, PSF 11-304. Vom Tor aus rechts der Anstalt lag die Nikolai-Bersarin-Kaserne des DDR-Grenzregiments 35 mit den Grenzbooten, die auf der Spree im Abschnitt Oberbaumbrücke Dienst taten. Nach der Wiedervereinigung wurde die Kaserne abgerissen. Heute befindet sich hier mit der Wasserstadt Stralau ein neues Wohnviertel. Die Grenze zum Westteil der Stadt war nur etwa zwei Kilometer entfernt. Allerdings trennten diese zwei Kilometer für uns Welten. Auf der anderen Seite wurde die Anstalt von Industrieanlagen begrenzt, zu denen der Volkseigene Betrieb (VEB) Monsator gehörte, der Kühlschränke baute. Dahinter lag das Lichtenberger Zweigwerk der EAW, dessen Betriebsteil Relais die Arbeitskommandos der Anstalt zugeordnet waren.

Die Anstalt selber war von einer vier Meter hohen weißen Mauer umgeben. Zur Straße hin befand sich eine große Schleuse. Zwischen dem Tor zum Inneren der Anstalt und dem Außentor lag ein Hof. Diese Schleuse wurde von einem Wachturm auf der Innenmauer überwacht. Neben der Schleuse und außerhalb der eigentlichen Anstalt lag das Verwaltungsgebäude. Innerhalb der Mauern befanden sich rund um die Anstalt Hundelaufanlagen, in denen alte oder dienstuntaugliche Armee- und Polizeihunde gehalten werden. Die Hundelaufanlagen waren zum Anstaltsinnern mit Drahtzäunen abgesperrt, hinter denen ein Patrouillenweg verlief. Auf diesen folgte ein elektrischer Zaun. All das zusammen bildete die »Sperrzone«. Von innen gesehen lag vor dieser Sperrzone die durch Schilder markierte »Verbotene Zone«, die zwar nicht weiter gesichert war, deren Betreten Strafgefangenen aber strikt untersagt war.

Innerhalb der Anstalt gab es zehn nummerierte Häuser und einige weitere Bauten ohne Nummern. Haus I rechts der Schleuse wurde als zweites Polizei-Untersuchungsgefängnis für Ost-Berlin genutzt. Hier warteten vor allem Personen, deren Untersuchung im Gefängnis Keibelstraße abgeschlossen war, auf ihren Prozess. In Haus II waren 1976 sechs Stationen mit DDR-Häftlingen untergebracht. Dahinter lag das Gebäude der Anstaltsküche mit SV-Kantine und HO-Magazin. Hinter einem freien Platz folgte Haus III, in dem wir damals lagen. Vor dem inneren Schleusentor befand sich die große Freifläche, die am Tage meiner Ankunft gerade von einem Häftlingskommando geharkt worden war. Hier soll einmal eine Kirche gestanden haben, die aber in den 50er Jahren abgebrochen worden war. Links der Schleuse befand sich als erstes Haus IV mit Effektenkammer, Kleiderkammer, Facharzträumen und Büros. In Haus V dahinter arbeiteten die EAW-Kommandos aus Haus III. Wiederum dahinter befand sich das Gebäude der Textilreinigungsfirma Rewatex, die hier rund um die Uhr Aufträge erledigen ließ. Zwischen Anstaltsküche und Rewatex lagen das Heizhaus der Anstalt und ein offenbar nicht mehr genutzter Wasserturm. Das Haus VI hinter Rewatex wurde damals, Ende 1976, umgebaut. Angeblich sollten wir bald dorthin verlegt werden, aber Genaues wusste keiner. Haus VI besaß noch einen modernen Anbau, der als Industriegebäude (IG) benutzt wurde. Hinter Haus VI, hart an der Anstaltsmauer zum Seeufer, befand sich in Haus VIII, einem kleineren Gebäude, das Krankenrevier der Anstalt. Daneben lagen die Treibhäuser der Anstaltsgärtnerei. Zwischen Haus III und Haus VI war eine schmale Steinbaracke, das Haus VII. Hier war die Tischlerei untergebracht. Haus IX, neben dem Rewatexgebäude gelegen, enthielt Lehr- und Versammlungsräume, Räume für die Anstaltsbücherei, den Anstaltsfotografen sowie für die MfS-Dienststelle der Anstalt. In Haus X schließlich waren die Arbeitskommandos zur Aufrechterhaltung des Anstaltsbetriebes (Küche, HO, Zentralwerkstatt, Effekten) untergebracht.

Heute existieren von der früheren Strafanstalt nur noch die Außenmauer mit den Sicherungsanlagen, die Schleuse und die unter Denkmalschutz stehenden Baulichkeiten aus dem 19. Jahrhundert. Alle übrigen DDR-Bauten wurden 1997 abgerissen. Zugleich wurden auch die verbliebenen historischen Gebäude entkernt und auf ihren äußeren Zustand vor der Nutzung als Gefängnis zurückgeführt. In den nächsten Jahren sollen sie unter dem Namen »Berlin Campus« zu einem Ensemble luxuriöser Eigentumswohnanlagen für Kapitalanleger und betuchte Eigennutzer umgebaut werden.

Natürlich interessierte mich auch, was sich an meinem Aufenthaltsort in früheren Zeiten ereignet hatte. Leider gab es dazu keine Informationsmöglichkeiten. Ich muss mich daher auf das beschränken, was ich nach meiner Rückkehr in Erfahrung bringen konnte: Das Gelände der StVE Berlin-Rummelsburg wurde erstmals in den 50er Jahren des 19. Jahrhunderts als Strafanstalt genutzt, als unter dem Berliner Polizeipräsidenten von Hinckeldey hier ein Filialgefängnis für die königliche Stadtvogtei, das älteste Berliner Gefängnis, errichtet wurde. Die Gefangenen wurden damals vorzugsweise in der Landwirtschaft auf den direkt neben der Anstalt befindlichen Rieselfeldern eingesetzt. 1872 mietete die Stadt Berlin das Gelände zunächst für fünf Jahre, um das damals mit über 2300 Personen belegte Arbeitshaus am Alexanderplatz zu entlasten. Schon drei Jahre später ging das Gelände aber endgültig in den Besitz der Stadt über, die 1876 mit dem Bau einer neuen, für damalige Verhältnisse recht großzügigen Anlage in Rummelsburg begann. Die Belegschaft pendelte sich bald bei etwa 1000 Personen ein, darunter über 400 »Corrigenden«, der Rest »Hospitaliten«. Als »Corrigenden« bezeichnete man damals von der Polizeiadministration zwangsweise in ein Arbeitshaus eingewiesene Bettler, Vagabunden, Prostituierte, Arbeitsscheue oder obdachlos gewordene Personen, »Hospitaliten« hingegen waren unbescholtene altersschwache Personen ohne Angehörige.

1880 wurde der Bau des städtischen Arbeitshauses Rummelsburg abgeschlossen. Die Anlage wurde im Wesentlichen unverändert bis in den Zweiten Weltkrieg hinein als Arbeitshaus betrieben. Schon im Krieg wurde sie auch teilweise wieder als Haftanstalt benutzt. Nach 1945 war ein Großteil der Anlagen durch Kriegseinwirkungen zerstört. So blieb zunächst das Gefängnis Stadtvogtei in Ost-Berlin wesentlich wichtiger als das nunmehr als Zuchthaus genutzte Rummelsburg. Erst 1952 wurde mit dem Wiederaufbau der zerstörten Zellenblöcke begonnen. Als Erstes wurde Haus IV fertiggestellt. Es folgte Haus I. Jetzt wurde auch das Gelände der angrenzenden Rieselfelder in die Neugestaltung des Anstaltsgeländes einbezogen. Ende Mai 1953 befanden sich in Berlin-Rummelsburg etwa 2500 Häftlinge, zum Großteil »politische«. Nach dem Volksaufstand am 17. Juni 1953 schwoll diese Zahl fast über Nacht auf über 4000 an. Die Aufständischen wurden damals in Haus III von den übrigen Insassen isoliert gehalten. Die Zustände dürften unbeschreibbar gewesen sein. Alte Zeitungsberichte besagen, dass damals Häftlinge in Einzelfällen über Monate hinweg in Ketten gehalten wurden. Ende 1953 wurde auch das Werkstattgebäude Haus VII wiederaufgebaut, allerdings seinerzeit als Zellenbau.

Im Frühjahr 1954 begann der Bau des Industriegebäudes Haus VI. Ursprünglich sollte auch dieser Neubau mit Häftlingen belegt werden. Es kursierten damals Pläne, Rummelsburg zum Zentralzuchthaus der DDR mit einer Kapazität von mindestens 10 000 Häftlingen auszubauen. Sogar die Zahl 20 000 wurde genannt. Vermutlich wegen der Nähe der damals noch offenen Sektorengrenze nach West-Berlin ließ man aber diese Pläne fallen. Das Zuchthaus wurde wieder leerer. Im Sommer 1958 befanden sich nur noch 1300 Häftlinge, darunter 450 politische, in der Anstalt. Der Mauerbau am 13. August 1961 hatte ähnliche Auswirkungen wie die Ereignisse am 17. Juni. Allein in der ersten Woche nach der Absperrung gab es 800 Neuzugänge. Zum Teil mussten die Häftlinge in großen Armeezelten auf den Freihöfen kampieren. Ende Oktober 1961 zählte Rummelsburg 3000 Häftlinge. Diese

Zahl stieg bis April 1962 auf 5200 Häftlinge an. Die meisten der Neuankömmlinge waren »Zaunkönige«, wie das Rotwelsch der Gefangenen damals diejenigen taufte, die in den Westen flüchten wollten. Erst 1963 ging die Gefangenenzahl etwas zurück. Im Herbst 1967 machte die Anstalt wieder Schlagzeilen, als infolge der schlechten hygienischen Verhältnisse eine Ruhrepidemie ausbrach. Für Wochen wehte damals die gelbe Quarantäneflagge über den Zellenblöcken. Als nach Inkrafttreten des Transitabkommens 1972 die Zahl festgenommener Fluchthelfer stetig stieg, wurde für diese Fälle in Rummelsburg ein gesondertes Kommando geschaffen. Anfänglich umfasste es eine Station in Haus II. 1973 wurde es dann nach Haus III verlegt, wo es nach und nach auf vier Stationen anwuchs. 1976 befanden sich insgesamt 300 »ausländische« Strafgefangene in Rummelsburg. Das war die Situation, die ich vorfand.

Damals, im Oktober 1976, saß ich in meinem Verwahrraum und hoffte auf eine baldige Verbesserung meiner Lage, ohne indes recht daran zu glauben. Mein zweiter Brief vom 23. Oktober 1976, mit dem ich erstmals einen Paketschein beantragte, gibt diese Stimmung gut wieder. Die schlechte Verpflegungslage schlägt sich in der Bitte nieder, Nahrungsmittel zu schicken. Ferner teilte ich mit, noch keine Post bekommen zu haben und noch immer viel Zeit zum Lesen zu haben, ein trübsinniger Brief. Damals schloss ich mich enger an Thomas an, mit dem man über vieles reden konnte. Er hatte einiges von der Welt gesehen und wusste viel zu berichten. Sein Geld hatte er sich zuletzt durch Roulettespiel verdient. Er war ein ganz und gar unbürgerlicher Mensch, ohne dass es äußerlich auffiel; denn er wirkte ruhig und zurückhaltend, manchmal wie ein Beamter. Wir philosophierten auf unserer Zelle manche Stunde über Idealismus und Materialismus, über Herrschaft und Korruption und vieles andere mehr. Für mich war das damals sehr wichtig. Abgesehen von mancherlei neuen Erkenntnissen wäre ich damals ohne Gesprächspartner nicht so gut über die Belastungen hinweggekommen. Leider wurde diese Gemeinschaft am 26. Oktober 1976 abrupt unterbrochen, weil unsere Zelle aufgelöst wurde. Gemeinsam mit Leo und Dirk kam ich auf den Verwahrraum 25. Hier fand ich leider kaum Gesprächspartner. Ich konnte mich allenfalls mit dem »Verkehrsunfaller« Udo über seine kleinen Kinder unterhalten und ihm bestätigen, wie gut sie auf den Fotos aussahen, wobei es mich innerlich belustigte, dass Udo sich mit seiner Gesamtstrafzeit von drei Monaten mehr Sorgen um das Wohlergehen seiner Familie machte als andere, die mit drei Jahren dazu begründeteren Anlass gehabt hätten. Ich musste mir auch Bennos* Hundegeschichten über die Vorzüge und Nachteile seiner vierbeinigen Freunde anhören, und zwar jeden Abend. Bernds Interesse lag in der Frage, wer wohl der Spitzel auf unserer Zelle wäre, denn ganz gewiss sei ein Spitzel auf unserer Zelle. Er brachte es fertig, innerhalb weniger Tage drei »Spitzel«, darunter auch mich, zu »enttarnen«. Man war erst wieder rehabilitiert, wenn der nächste »enttarnt« war und Bernd sich beim Vorgänger seines nunmehrigen Opfers für den falschen Verdacht entschuldigte. Dirk und Leo waren sehr still. Ich wurde es nun auch. So schlichen die Tage dahin. Leute, mit denen man nichts anfangen und denen man nicht ausweichen kann, empfindet man zunehmend als Belästigung. So war es auch hier. Aus Tagen wurden Wochen, ohne dass Wesentliches geschah. Inzwischen war es Mitte November geworden.

Am Morgen des 17. November 1976 erschien Leutnant Herbig, unser »Erzieher«, und befahl Leo, seine Sachen zu packen. Eine Viertelstunde später holte er ihn ab. Auf einigen anderen Zellen spielte sich gleiches ab. Eine plötzliche Erregung bemächtigte sich des Baus: »Aktion! Es ist Aktion! Es geht weiter!« Als die Station zur Freistunde heraustrat, konnte Bilanz gezogen werden. Vier der nahezu 90 Gefangenen unserer Station hatten das Glück gehabt, auf »Transport« zurück in den Westen zu gehen. Auch von den anderen Stationen waren wohl Leute geholt worden. Nun würden auf den Arbeitskommandos wieder Betten frei, und man könne mit Verlegungen rechnen, hieß es. Von der Freistunde aus wurde ich mit einigen anderen Gefangenen unserer Station zum

Zahnarzt nach Haus IV geholt. In der Wartezelle für »Ausländer« trafen wir noch einige Gefangene anderer Stationen. Lebhaft wurde über die Aktion diskutiert. Allmählich bekam man auch einen Überblick, wie viele Gefangene gegangen waren und wer. Die Namen sagten mir noch wenig. Später, als ich selbst viele im Haus kannte, interessierte mich allerdings auch jedes Mal nach einer Aktion, wer entlassen worden sei. In der Wartezelle fiel mir ein stämmiger Gefangener von einem der Arbeitskommandos auf. Er hieß Hartmut und kam mir von irgendwoher bekannt vor. Von den anderen wurde er mit großer Achtung behandelt, und ich konnte dem Geflüster im Raum entnehmen, dass er wegen Fluchthilfe zu 15 Jahren verurteilt war und der Gefangene mit der höchsten Strafe in unserem Haus sei.

Als ich mittags vom Zahnarzt zurückkam, lag schon die Weisung für mich vor, meine Sachen zu packen. Gleiches galt für Bernd und Benno. Am frühen Nachmittag standen wir mit Bündeln im Duschraum, wo noch zehn andere Gefangene, darunter auch Christian, Dieter und Gerd, ihrer Verlegung harrten. Wir warteten mehrere Stunden. Schließlich erschien Unterleutnant Meyer, ein jüngerer Offizier, der die Station Cäsar II leitete, und holte fünf von uns heraus.

Noch eine Stunde später kamen wir anderen an die Reihe. In der Türöffnung stand ein Offizier mit maskenhaft starren Gesichtszügen. Das war Leutnant Lange, »Erzieher« auf Dora II, einer der berüchtigtsten Offiziere der Anstalt. Im Kommandoton befahl er: »Bündel aufnehmen! Na, meine Herren, dann woll'n wir mal. Ganz nach oben!« Wir schleppten unsere Bündel über vier Treppen bis ins oberste Stockwerk. Oben standen wir dann wieder vor einem verschlossenen Gitter. Lange, der hinter uns heraufgekommen war, ging an uns vorbei und musterte uns abfällig. Dabei konnte er sich nicht verkneifen zu bemerken, wir würden ja eine ganze Menge Zeug mitschleppen, fast so, als wollten wir bei ihm eine längere Zeit bleiben und uns häuslich niederlassen. Er schloss das Gitter auf und hieß uns »einrücken«. Auf dem Korridor wurden wir nach einer Liste, die er von unten mitgebracht hatte, auf die einzelnen Zellen verteilt. Jeder kam auf einen anderen Raum. Für mich hieß es: »Strafgefangener Bath, Verwahrraum 89! Treten Sie ab!«

Station Dora II A

Auch auf dieser Zelle drängten sich auf 14 Quadratmetern zwei dreistöckige Hochbetten, ein Tisch, sechs Schemel und zwei Spinde, von der Sanitärecke zu schweigen. Unter meinen Mithäftlingen fiel mir zunächst der Mann auf, den ich beim Zahnarzt gesehen hatte. Auch er schien mich wiederzuerkennen, erhob sich von seinem Platz am Tisch und begrüßte mich freundschaftlich. »Ich bin Hartmut«, stellte er sich vor, »und das hier sind ›Feeling‹, Peter und Micha. Lutz, unser letzter Mann, ist zur Zeit im Haftkrankenhaus Meusdorf. Er wird dort wohl noch etwas bleiben. Wenn er wiederkommt, wird es mit der Ruhe wieder vorbei sein, aber momentan kommen wir hier alle ganz gut miteinander aus.« Ich stellte mich ebenfalls kurz vor und räumte dann mit Hartmuts Hilfe meine Sachen in zwei leere Spindfächer und bezog mein Bett in der zweiten Etage.

Zum Abendessen waren wir Neuzugänge noch nicht in der Verpflegungsliste der Station berücksichtigt, und ich richtete mich wieder auf einen Fastenabend wie bei meiner Ankunft auf Berta ein. Meine Kameraden meinten aber, das sei hier anders. Auf Arbeitskommando, speziell im Rahmen der C-Verpflegung, gäbe es vieles, was hier gar nicht mehr gegessen würde. Wenn ich länger hier sei, würde ich schon verstehen, warum. Aus dem Essensfach wurde ein Plastikteller geholt, auf dem neben einigen älteren Stücken Margarine auch noch einige Klumpen »Tote Oma« lagen. Hieran konnte ich mich gütlich tun. Da ich infolge der kärglichen A-Verpflegung ausgehungert war, ließ ich mir das nicht zweimal sagen. Wie viel ich an diesem Abend gegessen habe, weiß ich nicht mehr. Erinnern kann ich mich nur noch, dass die anderen schmunzelnd um mich herum saßen und sich freuten, wie es mir schmeckte. Hartmut meinte schließlich, als ich mich etwas verlegen umsah, das sei bislang allen so gegangen, die vom Zugang auf das Arbeitskommando gekommen seien. Er selbst bilde keine Ausnahme. Bald aber sei dann der größte Hunger meist gestillt.

Nach dem Abendessen wurde die Tür noch einmal geöffnet und warmes Wasser zum Abspülen der Bestecke hereingereicht. Bei dieser Gelegenheit wurden auch Zeitungen durch Albert, den Hilfsbrigadier, ausgegeben. An diesem 17. November 1976 waren die Zeitungen, insbesondere das »Neue Deutschland«, voll mit Berichten und Kommentaren zur Ausbürgerung des Liedermachers Wolf Biermann. Damit war der abendliche Gesprächsstoff gegeben. Im Gegensatz zu meiner letzten Zelle befand ich mich hier auf einem geistig-politisch sehr regen Verwahrraum. Insbesondere Hartmut fiel mir durch seine klaren, engagierten Aussagen auf. Während aber viele, die dort hinter Gittern besonders scharfe Feinde des Systems zu sein vorgaben, schnell als Spitzel oder Provokateure zu entlarven waren, erweckte Hartmut Vertrauen. Wie ich im Laufe der Zeit merkte, verdiente er dieses Vertrauen auch voll und ganz.

Er war 1948 in einem Dorf bei Potsdam geboren. Schon während des Besuchs der Erweiterten Oberschule geriet er mit dem DDR-System aneinander und wurde von einem Internat relegiert. Als 18-jähriger Oberschüler unternahm er 1966 einen ersten missglückten Fluchtversuch über die ČSSR. Aufgrund seiner scheinbaren Reue wurde er lediglich zu einem Jahr auf Bewährung verurteilt. Außerdem wurde er von der Schule gewiesen. Noch während der Bewährungszeit, knapp zwei Monate nach der Entlassung aus der Untersuchungshaft, durchschwamm er im August 1966 den Teltow-Kanal und gelangte nahe dem Kontrollpunkt Dreilinden nach West-Berlin. Nach der Amnestie von 1972 konnte er wieder seine Eltern und seine Schwester in seinem Heimatort besuchen. In der Folge reifte in ihm der Entschluss, auch anderen, die es wollten, die Möglichkeit zur Übersiedelung in den Westen zu verschaffen. So wurde er aus ideellen Motiven zum Fluchthelfer und unternahm mehr als 20 geglückte Fluchtfahrten. Ausgerechnet als er seiner Schwester zur Flucht verhelfen wollte, wurde er im März 1975 festgenommen. Seine Schwester war Ende 1975 zu zwei Jahren und zwei Monaten verurteilt worden und saß noch immer in Hoheneck/Stolberg. Er selber wurde im März 1976 vom Bezirksgericht Potsdam zu 15 Jahren Zuchthaus verurteilt und anschließend nach Rummelsburg geschafft. Trotz seiner hohen Strafe ließ er sich nicht bedrücken, sondern trug sein Schicksal als ein Mann, der wusste, warum er so gehandelt hatte und warum jene ihn so hart verurteilt hatten. Mit seiner inneren Einstellung war er wie ein Fels, an dem sich so mancher innerlich aufrichten konnte.

An jenem Abend freute er sich sehr, als er nach einigen Bemerkungen in mir einen Gleichgesinnten entdeckte. Da ich ein Jahr länger in Freiheit gelebt hatte, konnte ich noch einiges Neue über die politische Entwicklung im Westen berichten, was ihn sehr interessierte. In den folgenden Jahren sollte ich das mit Neuankömmlingen, die politisch interessiert waren, selber ähnlich erleben.

Aber auch die anderen diskutierten lebhaft mit. »Feeling«, ein 22-jähriger Autoschlosser aus Berlin-Reinickendorf, der zu seinem Namen infolge des überhäufigen Gebrauchs des englischen Wortes »feeling« gelangt war, stand Hartmut nur wenig nach. Allerdings waren seine Äußerungen weniger fundiert und rührten wohl mehr von den Aggressionen eines auf Jahre hinaus Eingesperrten her. Feeling hatte sich als Arbeitsuchender auf die Annonce einer kommerziellen Fluchthelferorganisation gemeldet und auch ein, zwei Fahrten glücklich absolviert. Dann hatte man ihn bei einem weiteren Versuch festgenommen und in Halle zu sieben Jahren verurteilt. Micha war etwas ruhiger. Entweder interessierte er sich nicht sonderlich für unsere Diskussion, oder er wollte sich nicht exponieren. Er war im Auftrag der kommerziellen Fluchthelferorganisation Mierendorff gefahren und hatte dafür neun Jahre erhalten. Micha war bei der Arbeit Bandleiter. Peter, unser letzter Mann, war taubstumm geboren und konnte sich nur über ein Hörgerät mühsam an den Unterhaltungen beteiligen. Auch seine eigenen Artikulationsmöglichkeiten waren stark eingeschränkt. Er freute sich immer, wenn jemand mit ihm Schach oder »Raus« spielte. Hartmut war meist mit nie endender Geduld dazu bereit.

An diesem Abend debattierten wir über die Zeitungsneuigkeiten und sonstigen Weltereignisse, nur einmal von der abendlichen Zählung gestört, bis zum Anbruch der Nachtruhe. Danach verzogen wir uns schnell in die Betten, denn wir hatten Frühschicht und wurden daher schon um 4.00 Uhr wieder geweckt.

Am nächsten Morgen riss uns zur angegebenen Zeit das Krachen von Schloss und Riegel aus dem Schlaf. Zugleich leuchtete auch die funzlige Birne über der Tür auf. Draußen wölbte sich noch der nächtliche Himmel. Verschlafen machten wir uns an die Morgentoilette und zogen uns an. Infolge der drangvollen Enge war es immer nur einem oder zweien möglich, sich zu bewegen. So dauerte es seine Zeit, bis wir alle um den Tisch versammelt waren. Zum ersten Mal in Rummelsburg erhielt ich nun auch eine morgendliche Kaltverpflegung. Nach Frühstück, Stullenschmieren, Bettenbau und Auskehren der Zelle hieß es dann gegen 5.20 Uhr »Raustreten«. Unten auf dem Fahrweg zwischen Haus und Freihof formierte sich die Häftlingskolonne in Dreierreihen zur Marschordnung. Kurt, der Brigadier, achtete darauf, dass die Abstände zwischen den Reihen gleichmäßig blieben, und zählte zugleich durch. Dann trat er zum aufsichtführenden SV-Meister und meldete militärisch stramm: »Arbeitskommando Dora II A-Schicht mit 48 Mann angetreten zur Arbeit.« Nachdem er Anweisung erhalten hatte, uns abrücken zu lassen, nahm er seinen Platz neben unserer Kolonne ein und kommandierte: »Ruhe im Glied! Achtung! Stillgestanden! Im Gleichschritt ... Marsch! Links, zwo, drei, vier! Links, zwo, drei, vier!« Die Kolonne setzte sich in Bewegung. Vorne klappte es mit dem Gleichschritt noch einigermaßen. Dort liefen die Angepassten, die meinten, durch absolute Unterwerfung besser zu fahren. Je weiter man nach hinten guckte, desto schleppender und unregelmäßiger wurde der Tritt. Zunächst zogen wir an Haus III vorbei und marschierten dann durch das kleine Tor auf Haus VI zu. Dann schwenkten wir nach links, später nach rechts, bis wir am Haus V, unserer Arbeitsstätte, anlangten. Vor der Mitteltür des Hauses machte die Spitze des Zuges auf Kommando halt. Auf das Kommando »Reihe links, einrücken!« räufelte sich die Kolonne ziemlich schnell auf; wir kamen ins Innere des Gebäudes.

Zwei Treppen hoch befand sich unser Arbeitsbereich. Hinter einer Metalltür ging es nach beiden Seiten zu Garderobe und Toilette ab. Geradeaus lag der Arbeitssaal. Pünktlich um 5.30 Uhr begann hier die Arbeit der Frühschicht. An diesem ersten Arbeitstag notierte zunächst der Brigadier Namen, Geburts- und Haftdaten der Neuankömmlinge, verschwand damit im Büro der Zivilmeister hinter dem Arbeitssaal und kam nach einiger Zeit mit einem der Zivilmeister im blauen Arbeitskittel zurück. Die Zivilmeister waren als Angehörige der Arbeitseinsatzbetriebe für die Aufsicht über die Produktion und die Gefangenen während der Arbeit zuständig. Mit Christian und Klaus, einem weiteren Neuankömmling, wurde ich eingeteilt, zunächst am RA 6/7-Band mit auszuhelfen. Der zuständige Bandleiter, ein Gefangener wie wir, zeigte uns, was wir zu tun hatten. Die Arbeit war simpel. Vor uns lagen unzählige winzige Metallteile, die es in Kunststoffgehäuse zu stecken galt. Auf die vollen Gehäuse musste dann ein Deckel geschraubt werden. Die fertigen Geräte waren in Paletten zu stapeln. Die Arbeit war unsinnig hoch normiert, aber wir Neuzugänge hatten zunächst zwei Tage Anlernzeit und erhielten somit Durchschnittslohn. Nach einigen Stunden kam einer der zivilen Blaukittel vorbei, um sich die Ergebnisse unserer Mühen anzusehen. Er schüttelte den Kopf und verschwand mit einigen Geräten in Richtung Meisterbüro. Gleich darauf kam von dort eine ganze Schar Zivilmeister zurück, beguckte sich die Plastikgehäuse und befahl uns aufzuhören. Es stellte sich heraus, dass die Gehäuse alle einen Materialfehler in Form eines haarfeinen Risses hatten. Die folgenden Stunden bis zum Arbeitsende waren wir daraufhin mit der Demontage unserer bisherigen Produktion beschäftigt. Um 14.00 Uhr endete die Arbeitszeit. Nun wurde noch aufgeräumt und ausgefegt. Gegen 14.25 Uhr erschien das

SV-Personal, um uns zu holen. Wir rückten ab und gelangten auf dem beschriebenen Weg wieder nach Haus III.

Kurz darauf gab es Mittagessen. Gegen 15.30 Uhr ging es zum Rundendrehen auf den Hof. Ab 16.00 Uhr waren die Gefangenen dann unter sich. Abgesehen von Abendbrot gegen 17.30 Uhr und Zählung um 18.45 Uhr hatten wir Freizeit. Um 20.00 Uhr erlosch dann das Licht. Wir konnten Kräfte für den nächsten derartigen Tag sammeln.

Nach drei Tagen bekam ich auf Anregung des Hilfsbrigadiers Albert meinen festen Arbeitsplatz am Geko-Band. Mit einer Punktschweißmaschine hatte ich Drähte an Erdmessern zu befestigen, für 100 Stück hatte ich dabei 14 Minuten Zeit, um innerhalb der Norm zu bleiben. Diese Arbeit sollte ich bis etwa Weihnachten verrichten. Als am nächsten Montag die Schicht wechselte und wir nunmehr von 14.30 Uhr bis 23.30 Uhr arbeiteten, kannte ich mich schon einigermaßen mit den Verhältnissen auf der Arbeit und innerhalb des Arbeitskommandos aus.

Als Betriebsabteilung 430 bauten wir Relais für EAW Treptow. In unserem Bereich gab es drei verschiedene Bänder. Am größten Band, dem Relog-Band, wurden mechanische Federrelais für Ampelanlagen, Werkzeugmaschinen und Klimaanlagen montiert. Die Einzelteile wie Systemträger und Spulen wurden außerhalb vorgefertigt. Die montierten Geräte wurden auf die richtige Stellung und Zugkraft der Federkontakte justiert, zum Teil mit Schauzeichen für die Stromführung des Gerätes versehen, elektrisch geprüft und mit einer Schutzkappe verkleidet. Das zweite Band RA 6/7 produzierte ähnliche Geräte einer anderen Serie. Das kleinste Band, das Geko-Band, wo ich zunächst arbeitete, produzierte die kompliziertesten Geräte des ganzen Bereichs. Hier gab es neben der Punktschweißmaschine auch Arbeitsplätze, an denen Löt- und andere Feinarbeiten zu verrichten waren. Geko-Geräte wurden nur hier im Zuchthaus produziert. Dem Gerücht nach war dies innerhalb der ganzen DDR die einzige Produktionsstätte für derartige Geräte.

Für jedes Band gab es einen verantwortlichen Zivilmeister,

unserer hieß Pomnitz, verballhornt zu »Pommes frites«. Neben den Produktionsmeistern gab es noch eine Anzahl sogenannter TKO-Meister, die für die qualitätsgerechte Abnahme unserer Produktion zuständig waren. Sie kontrollierten jedes Gerät zwei- bis dreimal bis zur Fertigstellung. Verweigerten sie die Abnahme, musste der fragliche Posten unentgeltlich nachgearbeitet werden. Fast alle Arbeiten waren normiert; eine bestimmte Stückzahl musste also in einer bestimmten Zeit geschafft werden. Solche Arbeitsbedingungen werden bekanntlich als Akkordarbeit bezeichnet. Mir fiel ein: Bei uns im Westen wettern besonders die Kommunisten gegen derartige Akkordbedingungen (»Akkord ist Mord«). Zum Akkord hier kam noch der wöchentliche Schichtwechsel hinzu. Es gab nur wenige Positionen, die von sogenannten »Prämienzeitlöhnern« (PZLern) ausgefüllt wurden. Hierbei handelte es sich entweder um Aufsichtstätigkeiten wie Brigadier und Bandleiter oder um arbeitsbezogene Kontrolltätigkeiten wie etwa E-Prüfer. Entlohnt wurden wir Gefangenen damals bei 100 Prozent Normerfüllung mit monatlich 29 Mark, die uns in anstaltseigenen Wertgutscheinen ausgehändigt wurden. Diese 29 Mark sollten sieben Prozent vom Lohn eines normalen DDR-Arbeiters bei gleichwertiger Tätigkeit entsprechen.

An unserem Band arbeitete auch der Hilfsbrigadier unserer Station. Albert stammte nicht wie die meisten Gefangenen in solchen Positionen aus der DDR, sondern aus der Hamburger Gegend. Nach eigenen Angaben war er bis 1974 mehrfach im Auftrag einer westdeutschen Firma geschäftlich in der DDR tätig gewesen. Bei diesen Geschäften mag auch einiges, was nicht ganz dem Geschäftsinteresse östlicher Stellen entsprach, abgeschlossen worden sein. Jedenfalls hatte man Albert 1974 auf einer derartigen Geschäftsreise festgenommen und wegen Wirtschaftsverbrechen, Bestechung und Devisenvergehen zu sieben Jahren verurteilt. Da er anders als die meisten Gefangenen hier kein politischer Häftling war, gab es für ihn keine Aussicht auf vorzeitigen Freikauf, und eine vorzeitige Haftentlassung hing einzig und allein vom guten Willen der DDR ab. Deshalb wohl hatte er auch bereitwillig seine jetzige Funktion übernommen. Außerdem besaß er als Hilfsbrigadier etwas größere Freiheiten als wir übrigen Häftlinge. Er war ein undurchschaubarer Typ, den viele als einen Kollaborateur ansahen.

Kurt, der Brigadier, kam aus Ost-Berlin. Er hatte sich als Bademeister im Stadtbad Prenzlauer Berg bei der Abrechnung von Hilfskräften und Überstunden derart verrechnet, dass ihm einige Tausend Mark in die eigene Tasche geflossen waren. Das zuständige Stadtbezirksgericht billigte ihm dafür zweieinhalb Jahre zu. Hier hatte man den bislang unbescholtenen Mann zum Brigadier gemacht und ihm gesagt, wenn er entsprechend arbeiten würde, könne ihm manches verziehen werden. Er war etwas über 50 Jahre alt, wirkte immer etwas unsicher und war mit seiner Aufgabe offensichtlich überfordert. Oft musste er vom SV Rüffel einstecken, die eigentlich anderen Gefangenen oder dem Kommando galten. Trotz seiner Hilflosigkeit war er aber keineswegs harmlos und saß oft genug an seinem Schreibtisch im Arbeitssaal, um Meldungen über Äußerungen und Verhaltensweisen einzelner Gefangener zu schreiben. Zwischen ihm und seinem Stellvertreter bestand eine Rivalität, die uns jedoch kalt ließ: Was der eine mit Hilflosigkeit und Tücke versuchte, praktizierte der andere mit Offenheit und Brutalität.

Gemeinsam mit dem Bandleiter des Geko-Bandes, einem Gefangenen, der auf den Spitznamen »Pferdeohr« hörte, bildeten Albert und Kurt die Belegschaft der Brigadierszelle und das unheilvolle Gestirn unseres Kommandos. Allerdings waren sie nicht die einzigen dubiosen Fälle auf unserer Station. Beinahe auf jeder Zelle lag ein solcher Typ. Auch Micha von unserer Zelle, der Bandleiter von Relog war, schien uns undurchsichtig. Der »Erzieher« unserer Station, Leutnant Lange, war jedenfalls meist bestens über alle Vorgänge auf seiner Station informiert.

Ich sollte bald Gelegenheit haben, ihn etwas näher kennenzulernen. Am 23. November holte mich Albert aus der Zelle, wies mich an, meine Tuchjacke anzuziehen und zum Gitter vorzugehen. Der »Erzieher« wolle mich sprechen. Nach einiger Zeit kam Lange, öffnete das Gitter und holte mich in sein Büro. Mein noch auf Zugang beantragtes Paket war von zu Hause angekommen. Lange öffnete es, gab mir das einliegende Inhaltsverzeichnis und ließ mich Stück für Stück den Inhalt mit der Liste vergleichen. Nachdem ich das Paket wieder zusammengepackt und den Empfang bestätigt hatte, sagte Lange: »Merken Sie sich eins, Strafgefangener Bath! Von nun an haben Pakete für Sie Auszeichnungscharakter und müssen entsprechend verdient werden!« Damit begann ein fast einstündiges Gespräch. Lange fragte, ob man schon unten mit mir ein Einführungsgespräch geführt habe. Als ich das verneinte, schüttelte er missbilligend den Kopf, holte meine Akte aus dem Stahlschrank neben seinem Schreibtisch und hieß mich auf einem Stuhl neben der Zimmertür Platz nehmen. Er teilte mir mit, mein voraussichtlicher Entlassungstag sei der 8. April 1981. Aufgrund meiner »Straftat« sei ich in die Kategorie des strengen Strafvollzugs eingestuft worden. Ich dürfe zwei Briefe im Monat an eine Adresse schreiben und von dieser Adresse auch wieder zwei Briefe monatlich erhalten. Besuch könne ich vierteljährlich für die Dauer einer halben Stunde von einer Person erhalten. Wenn ich wolle, könne ich eine Besuchserlaubnis beantragen. Im laufenden Jahr würde es aber damit nichts mehr werden, da alle Termine ausgebucht seien. Vielleicht würde es im Januar 1977 klappen. Ferner »belehrte« Lange mich über die strafrechtlichen Folgen, die ein Ausbruchsversuch oder eine Gefangenenmeuterei hätten. Diesen Teil seines Vortrags schloss er mit der Bemerkung: »Wenn man so will, ist jede Nichtbefolgung einer Weisung Meuterei und kann entsprechend bestraft werden. Denken Sie also immer daran, und lesen Sie sich noch einmal die Hausordnung auf Ihrer Zelle durch.«

Als Nächstes holte er ein Schriftstück aus meiner Akte. Es handelte sich um eine Rechnung der Gerichtskasse des Bezirksgerichts Frankfurt/Oder. Die beiden Gutachten des MfS über das Fluchtfahrzeug und die zwei Valiumtabletten, die weder von mir verlangt noch vor Gericht eine nennenswerte Rolle gespielt hatten, wurden mir darin mit 1963,45 Mark in Rechnung gestellt.

Lange zeigte auf ein leeres Feld unter der Kostenaufstellung und meinte, ich solle dort unterschreiben, um die Rechnung anzuerkennen, was ich aber sogleich verweigerte. Das schien ihn nicht weiter zu ärgern; er forderte mich lediglich auf, dem Gericht gegenüber eine schriftliche Stellungnahme zur Kostenrechnung abzugeben. Diese solle ich auf der Zelle schreiben und ihm dann in den Briefkasten stecken. Zu diesem Zweck gab er sogar die Rechnung aus der Hand.

Im Folgenden versuchte er, mich unverhohlen auszufragen, was ich über das Kommando, über einzelne Gefangene, aber auch über ihn wisse. Über ihn hatte ich zwar schon eine ganze Menge Unerfreuliches gehört, behielt es aber für mich und sagte, ich würde mich lieber an meinen eigenen Erfahrungen orientieren als am Gerede. Diese Antwort schien ihm zu gefallen: »Das ist richtig so, Strafgefangener Bath, Sie müssen aber wissen, dass ich unter den Gefangenen einen sehr schlechten Namen habe. Man behauptet immer, ich sei kalt, brutal und zynisch. Na ja, das mag sein, wie es will, vielleicht ist eben mein Charakter so, und ich will mich auch gar nicht mehr ändern. Trotzdem sind die Gefangenen ungerecht. Wer sich hier gut führt, dem tue ich auch nichts. Vielfach sind die Gefangenen aber nur zu dumm, um zu erkennen, dass man sich hier nur in eine bestimmte Ordnung einfügen muss, um ungeschoren über die Runden zu kommen.« Dann kam er mit dem Zuckerbrot: »Sie aber sind ja ganz aufgeweckt. Sie haben auch eine Bildung, die erheblich über dem Durchschnitt Ihrer Mitgefangenen liegt. Deshalb werden Sie mich sicher auch verstehen und keine Lust haben, sich die Finger zu verbrennen. Übrigens freue ich mich, dass wieder mal ein halbwegs gebildeter Mensch auf mein Kommando gekommen ist.« Danach traktierte er mich noch mit einigen kommunistischen Phrasen und wies schließlich auf die blauen Klassikerbände, die auf einem Regal neben ihm standen. Um ihn in dem guten Eindruck zu bestärken, den er anscheinend von mir hatte, bat ich mir schließlich einen Marx-Engels-Sammelband aus, der in den nächsten Monaten mein Spindfach fast zur Hälfte ausfüllte. So kehrte ich samt Paket, Buch und

Rechnungswisch auf meine Zelle zurück, gerade rechtzeitig, um zur Spätschicht auszurücken. An diesem Tag hatte es vor dem Gespräch mit Lange auch erstmals in Rummelsburg für mich Post gegeben. Nach fast zwei Monaten hatte ich damit wieder Nachricht von meinen Angehörigen.

Am folgenden Tag schrieb ich an das Bezirksgericht in Frankfurt/Oder und lehnte eine Anerkennung der »Rechnung« ab, bei der übrigens nicht einmal das Additionsergebnis von drei Positionen stimmte, sondern 20 Pfennig zu viel betrug. Für mehrere Monate hatte die Angelegenheit damit ihr Bewenden.

Als wir eines Abends von der Arbeit zurückkamen, war auch das letzte Bett wieder belegt. Unser sechster Mitgefangener war aus Meusdorf zurückgekehrt. Er hieß Lutz, war Mitte 20 und wegen Fluchthilfe zu sechs Jahren verurteilt worden. Hauptkennzeichen war seine nie versiegende, übersprudelnde Lustigkeit. Man konnte kein ernsthaftes Gespräch führen, solange er munter war. Er ging uns allen bald auf die Nerven. Als er einige Tage später wieder mit zur Arbeit ausrückte, war gerade unser Transportarbeiter ausgefallen. Der Transportarbeiter war ein PZLer, der innerhalb des Arbeitssaals die fertigen Kisten am Ausgang aufstapelte und von draußen das zu verarbeitende Material entgegennahm, das von Ost-Gefangenen, die unseren Bereich nicht betreten durften, bis zur Tür gebracht wurde. Naturgemäß war der Transporter der einzige Gefangene unseres Kommandos, der körperliche, und zwar schwere körperliche Arbeit leistete. Dieser Posten war also gerade frei. Micha, der als Bandleiter sowohl mit Kurt wie mit Albert gut auskam, erreichte, dass Lutz als Transporter eingesetzt wurde. Nun konnten wir uns nach der Arbeit wieder störungsfrei unterhalten, denn Lutz verschwand jetzt stets, wenn wir von der Arbeit kamen, wortlos in seinem Bett und machte sich nicht weiter bemerkbar.

Am Vormittag des 13. Dezember holte mich überraschend ein SV-Meister von der Arbeit ab. Wie ich von ihm erfuhr, war Besuch für mich da. Entgegen den Behauptungen des Leutnants Lange hatte es doch noch mit einem Besuchstermin für meine Eltern im alten Jahr geklappt. Pikanterweise stammte die Besuchsgenehmigung vom gleichen Tag wie Langes falsche Auskunft.

Neben dem Hauptschleusentor befand sich in der Außenmauer eine einstöckige Baracke, die im rechten Winkel zur Mauer nach außen abstand. Hier fanden die Besuche statt, im Knastjargon »Sprecher« genannt. Ein Offizier öffnete auf das Klopfen meines Begleiters hin die Tür für Gefangene. Ich wurde in eine schon völlig überfüllte fensterlose Wartezelle gesperrt. Mir war beim Betreten der Baracke aufgefallen, dass das neben dem Eingang befindliche Fenster eingeschlagen war. Nun hörte ich, dass in der Wartezelle nebenan, zu der das Fenster gehörte, ein Gefangener aus der Republik Zaire, der ebenfalls wegen Fluchthilfe eingesperrt war, von den Wächtern verlangt hatte, das Fenster zu öffnen, da er herzkrank sei und den Tabakqualm nicht vertrage. Als dies abgelehnt wurde, hatte er das Fenster mit letzter Kraft eingeschlagen. Der SV hätte ihn dann aus der Wartezelle geholt und gewaltsam vermutlich nach Haus III zurückgebracht. Was aber noch keiner von uns wissen konnte, war, dass dieser Zairer noch am gleichen Tag unter nie geklärten Umständen in seiner Arrestzelle, in die man ihn zur Disziplinierung gebracht hatte, im Keller des Hauses III verstarb. Offiziell wurde von den DDR-Behörden Selbstmord durch Erhängen als Todesursache angegeben. Berliner Zeitungen berichteten aber im September 1977, als der Todesfall durch entlassene Häftlinge im Westen publik wurde, über Anzeichen, dass der Gefangene durch Anstaltsbedienstete umgebracht worden sei. Auch ein Ermittlungsverfahren nach der Wiedervereinigung vermochte jedoch die genauen Umstände dieses Todesfalls nicht mehr aufzuklären.

Uns diente das Gespräch über diesen Vorfall, dessen Ausgang wir damals nicht ahnen konnten, dazu, die Zeit in der Wartezelle mit 14 Mann auf drei mal zweieinhalb Metern zu überbrücken. Infolge der schlechten Luft war ich auch kurz davor umzufallen, als die Tür geöffnet und mein Name unter mehreren anderen aufgerufen wurde. Es ging einen kurzen Gang entlang durch eine offene Gittertür. Hinter dieser Gittertür begann parallel zu unserem

Gang ein weiterer, der von außen kam. Zwischen diesen beiden Gängen waren Mauerdurchbrüche geschaffen und zu Sprecherkabinen umgestaltet worden. An die Stelle der Mauer war dabei eine Panzerglasscheibe getreten. Insgesamt gab es acht derartige Kabinen. Sie waren mit schallschluckendem Material ausgekleidet und hatten untereinander Trennwände. Es war unmöglich, den Angehörigen auch nur die Hand zu geben. Verständigen konnte man sich nur durch ein mit Gaze überspanntes Loch in der Scheibe in Kopfhöhe. Das Ganze erinnerte stark an einen Fahrkartenschalter, nur fehlte unten die Durchreiche.

Die Besucher, in ihrem Gang von außen gekommen, warteten schon. Ich lief an den ersten Kabinen vorbei. Dann sah ich meine Eltern. Wir begrüßten uns, indem wir die Hände an die Scheibe legten. Hinter mir hatte »Blutblase«, Oberleutnant Wendel, im vollen Schmuck seiner Ordensspangen Platz genommen und belauerte uns missmutig. Ich konnte nicht viel erzählen und hörte mir eher an, was es draußen so an Neuigkeiten gab. Lediglich als Wendel einmal kurz verschwand, nannte ich meinen Eltern R.s Namen und sagte ihnen auch einiges über unsere Unterbringung. Da war Wendel auch schon wieder da, und das Gespräch verebbte in der kommunikationsfeindlichen Atmosphäre. Allerdings war ich damals auch noch zu zaghaft und unerfahren. Später waren die »Sprecher« effektiver. Nach einer halben Stunde mussten wir uns wieder voneinander verabschieden. Meine Eltern meinten, der nächste Termin sei vermutlich im März 1977. An Geschenken durften sie vier Familienfotos, sechs Mandarinen und einen Beutel Studentenfutter abgeben.

Am Abend des 16. Dezember erfuhr ich, dass ich einen Tag später Besuch von der Ständigen Vertretung bekommen würde, an die ich Ende November wegen der unverschämten Zahlungsforderung geschrieben hatte. Am nächsten Morgen brauchte ich deshalb nicht zur Arbeit ausrücken und wurde gegen 9.00 Uhr geholt. Leutnant Urban, ein gemütlich wirkender Choleriker mittleren Alters, brachte mich zur Sprecherbaracke. Hinter dem Gang mit den Sprecherkabinen befand sich noch ein kleines Zimmer, das auch von außen erreichbar war. Seine Einrichtung bestand nur aus einem Garderobenständer, einer Eckbank, einem Tisch und zwei Stühlen. Auf der Eckbank saßen Frau Dirkheim von der Ständigen Vertretung und ein mir unbekannter SV-Leutnant. Ich durfte auf einem der Stühle Platz nehmen. Den letzten freien Platz nahm Leutnant Urban ein. Frau Dirkheim begrüßte mich und fragte, ob ich ihren Brief vom 30. August erhalten hätte. Das musste ich leider verneinen. Wie schon berichtet, hatte man es seinerzeit bei der Stasi nicht für nötig erachtet, mich von dem Brief in Kenntnis zu setzen. Frau Dirkheim erkundigte sich weiter, wie es mir momentan gehe und ob ich hier bereits einem Arzt vorgestellt worden sei. Ich teilte ihr mit, dass ich mich bereits vor Monatsfrist zum Arzt gemeldet hätte, aber bis heute noch nicht dort gewesen sei. Hiermit konfrontiert, erzählten die SV-Offiziere, es habe einige Krankheitsfälle unter dem medizinischen Personal gegeben, aber ich würde sicher demnächst dem Arzt vorgestellt werden.

Damit war aber auch das Positive dieses Besuchs erschöpft. Meine Beschwerde hinsichtlich der Kostenrechnung stieß bei Frau Dirkheim auf Verwunderung. Was ich denn wolle? Wäre ich in der Bundesrepublik verurteilt worden, hätte ich sicher auch die Gerichtskosten zu tragen. Das habe gar nichts mit politischen Faktoren zu tun. Sie sei zwar gern bereit, sich in der Vertretung zu erkundigen, wie man mir in dieser Angelegenheit behilflich sein könne, glaube aber nicht, dass sich da viel machen ließe. Die beiden Offiziere grinsten und meinten beflissen, ich könne ja Beschwerde gegen die Zahlungsverfügung einlegen. Ferner könne ich auch eine Aufschlüsselung nach den einzelnen Positionen der Rechnung verlangen, wenn ich die sachliche Berechtigung der Summe anzweifle. Ich fühlte mich hilflos. Die Vertretung, auf die ich in dieser skandalösen Sache gehofft hatte, sah die Sache offensichtlich gar nicht als skandalös, sondern sogar als völlig rechtens an und ließ mich somit im Stich. Ich nahm mir darauf vor, mit härtester Konsequenz zu reagieren, sollte ich mit dieser Rechnung noch einmal behelligt werden.

An aktuellen Informationen hatte Frau Dirkheim genauso wenig mitgebracht wie beim ersten Besuch. Hinsichtlich meiner Freilassung sagte sie nur, dafür sei es in meinem Fall wohl noch viel zu früh. Zum Abschluss übergab sie mir eine ähnliche Tüte wie im Mai und schied mit dem Versprechen, in einem halben Jahr wiederzukommen.

Wenige Tage später gab es auf unserer Zelle eine Veränderung. Micha, der sich offensichtlich unter uns nicht wohl gefühlt hatte, zog als vierter Mann auf die Brigadierszelle. Dafür kam Thomas, der seit dem 10. Dezember auch auf unserem Arbeitskommando war und mit den Leuten auf seiner Zelle nicht gut auskam, zu uns. Das war eine Bereicherung, und unsere Zelle bildete nun für die kommenden Monate ein gutes, nach außen dichtes Team.

Am 22. Dezember wurden die Weihnachtspakete der Ständigen Vertretung ausgegeben. Zellenweise rückte nach und nach die ganze West-Belegschaft zu dem kleinen Kellerraum ab, in dem zwei Offiziere den Paketinhalt vorzählten, quittieren ließen und aushändigten. Das Paket bestand vorzugsweise aus Süßigkeiten. Ferner enthielt es Zigaretten, Obst, Seife, Haarshampoo und einen Stollen. Besonders sinnvoll war der Inhalt nicht. Allerdings muss man berücksichtigen, dass die Vertretung nicht schicken konnte, was sie wollte, sondern jede Position den DDR-Behörden in Verhandlungen abringen musste. Meine Mitgefangenen meinten denn auch, dass das Paket trotz seiner Unzulänglichkeiten immer noch besser sei als das des Vorjahres. Einige Häftlinge, die, obwohl sie zum Teil jahrelang im Westen gelebt hatten, von der Anstalt noch als DDR-Bürger angesehen wurden, erhielten übrigens kein Paket. Für diese Fälle wurde auf dem Kommando gesammelt, wobei jeder etwas von seinem Paket abtrat, sodass hier eine Benachteiligung durch die Anstalt unterlaufen werden konnte.

Dann kam Heiligabend. Wir hatten Spätschicht und demzufolge arbeitsfrei. Am Nachmittag wurden von der Anstalt zum Fest für jeden Gefangenen ein altbackener Stollen und ein paar Lebkuchen ausgegeben. Um 17.30 Uhr, zur Zeit des Abendbrotes, gab es Würstchen mit Kartoffelsalat, was zunächst als kulinarisches Ereignis des Jahres erschien. Diejenigen aber, die schon ein Weihnachtsfest hinter diesen Mauern erlebt hatten, warnten uns vor dem Salat. Er sehe zwar gut aus, sei aber mit Schmalz angemacht. Das stimmte leider. So würgte jeder seinen ersten Bissen herunter, aß das Würstchen und kippte anschließend den Salat in das ewig hungrige Maul des »Bello«, wie die Toilette genannt wurde. Anschließend waren wir uns selbst überlassen. Eine weihnachtliche Stimmung kam nicht auf. Wir saßen um den Tisch herum und unterhielten uns. Thomas erzählte uns etwas von der Zeit, als er zur See gefahren war. Auch Hartmut, der von 1967 bis 1971 als Steward auf verschiedenen Handelsrouten gefahren war, konnte einiges zum Thema beisteuern. Jeder vermied, groß an den heutigen Tag zu denken. Lediglich Lutz lag im Bett und war nahe daran zu weinen. Schließlich kam er aber doch zu uns an den Tisch herunter und wurde zuletzt sogar noch recht lustig. Als um 20.00 Uhr das Licht ausging, stellten wir Schmalzlichter, gebastelt aus alten Dosen, einem Schnürsenkel als Docht und dem ungenießbaren Schmalz, das wir zweimal wöchentlich erhielten, auf den Tisch und unterhielten uns noch bis weit in die Nacht hinein. Die Wächter, die sonst immer sehr schnell solche Kerzen zum Erlöschen brachten, taten in dieser Nacht so, als bemerkten sie nichts.

Am ersten Weihnachtsfeiertag, einem herrlichen, sonnigen Wintertag, gab es im Anschluss an die Freistunde die Möglichkeit, zum katholischen Gottesdienst zu gehen. Ich hatte zwar in der Adventszeit den evangelischen Gottesdienst kennengelernt, der in unserem Haus im düsteren Fernsehraum von Berta II abgehalten wurde, meldete mich nun aber auch hierzu. Der evangelische Anstaltsgottesdienst hatte mir nicht viel gegeben. Der Raum war finster und von einer kärglichen Atmosphäre. Der evangelische Geistliche brachte sich eine Orgel in Form eines großformatigen Kassettenrecorders mit, was vielleicht kein schlechter Einfall war, aber in dieser Umgebung merkwürdig wirkte. Die Worte des Pfarrers fanden kaum Bezug zu uns und blieben für uns hohl.

Der katholische Gottesdienst fand in Haus IX in einem größeren Saal statt. Da ich erst während der Freistunde vom Gottesdienst erfahren hatte, trug ich unter meinem Mantel (wir hatten irgendwann im November zusätzlich zu unserer Kluft an Pferdedecken erinnernde Tuchmäntel für die kalte Jahreszeit empfangen) keine Jacke und wurde deshalb mit einigen anderen von Leutnant »Brottasche« Herbig zurückgewiesen. Der katholische Geistliche bemerkte das aber, und so musste Herbig uns, nachdem wir bereits nach Haus III zurückgebracht worden waren, wieder, diesmal freilich mit Jacke, holen lassen. Der Gottesdienst war ein sehr beeindruckendes Erlebnis. Der Geistliche kam ohne Orgel aus, und trotzdem entstand eine feierliche Stimmung. Auch die Worte erreichten uns, da zwischen »Strafgefangenen« und »guten Bürgern« nicht unterschieden wurde. Der Geistliche bezeichnete uns alle gegenüber Gott als Brüder. Ich schäme mich nicht zu sagen, dass ich hier das erste Mal seit meiner Konfirmation 1971 am Abendmahl teilgenommen habe, obwohl ich ja evangelischer Konfession bin. Leider wurde bald darauf eingeführt, dass man nur noch am Gottesdienst der eigenen Konfession teilnehmen durfte. So war ich auf die lediglich formellen Andachten des evangelischen Anstaltsgeistlichen beschränkt.

Nach den Feiertagen meldete ich mich krank. Neben meinem Rücken machten mir auch Schmerzen im Kiefergelenk oder in den Backenzähnen zu schaffen. Am 30. Dezember, so lange war ich nicht mit zur Arbeit ausgerückt, kam ich zum Anstaltsarzt. Dieser hatte seine Räume auf Cäsar II an der Mitteltreppe. Die Wartezelle war überfüllt. Trotz Rauchverbots standen die Qualmwolken an der Decke. Nach einer Stunde war ich an der Reihe. Diensthabender Arzt war Major Zeltz, ein grauhaariger eleganter Mann von etwa 40 Jahren. Hinsichtlich meines Rückens stellte er mir in Aussicht, dass ich in den nächsten Tagen geröntgt würde. Zu meinen Kieferschmerzen vermochte er mir nichts zu sagen. Er veranlasste lediglich eine Blutentnahme, die ein Sanitätsdienstgrad im Meisterrang vornehmen sollte. Dieser, von den Gefangenen wegen seiner erkennbaren »warmen Ader« »Susi« genannt, schlang mir einen Gummischlauch um den Oberarm und setzte dann die Spritze an. Dreimal stach er fehl. »Sie haben aber komische Venen. Das sind ja die reinsten Rollvenen. Na ja, wir versuchen's noch einmal!«, sächselte er daraufhin. Beim vierten Versuch traf er, und zwar so gut, dass er die Ader durchstieß. Als er die Spritze daraufhin hinauszog, floss das Blut gleich in einem breiten Rinnsal nach, tropfte zu Boden und bildete dort eine rote Pfütze. Ich war kurz davor umzufallen. Als »Susi« das merkte, rief er nach dem Arzt, der ihn abkanzelte, mich auf die Liege wies und verarztete. Etwa zwei Wochen lang hatte ich in der Armbeuge einen handtellergroßen Bluterguss und konnte den Arm nur unter Schmerzen krümmen. Arbeiten musste ich aber schon wieder ab dem 2. Januar 1977. Verständlich, dass dies für mich die erste und zugleich letzte Blutentnahme in der DDR war.

Am Silvesternachmittag kam ich zum ersten Mal seit Oktober wieder zum Fernsehen, das auch auf den Arbeitskommandos nicht ohne weiteres zugänglich war. Der Fernsehraum hatte nur etwa 20 Plätze. Unsere Schicht aber umfasste 50 Gefangene. An den arbeitsfreien Wochenenden kam sogar noch die andere Schicht hinzu. Um die Teilnahme am Fernsehen zu begrenzen, musste deshalb vom Brigadier jeweils eine Liste der Fernsehgänger angefertigt und dem »Erzieher« oder dem diensthabenden Offizier zur Genehmigung vorgelegt werden. Eingeweihte nannten damals das Fernsehen auch »Schleimerstunde«. Da ich keine allzu gute Nummer auf der Brigadierszelle besaß, wurde ich zusammen mit einigen anderen regelmäßig bei der Aufstellung dieser Liste »vergessen«. Heute aber sollte, wie an jedem Silvesternachmittag, Beethovens Neunte übertragen werden. Da war der Andrang nicht so groß, und es konnte gehen, wer Interesse hatte.

Der letzte Abend des alten Jahres wurde dann noch sehr lustig. Immer wieder ertönten Sprechchöre aus den Zellen: »Los, Leute, wir verschieben den Knast! Hau ruck! Hau ruck!« Auch Lieder wurden gesungen. Gegen Mitternacht konnten wir vom obersten Bett aus über die Blechblende hinweg das Silvesterfeuerwerk sehen, mit dem die Anwohner des Nöldnerplatzes und des Hans-

Loch-Viertels das neue Jahr 1977 begrüßten. Wir prosteten uns mit Wasser zu. Jeder erhoffte für jeden und natürlich auch für sich selbst das Beste vom neuen Jahr.

Am Vormittag des 2. Januar wurde ich in Haus IV von einer attraktiven blonden Obermeisterin geröntgt. Als sie mich auf die »Ausländerwartezelle« zurückschließen wollte, öffnete sie zunächst irrtümlich eine normale Wartezelle und konnte mich gerade noch im letzten Moment von einer verbotenen, sicherlich aber sehr interessanten Kontaktaufnahme mit DDR-Häftlingen zurückhalten.

Einige Tage später teilte mir der Arzt aufgrund der Röntgenbilder mit, dass er mir die Beschwerden mit meinem Rücken glaube. Allerdings sei die Angelegenheit nicht so, dass meine Arbeitsfähigkeit beeinträchtigt wäre. Ich solle viel Sport treiben, besonders Gymnastik. Am besten wäre natürlich Schwimmen, aber das sei hier ja nicht möglich. Zur Linderung verschrieb er mir Lichtkasten, den ich schon in Hohenschönhausen erfolglos erhalten hatte. Ich teilte alles, wie erbeten, in einem Brief der Ständigen Vertretung mit.

Am 7. Januar 1977 berichteten das »Neue Deutschland« und die in Ost-Berlin erscheinende »Berliner Zeitung« unter Berufung auf eine Veröffentlichung der Münchener Illustrierten »Quick«, mehrere Nachwuchspolitiker der West-Berliner CDU seien als Hintermänner kommerzieller Fluchthilfeaktivitäten enttarnt worden. Ich hatte die Betreffenden gut gekannt, aber ab Herbst 1975 heftige innerparteiliche Auseinandersetzungen mit ihnen gehabt. Dass die nunmehr veröffentlichen Pressemeldungen gar nicht der Wahrheit entsprachen, konnte ich in Rummelsburg nicht wissen. Ich war dort schließlich auf die mir zugänglichen Informationen bzw. in diesem Fall besser Desinformationen der DDR-Presse angewiesen und nach der Lektüre dieser Meldung wie vor den Kopf geschlagen.

Ab 10. Januar 1977 verbesserten sich unsere Lebensbedingungen insofern, als unser Lohn von sieben auf elf Prozent eines vergleichbaren Normaleinkommens stieg. Statt 29 Mark bekamen wir jetzt immerhin 45 Mark ausgezahlt. Auch der Einkauf wurde etwas besser; man konnte von nun an regelmäßig Lebensmittel kaufen; neu im Angebot waren Senf, Wurstkonserven, Sirup und Kuchen. Ferner wurde die diskriminierende Verpflegungsordnung nach A-, B- und C-Verpflegung aufgehoben. Die Arbeiterverpflegung entsprach von nun an der bisherigen C-Verpflegung, die Nichtarbeiterverpflegung der bisherigen B-Verpflegung. So war endlich für jeden Gefangenen zumindest quantitativ eine ausreichende Verpflegung gesichert. Auch die Arrestverpflegung, täglich 200 Gramm Brot (sechs Scheiben) und zwei Becher Kaffeeersatz, an jedem dritten Tag eine warme Wassersuppe, wurde abgeschafft. Die Arrestanten erhielten nunmehr Nichtarbeiterverpflegung.

Am 2. Februar feierte ich meinen ersten Geburtstag hinter Gittern. Die Gefährten hatten bei Micha, der dafür eine geschickte Hand besaß, eine Glückwunschkarte in Auftrag gegeben. Sie nahm Bezug auf mein Jurastudium und zeigte ein aufrecht gehendes katzenartiges Wesen mit Richterbäffchen und einer Fußkette, deren Kugel das Wesen mit beiden Vorderpfoten trug. Darüber stand: »Mein Praktikum!« Außerdem bekam ich zwei Kuchen und eine Tafel Schokolade geschenkt. Nach der vormittäglichen Freistunde feierte unsere Zelle zusammen mit ein paar Freunden von anderen Zellen. Nachmittags hatte ich keine Lust, auch an meinem Geburtstag zu arbeiten, und schützte Zahnschmerzen vor. So verbrachte ich den Rest meines 21. Geburtstags allein auf der Zelle, was bei der hier sonst herrschenden Enge auch eine Art Geburtstagsgeschenk war.

Wenige Tage nach meinem Geburtstag bekam ich bei der Arbeit Ärger. Das Geko-Band, an dem ich arbeitete, stellte nicht nur wegen der exklusiven Produktion eine Besonderheit dar, die hier Beschäftigten bildeten auch eine Art Leistungsaristokratie hinsichtlich ihrer Normerfüllung: Der Banddurchschnitt lag stets über 200 Prozent. Wahrscheinlich hatte der Hilfsbrigadier Albert, als er mich an dieses Band holte, gedacht, ich würde mich reibungslos in diese Schufterei einbinden lassen. Das war aber nicht so. Auch nachdem ich von der Arbeit am Punktschweißgerät zum »Systemträgerstecker« avanciert war, lag meine Tagesleistung nur selten über 150 Prozent. Mir reichte das, und weder Anstalt noch Betrieb konnten sich darüber beschweren. Albert war aber nicht damit zufrieden und trachtete danach, mich vom Band wegzubekommen.

Mitte Januar hatten wir noch ein weiteres Band, die sogenannte »Klemme«, hinzubekommen, für das neue Arbeiter gesucht wurden. An der »Klemme« gab es nichts anderes zu tun, als eine Klemme mit einem Kabelschuh zu versehen und diesen mittels einer Schraube festzuziehen, und das mindestens 3200 Mal pro Schicht. Es war eine Arbeit zum Verblöden. Hierhin wollte Albert mich abschieben. Ich werde nie vergessen, wie er zu Pomnitz sagte: »Sie haben die Verantwortung und nur Sie können die Entscheidung fällen. Ich an Ihrer Stelle hätte schon längst gehandelt!« Schließlich hatte er sein Ziel erreicht und teilte mir eines Morgens strahlend mit: »Matthias, du gehst ab sofort an die ›Klemme‹!« Ich guckte mir die Arbeit an und kam zu der Überzeugung, dass diese Arbeit für mich nicht geeignet sei. Da mir aber nichts anderes übrigblieb, begann ich mit dem Drehen der Klemmen. Für die ersten zwei Tage hatte ich Anlernzeit, bekam also für die Zeit der Einarbeitung meinen bisherigen Durchschnittslohn gutgeschrieben. Am ersten Tag erwirtschaftete ich ein Quantum, das etwa 12 Prozent der Norm entsprach. Am zweiten Tag waren es 14 Prozent. Am dritten Tag, nunmehr auf Leistung abgerechnet, strengte ich mich »gewaltig« an und kam nunmehr auf knapp 20 Prozent.

Zurück von der Arbeit, wurde ich nach dem Mittagessen zu Leutnant Lange bestellt. Diesmal war nichts mehr von seiner Freundlichkeit zu spüren. Er blätterte eine Weile in irgendwelchen Papieren und fragte plötzlich: »Strafgefangener Bath, wie viel Prozent haben Sie heute erarbeitet?« Dann fragte er nach den Prozentzahlen der Vortage. Ich antwortete, dass ich dort noch auf Anlernzeit gearbeitet hätte. »Das denken Sie«, erhielt ich zur Antwort. »Da ich in Kenntnis gesetzt worden bin, dass Sie vorsätzlich unter der gesetzten Norm bleiben, habe ich angeordnet, dass Ihnen die beiden Tage nach Leistung bezahlt werden. Im Übrigen mache ich Sie auf die Hausordnung aufmerksam. Danach haben Sie allen an Sie gerichteten Weisungen nachzukommen. Dazu gehört auch die Weisung, so zu arbeiten, dass Sie Ihre Norm erfüllen. Sollten Sie dazu nicht bereit sein, werde ich disziplinarisch gegen Sie vorgehen.« Ich erklärte ihm, dass ich die Norm nicht erreichen könne, was er jedoch als Ausflucht abtat. Er wies mich an, mindestens 100 Prozent, egal an welchem Arbeitsplatz, zu erwirtschaften. Ich entgegnete, mein guter Wille fände seine Grenzen in meinen beschränkten Fähigkeiten. So redeten wir ziemlich aneinander vorbei.

Als ich über den Flur zurück zu meiner Zelle ging, beschloss ich, mich wieder für die nächsten Tage krankzumelden, egal was daraufhin geschehen möge. Einige Tage blieb ich mit »Zahnschmerzen« auf der Zelle, ohne auch nur zum Arzt zu kommen. Als ich danach wieder zur Arbeit kam, war mein Platz an der »Klemme« besetzt, und der Zivilmeister Pomnitz holte mich schmunzelnd wieder ans Geko-Band zurück.

Mitte Februar wurde Lutz für ein paar Tage krankgeschrieben. Seine Frau hatte ihm geschrieben, sie würde ihn verlassen, und das hatte ihn stark mitgenommen. Sein Zustand hatte wohl sogar die Skeptiker von SV-Ärzten beeindruckt. Als wir am 17. Februar von der Spätschicht zurückkamen, hatte sich Lutz die Pulsadern aufgeschnitten. Er lag auf seinem Erdgeschossbett und hielt seine rechte Hand in einen Eimer, dessen Boden mit Blut bedeckt war. Auch das Bett war blutverschmiert. Eine Rasierklinge lag daneben. In der ebenfalls blutigen linken Hand hielt Lutz das Bild seines kleinen Sohnes. Er war noch bei Bewusstsein, aber durch den Blutverlust sehr geschwächt. Thomas band ihm als Erstes den verletzten Arm mit einem Unterhemd und einem Bügel als Knebel ab. Hartmut verständigte Albert und Kurt, welche die SV-Meister herbeiriefen. Diese erschienen, guckten etwas blässlich drein und sperrten uns dann zur Belegschaft einer Nachbarzelle. Nach einiger Zeit hörten wir es draußen holpern. Sie transportierten Lutz ab. Wir durften wieder auf unseren Raum. Ich wischte den Fußboden auf, reinigte den Eimer und zog eine saubere Decke über das blutige Bett. Danach setzten wir uns zusammen und hatten viel zu debattieren. Obwohl wir Lutz für labil gehalten hatten und er uns oft auf die Nerven gegangen war, hatten wir so etwas doch nicht für möglich gehalten. Wir beschlossen, uns in Zukunft mehr um Lutz zu kümmern.

Bereits am frühen Nachmittag des nächsten Tages, noch vor der Spätschicht, kam Lutz wieder. Um das rechte Handgelenk trug er einen dicken weißen Verband. Der sonst so lautstarke, cholerische Mann war wie ausgewechselt. Kleinlaut gestand er: »Jungs, ich habe große Scheiße gebaut.« Wir konnten ihm nicht einmal widersprechen. Obwohl weiter krankgeschrieben, musste er mit zur Arbeit ausrücken, damit er unter ständiger Beobachtung blieb. Er erzählte viel von seinem Selbstmordversuch, war aber dennoch wesentlich ruhiger als in den Monaten zuvor. Man hatte ihn in das Krankenrevier der Anstalt nach Haus VIII gebracht. Dort wurde er als der dritte Selbstmordversuch der Nacht verbucht. Der diensthabende Arzt, Major Radtke, war gerade, als Lutz gebracht wurde, mit dem zweiten Fall fertig und vernähte nun auch noch die letzte vorrätige Nadel. Ein vierter Fall in dieser Nacht hätte in ein Krankenhaus außerhalb der Anstalt gebracht werden müssen. Der Arzt Radtke war geschmacklos genug, während er die Wunde vernähte, zu Lutz zu sagen, er solle beim nächsten Mal gefälligst eine alte Rasierklinge benutzen. Die reiße nämlich Wundränder, die nicht wieder so schnell zugingen. Dann würde es wenigstens klappen. Für einige Tage war der Selbstmordversuch als Unterbrechung des täglichen Einerleis das beherrschende Gespräch im Kommando.

Am 9. März erhielt ich den zweiten Besuch in Rummelsburg. Die Anstalt hatte es abgelehnt, meine Eltern beide zum Besuch zuzulassen. Wie es in der Begründung hieß, sei die gemeinsame Besuchserlaubnis im Dezember eine Vergünstigung gewesen. Mein Verhalten wäre aber so, dass eine erneute Vergünstigung nicht in Betracht komme. So kam meine Mutter alleine. Zu besprechen gab es von meiner Seite wenig, da ich immer noch zu viel Respekt vor dem Posten im Rücken hatte, diesmal Leutnant Meyer von Cäsar II. Ich sagte nur, dass meine Eltern keinesfalls für die Kostenrechnung aufkommen und kein Geld an mich oder offizielle Stellen der DDR schicken sollten, da es eventuell konfisziert würde. Was es von zu Hause Neues zu berichten gab, hörte ich gerne. Nach einer halben Stunde war der Besuch viel zu früh schon wieder vorbei. Ich ging durch den schönen Frühlingstag zum Haus III zurück und verfiel in eine depressive Stimmung, die bis zum nächsten Brief anhielt.

Einige Tage später erhielt ich Post von der Ständigen Vertretung. Frau Dirkheim fragte unter Bezugnahme auf ihren letzten Besuch, ob ich inzwischen dem Arzt vorgestellt worden sei und weshalb ich nicht, wie vereinbart, von mir hören lasse. Ich antwortete ihr umgehend und teilte mit, dass ich bereits Anfang Januar wegen meines Gesundheitszustandes an sie geschrieben hätte.

Als ich am nächsten Tag von der Lichtkastenbehandlung kam, rief mich unser »Erzieher« Lange in sein Büro und zeigte mir meinen Brief: »Sie haben hier an die Ständige Vertretung der BRD geschrieben. Der Brief geht wegen der darin enthaltenen Verstöße gegen die Bestimmungen über die Kontakte zwischen ausländischen Strafgefangenen und ihren zuständigen Missionen nicht nach draußen. Desgleichen wurde auch Ihr Brief vom Januar nicht befördert. Sie haben sich in Ihren Briefen strikt auf Ihre persönlichen Belange und Probleme zu beschränken. Das haben Sie in beiden Briefen aber keineswegs getan.«

Ich erwiderte, dass die Gesundheit doch wohl das persönlichste Problem überhaupt sei. Darauf erklärte er: »Sie sind in Ihrem Brief auf Fragen der Diagnostik eingegangen und haben den medizinischen Dienst angegriffen. Sie haben ferner geschrieben, dass in der Anstalt keinerlei Sportmöglichkeiten bestünden. Damit sind Sie auf Interna der Anstalt eingegangen. Das ist beides nach den gesetzlichen Bestimmungen untersagt. Die beiden Briefe sind deshalb auf Weisung des Abteilungsleiters beschlagnahmt worden. Unterschreiben Sie hier die Beschlagnahmeverfügung!« Auf meinen Hinweis, ich hätte nur einen Brief beantwortet, den er mir selber ausgehändigt habe und in dem ich ausdrücklich nach diesen Problemen gefragt worden sei, bekam ich zu hören: »Die Ständige Vertretung der BRD kann viel schreiben, wenn sie will. Wenn sie dabei ständig gegen internationale Abmachungen verstößt, so ist das bezeichnend. Sie aber stehen unter unserer Gewalt, und bei Ihnen können wir darauf achten, dass Sie unsere gesetzlichen Bestimmungen einhalten. Nach der Wiener Konvention haben Personen, die sich im Ausland aufhalten, sich an die gesetzlichen Bestimmungen ihres Gastlandes zu halten. Das gilt auch für Sie. Ich muss mich ja schließlich auch an Gesetze halten. Könnte ich tun und lassen, was ich wollte, dann würden Leute wie Sie sich jeden Tag ganz jämmerlich über mich beschweren. Wenn ich mich aber Ihnen gegenüber an unsere Gesetze halten muss, dann müssen Sie das erst recht!« Was sollte man machen? Argumente zogen hier nicht. Ohnmächtig und zähneknirschend unterschrieb ich die Beschlagnahmeverfügung und begab mich auf meine Zelle.

Den ganzen Monat März über wurde die Verpflegung wieder schlechter. Zwar blieb die Menge gleich, aber dieselbe Leberwurst dreimal hintereinander angeboten ist letztlich genauso gut wie gar nichts. Die Pellis wurden von Tag zu Tag matschiger. Schließlich wurde nur noch ein wässeriger Brei von Schalen und Kartoffelmus in die große Emailleschüssel gefüllt. Zuerst nahm das Haus diese Entwicklung wie schon so vieles zuvor hin. Dann aber wuchs die Unzufriedenheit von Tag zu Tag. Ende März war es dann so weit.

Am Montag, dem 28. März, verweigerten plötzlich die Gefangenen auf mehreren Stationen das Essen. Bei uns aßen nur die Brigadierszelle und zwei der übrigen acht Zellen. Auf den anderen Stationen sah es ähnlich aus. Die Kübel gingen wieder voll nach unten. Kurz darauf kam Lange auf die Station und ließ alle aufschreiben, die das Essen verweigert hatten. Danach rief er die Verwahrraumältesten einzeln zu sich und versuchte, sie einzuschüchtern. Am nächsten Tag sah die Situation unverändert aus. Zwar war eine Zelle umgekippt, aber dafür machte jetzt noch eine der beiden mit, die gestern noch abseits gestanden hatten. Unmittelbar nach der abermals gescheiterten Essensausgabe kam Meister Rohne, hinter dem mancher einen Offizier des MfS vermutete, mit noch zwei anderen Meistern. Brüllend verlangte er auf jeder Zelle Auskunft, warum man nicht das Essen annehme. Wir gaben ihm einzeln die übereinstimmende Auskunft, dass einem bei dieser Art von Essen der Hunger vergehe. Wir seien deshalb schon vom Anblick der Kübel satt. Nachdem Rohne die Station durch war und wieder jeden notiert hatte, der das Essen verweigerte, verschwand er ins Erdgeschoss, wo in der Zentrale des Hauses die Offiziere berieten, was gegen uns zu unternehmen sei.

Am Nachmittag wussten wir es. Bei der Arbeit erschien Lange und holte Kurt, Albert und einen Häftling namens Schmidt ab. Nach einer halben Stunde kamen Kurt und Albert wieder. Sie berichteten, dass Schmidt unter dem Vorwurf der Rädelsführerschaft in Absonderung gekommen sei. Wahrscheinlich hatte er sich einmal zu heftig geäußert, und irgendein Spitzel hatte ihn dem SV genannt. Albert teilte uns mit, Lange habe ihm gesagt, Schmidt würde so lange in Absonderung bleiben, wie unsere Aktionen andauern. Sollte die Essensablehnung weitergehen, würde man gegen Schmidt ein neues Strafverfahren wegen Anstiftung zur Meuterei einleiten. Den verbleibenden Nachmittag war Albert damit beschäftigt, jeden einzelnen händeringend darum zu bitten, »in Schmidts und unser aller Interesse« wieder die Verpflegung anzunehmen. Unsere Maßnahmen würden doch ohnehin nichts nutzen. Viele wurden daraufhin weich.

Am nächsten Tag wurde das Essen wieder mehrheitlich genommen. Der Abteilungsleiter, Oberleutnant Wendel »Blutblase«, stand neben dem Essenswagen und beobachtete die Ausgabe. Wer aber entgegen Alberts Ankündigung nicht wiederkam, war Schmidt. Im Gegenteil! Am Morgen des 31. März erschien Lange auf unserer Zelle und befahl Hartmut mitzukommen. Eine halbe Stunde später kam er wieder und wies unseren Stubenältesten »Feeling« an, Hartmuts Sachen zusammenzupacken. Auf meine Frage, wo Hartmut denn hinkäme, meinte er nur, warum mich das interessiere. Ich antwortete, dass man sich immer für das Verschwinden eines Freundes interessiere. Darauf kam es nur knapp und böse: »Dass der Ihr Freund ist, kann ich mir denken!« Ich wusste genug und brauchte mich hinfort vor Lange nicht mehr zu verstellen. Im Laufe des Vormittags schloss es noch mehrmals auf anderen Zellen. Als wir am Nachmittag zur Spätschicht ausrückten, fehlten insgesamt vier Mann von unserer Station. Auch von den anderen Stationen hatte man Gefangene fortgeholt. Für Wochen blieb unklar, was mit ihnen geschehen war.

In der folgenden Zeit blieb der Strafvollzug äußerst nervös und reizbar. Bei jeder Verpflegungsausgabe stand entweder Lange oder Rohne oder ein anderer Offizier daneben. Ihr Auftreten war schikanös. Um sein Essen zu erhalten, musste man z. B. Tuchjacke und Schuhe anziehen. Der Höhepunkt war am Sonntag, dem 3. April, erreicht. An diesem Tag beaufsichtigte Leutnant Graupner, der sonst immer bei den Gesprächen mit der Vertretung die Aufsicht führte, die Essensausgabe. Er erteilte die Weisung, nicht nur Tuchjacke und Schuhe anzuziehen, sondern befahl, die Schüsseln auf den Zellentisch zu stellen und diesen an die Türöffnung zu rücken. Danach sollten wir uns an der Seitenwand der Zelle aufstellen. Als wir diesen Rummel nicht mitmachen wollten, erschien ein SV-Meister namens Flöter, ein Mann, der von den Gefangenen wegen seiner eifrigen Dienstauffassung »Geilinski« genannt wurde, und befahl »Feeling« unter Hinweis auf die Hausordnung und den Meutereiparagraphen, die Schüsseln auf den Tisch und diesen an die Tür zu stellen. Unter diesem Druck beugten wir uns schließlich auch dieser Anordnung. Später hörte ich, dass an diesem Sonntag sogar zwei MfS-Angehörige auf dem Gang dabei gewesen seien.

Am 4. April 1977 lasen wir in der Zeitung, dass die Volkskammer am 7. April zusammentreten werde und ein neues Strafvollzugsgesetz auf der Tagesordnung stehe. Offenbar hing die Hysterie der Anstaltsbehörden damit zusammen. Die Essenskontrollen hielten noch einige Tage an. Außerdem wurden zunehmend Gefangene zu Vernehmungen geholt, von denen die Betreffenden meist ziemlich wortkarg zurückkamen. Es herrschte ein regelrechtes Angstklima. Auch an mich sollte bald die Reihe kommen. Am Vormittag des 5. April erschien ein Meister auf der Arbeit und rief »Feelings« und meinen Namen auf. Alle guckten uns an und waren wohl froh, selber noch einmal einer vermutlich unangenehmen Konfrontation entgangen zu sein. Wir wurden nach Haus IV gebracht. Dort ging es im ersten Stock nicht wie sonst nach links zu den Facharzträumen, sondern nach rechts in einen Bürokorridor. Hier sperrte man uns in eine Wartezelle. Innerlich richteten wir uns darauf ein, binnen kurzem vor einem Stasi-Mitarbeiter zu stehen, der versuchen würde, uns irgendwie unter Druck zu setzen. Da wurde ich auch schon geholt. In einem Büro begrüßte mich ein blau-uniformierter Offizier in höflichem Ton und stellte sich als Major Strohschneider vor. Er sei der Anstaltspsychologe. Meinen Akten sei zu entnehmen, dass ich immer ruhig, abwägend und beherrscht gewesen sei. In letzter Zeit hätten sich aber bei mir Anzeichen von Aggressivität bemerkbar gemacht. Ob ich irgendwelche Probleme hätte, bei deren Lösung er mir behilflich sein könne. Zuerst war ich über die unerwartete »Sitzung« beim Psychologen etwas erstaunt, hatte mich aber schnell wieder gefangen und antwortete ihm nicht ohne Ironie, seine Informanten müssten sich irren. Besondere Probleme hätte ich nicht, abgesehen von den Schikanen seitens der Anstalt. Mein Gegenüber meinte dazu, ich müsse ja auch Verständnis für die legitimen Sicherheitsinteressen der Anstalt haben. Er sei jedoch zufrieden, dass mir nichts Besonderes zu schaffen mache. Wir könnten das Gespräch damit wieder beenden. Sollte ich einmal Probleme haben, könnte ich mich vertrauensvoll an ihn wenden. Bevor er mich aber zurückschließe, habe er noch eine »rein private« Frage: Ich hätte doch sicherlich von der geplanten Sitzung der Volkskammer gelesen. Was würde ich mir denn persönlich vom neuen Strafvollzugsgesetz versprechen? Damit war wohl die entscheidende Frage des Gesprächs gestellt. Schlagartig wurde mir klar, wie unsicher unsere Gegner waren. Möglicherweise waren die erprobten Genossen durch die Initiative ihrer Oberen selber überrascht worden und harrten nun voller Ungewissheit des Kommenden. Die Ereignisse der nächsten Wochen sollten mich in dieser Ansicht bestätigen. Zu dem Major sagte ich, sicher würde alles besser werden; wir hätten jedenfalls die Hoffnung, dass die Schikanen abgebaut würden und die Lage im Strafvollzug dadurch im allseitigen Interesse konfliktfreier werde. Ich weiß nicht, was der Major dabei dachte und was er seinen Auftraggebern berichtete, aber er machte ein freundliches Gesicht und sperrte mich wieder auf die Wartezelle, um »Feeling« zu holen und mit diesem das gleiche Spiel zu veranstalten. Als wir beide danach zurück zur Arbeit gebracht wurden, waren wir froh, dass alles so harmlos abgegangen war.

Meinen ersten Jahrestag verbrachte ich ohne besondere Ereignisse. Zwar stürzten wir uns an diesem Tag erwartungsfroh auf die Zeitungen, kaum dass diese ausgeteilt waren, aber dem Politkauderwelsch des »Neuen Deutschland« war kaum etwas zu entnehmen, sodass unsere Ungewissheit zunächst weiter bestehen blieb.

Mai 1977: Neues Strafvollzugsgesetz – Umzug nach Haus VI

Im Laufe des Aprils konnten wir allmählich den verschiedenen Pressemeldungen doch das eine oder andere über die geplanten Gesetzesänderungen entnehmen. Wir erfuhren auch, dass das Strafgesetzbuch geändert und unser §105 verschärft worden sei. Die Schikanen des SV, die ja gerade Ende März/Anfang April besonders schlimm gewesen waren, gingen zurück. Auch das Essen wurde besser. Besonders positiv war, dass die Pellis, bislang die einzige Form der Kartoffelzufuhr für uns, von einem Tag auf den anderen verschwanden und durch Salzkartoffeln ersetzt wurden. Dazu wurde sogar, wie wir beobachten konnten, bei der Küche ein besonderes Kartoffelschälkommando eingerichtet. Gegen Ende des Monats harrten wir schließlich alle voller Erwartungen der

Luftaufnahme Haus VI, ehemalige StVE, Januar 1987

Freihof und Industriegebäude Haus VI, ehemalige StVE, Juni 1991

offiziellen Verkündung des neuen Strafvollzugsgesetzes. Eines Tages nach dem Mittagessen hieß es dann, zur Verlesung des Gesetzes herauszutreten. Wir nahmen unsere Hocker, stellten diese entlang der Korridorwände zwischen den Zellentüren auf und saßen uns dann wie in einem Straßenbahnwagen gegenüber.

Schließlich stolzierte Lange den Gang zwischen uns entlang und begann seinen Vortrag: Eingedenk der humanistischen Zielsetzungen des Sozialismus, der großen wirtschaftlichen Erfolge der letzten Jahre, der gesellschaftlichen Entwicklung und in Verwirklichung der Beschlüsse des IX. SED-Parteitages habe die Volkskammer auf ihrer Sitzung am 7. April ein neues Strafvollzugsgesetz beschlossen, welches am 5. Mai in Kraft trete. Nach dieser pompösen Einleitung folgten die wesentlichen Veränderungen.

Der bislang in vier Vollzugsarten gegliederte Strafvollzug wurde zweigliedrig. Die Gefangenen der bisherigen Kategorien verschärfter und strenger Vollzug wurden in den allgemeinen Strafvollzug umgruppiert. Die alten Kategorien normaler und leichter Vollzug wurden in die erleichterte Vollzugsart überführt. Verbessert wurden die Modalitäten der Freistunde. Während wir bisher täglich nur eine halbe Stunde zum Rundendrehen in geschlossener Ordnung zur Verfügung hatten, wurde jetzt die tägliche Freistunde auf eine Stunde verlängert; es wurde gestattet, sich frei zu bewegen, und man war nicht mehr gezwungen, das Sträflingskäppi zu tragen. Auch Sportmöglichkeiten sollten während der Freistunde zur Verfügung stehen. Es wurde sogar die Möglichkeit in Aussicht gestellt, die Dauer der Freistunde über eine Stunde hinaus zu verlängern.

Statt wie bisher vierteljährlich Besuch von einer Person für eine halbe Stunde zu erhalten, durfte man jetzt alle zwei Monate von zwei Personen für die Dauer einer Stunde besucht werden. Statt zweier Briefe sollte man jetzt drei pro Monat schreiben dürfen. Zum ersten Mal gab es auch eine Regelung über den Empfang von Paketen, was vorher völlig der Willkür des jeweiligen »Erziehers« überlassen war. Man konnte jetzt normalerweise vier Pakete im Jahr empfangen. Alle diese Regelungen über die persönlichen

Verbindungen geben die Bestimmungen für den Gefangenen im allgemeinen Vollzug neuer Art wieder; die Regelungen für den erleichterten Vollzug gingen sogar noch etwas weiter.

Der Einkauf, der vorher 11 Prozent vom Einkommen eines vergleichbaren Arbeiters betragen hatte, stieg auf 18 Prozent. Damit verfügte jeder Gefangene, sofern er mit seiner Norm zurechtkam, künftig über rund 100 Mark statt 45 Mark. Die Einkaufsmöglichkeiten sollten dieser gestiegenen Kaufkraft angepasst werden.

Nachdem Lange uns diese Verbesserungen mitgeteilt hatte, versäumte er nicht, darauf hinzuweisen, dass Disziplin und Ordnung aber auch in Zukunft durchgesetzt werden würden. Wir sollten nicht denken, wir könnten unter dem neuen Strafvollzugsgesetz tun und lassen, was wir wollten. Fragen einiger Gefangener zu einzelnen Bestimmungen beantwortete er nicht. Stattdessen befahl er uns grimmig, wieder in die Verwahrräume einzurücken. Kurz darauf mussten wir zur Arbeit abrücken, die an diesem Tag aber bestimmt nicht so wichtig genommen wurde wie die Diskussion zum aktuellen Thema.

Die Änderungen des Gesetzes waren den meisten Anstaltsbediensteten unangenehm. Zwar konnte man die Reformen mittels einer Übergangsklausel noch hinauszögern, aber sie kamen bestimmt. Viele der Meister und »Erzieher« waren ziemlich unsicher und wussten nicht mehr, wie sie sich uns gegenüber verhalten sollten. Als wir am Tage nach Langes Vortrag zur Freistunde kamen, war von geschlossener Ordnung nichts mehr zu spüren. Wie auf Kommando lief alles auseinander, kaum dass wir auf dem Hof waren. Die Wächter mochten wohl meinen, für die letzten Tage hätte die Durchsetzung der noch geltenden Ordnung keinen Sinn mehr, und ließen uns gewähren. Nun kamen auch die vier wieder, die einen Monat zuvor vom Kommando verschwunden und entweder im Keller von Haus III oder gar in anderen Häusern isoliert gehalten worden waren. Zivilisten, die sich ihnen gegenüber als Offiziere der K (Kriminalpolizei) ausgaben, hatten sie mehrfach zu den Hintergründen der Essensverweigerung vernommen. Man hatte wohl versucht, neue Ermittlungsverfahren zusammenzuschustern, war damit aber wegen des unzureichenden Beweismaterials nicht durchgekommen. Vielleicht wollte man aber auch nur die aktivsten Gefangenen für die unruhige Übergangszeit neutralisieren. Die Zurückgekehrten kamen allerdings nicht wieder auf ihre alten Zellen, auch Hartmut nicht. Er wurde nicht nur einer anderen Zelle, sondern sogar der anderen Schicht zugeteilt.

In diesen Tagen sprach mich übrigens während der Freistunde ein Gefangener an, der erst kürzlich nach Rummelsburg gekommen war und im November 1976 in Hohenschönhausen mit Klaus, dem jungen Mann aus meinem Kofferraum, zusammengelegen hatte. Ebenso wie die junge Frau war Klaus damals schon verurteilt worden und wartete auf seinen Abtransport nach Cottbus. Die Prozesse der beiden Flüchtlinge hatten wenige Tage nach meinem Termin ebenfalls in Frankfurt/Oder stattgefunden. Klaus war zu dreieinhalb, die junge Frau, der man wohl die Mitnahme des Kindes anlastete, zu viereinhalb Jahren verurteilt worden. Der Anwalt, der uns alle drei vertreten hatte, hatte damals Klaus mein Urteil wie auch das der jungen Frau mitgeteilt. Klaus wiederum erzählte später in Hohenschönhausen seinem Zellengefährten davon.

Am Donnerstag, dem 5. Mai, trat das neue Strafvollzugsgesetz in Kraft. Bevor wir am Nachmittag zur Freistunde ausrückten, sammelte Lange noch einmal das Kommando auf dem Korridor. Mit scharfen Worten rügte er unsere »Disziplinlosigkeit« an den Vortagen: »Zwanglose Bewegung heißt nicht, dass alles wild herumrennt, und schon gar nicht zwangloses Nichteinhalten der Bekleidungsordnung! Das Tragen der Käppis bleibt weiterhin verbindlich! An den Gymnastikübungen hat jeder Strafgefangene teilzunehmen! Aber kommen Sie mir nicht damit, Sie hätten sich beim Sport überanstrengt!« Das waren die Kernpunkte. Wir guckten ihn an und nickten eifrig mit den Köpfen. Als wir dann auf den Hof kamen, nahmen wir zwar an den Gymnastikübungen unter Anleitung des Zentralhausarbeiters teil, waren danach aber noch ausgelassener als je zuvor. Ein paar Mal konnten wir das zornesbleiche Gesicht unseres »Erziehers« im Treppenhaus sehen. Das war aber auch das Letzte, was wir für mehrere Wochen von ihm zu Gesicht bekamen. Er hatte sich über unseren Auftritt auf dem Hof derart geärgert, dass er eine Magenkolik bekam, die ihn für mehrere Wochen außer Gefecht setzte. Sein blamabler Vortrag, den er sich am 5. Mai vor uns geleistet hatte, war bis zu seiner Rückkehr hausbekannt. Auch Langes Kollegen und Vorgesetzte schüttelten wohl über so viel Ignoranz nur noch den Kopf. Als er wiederkam, erhielt er jedenfalls das Kommando über unsere Station nicht zurück, sondern wurde mit der Araberstation bedacht, die unter den Offizieren übel beleumdet war. Die hier sitzenden Südländer ließen sich relativ wenig bieten und beantworteten hin und wieder Maßnahmen des SV auch mit physischem Widerstand. Langes Vorgänger Herbig (»Brottasche«), den wir von der Zugangsstation kannten, hatte so zum Beispiel im Februar 1977 einmal einen Hocker über den Kopf bekommen. Wir freuten uns im Mai/Juni 1977 und meinten, Lange sei auf dieser Station sehr gut aufgehoben.

Um den 10. Mai herum hatte ich eine Grippe. Major Radtke schrieb mich sogar krank, was großes Aufsehen erregte, da ich an diesem Tag von zehn Patienten als einziger für krank befunden wurde. Da ich auch über Druck auf den Ohren klagte, überwies mich Radtke an den HNO-Facharzt, einen Vopo-Major, der zweimal wöchentlich in die Anstalt kam. Dieser Grün-Uniformierte besah sich bei seiner nächsten Visite in Haus IV auch meine Ohren. Sie seien verschmutzt und bedürften der Reinigung, befand er schließlich. Statt sie aber wie üblich auszuspritzen, begann er mit einem Instrument, das mich lebhaft an ein Laubsägeblatt erinnerte, in meinem rechten Ohr herumzubohren. Dies tat er ungeachtet meiner Schmerzen, bis das Ohr zu bluten anfing. Damit zufrieden, verlangte er von dem danebenstehenden Kalfaktor einen kleinen Tupfer und etwas Gaze und legte beides in das Ohr ein. »Nun können wir uns der anderen Seite zuwenden«, meinte er und forderte mich auf, den Kopf herumzudrehen. »Aber nicht mit mir«, rief ich und hatte schon den Behandlungsstuhl verlassen und die Türklinke in der Hand. Hinfort war neben der Blutentnahme auch der HNO für mich tabu.

Schon seit Monaten gab es Gerüchte, unser »Ausländervollzug« solle von Haus III nach Haus VI verlegt werden, wo wir noch mehr als bisher isoliert wären. Dafür würde, so hieß es, Haus VI für uns vollständig renoviert. Die Innenausstattung solle mit der von Haus III gar nicht zu vergleichen sein. Wir würden innerhalb des Hauses VI auch wesentlich größere Bewegungsfreiheit als bisher erhalten. Eventuell würde es sogar offene Stationen geben. Diese Gerüchte stammten teils von Wichtigtuern und Schwätzern, vereinzelt aber auch von Leuten, die gute Beziehungen zum »Erzieher« oder zum SV allgemein hatten. Ich wusste nicht, was ich davon halten sollte; Tatsache war für mich nur eins: In und um Haus VI wurde gebaut, und das nicht zu wenig.

Im Laufe des Mais 1977 verdichteten sich die Gerüchte immer mehr. Teilweise ließen jetzt sogar SV-Angehörige ganz offen Bemerkungen über unseren baldigen Umzug fallen. Die Gerüchte wurden zur Realität. Als wir am 18. Mai, einem heißen Sommertag, von der Frühschicht kamen, sahen wir vor dem Tor des Hauses VI mehrere Dienstfahrzeuge sowie einen ganzen Pulk Blau-Uniformierter stehen. Der Umzug hatte begonnen. Die andere Schicht war bereits am Vormittag umgezogen. Auf unserer alten Station gähnten uns von der gegenüberliegenden Seite die offenen Zellentüren an. Aus den geräumten Zellen hatte man schon alles, was nicht zum bloßen Mobiliar gehörte, entfernt, sogar die Matratzen. Gruppen von DDR-Häftlingen waren unten vor dem Haus damit beschäftigt, das alles auf Handwagen zu laden und abzutransportieren. Auch an uns ging, kaum dass wir auf unseren Zellen angekommen waren, die Weisung, unsere Sachen zusammenzupacken. Während wir unsere Bündel schnürten, wurde auch noch das Mittagessen gebracht. Es war ein schönes Tohuwabohu. An Essen war gar nicht zu denken. Ich glaube, wir haben an diesem Tag überhaupt nichts angenommen.

Schließlich waren wir fertig und saßen auf den gepackten Sachen, vielleicht zwei Stunden lang. Dann musste es auf einmal wieder sehr schnell gehen. »Los, los, los!«, hörten wir es nur über den Gang schallen. Da ging auch schon unsere Zellentür auf: »Drei Mann kommen noch mit!« Einen Moment zögerte ich, stand dann auf, nahm Bündel, Karton und Tüten auf, warf einen letzten Blick zurück und begab mich auf den Gang. Dort stand Unterleutnant Nietsche, der »Erzieher« des DDR-Kommandos Dora I, der Lange seit dem 5. Mai vertrat. Er wies mich auf den Hof, wo schon das halbe Kommando stand. Wir bildeten eine halbwegs ordentliche Formation, nahmen unsere Habe wieder auf und rückten auf Kommando in Richtung Haus VI ab. Das kurze offene Stück zwischen den beiden Häusern war von einem Kordon von SV'lern abgesperrt. Mühselig schleppte ich mich samt meinem Gepäck voran. Angesichts der Sommersonne und der schweren Last kam ich mir wie ein Schwerstarbeiter vor. Ich war froh, als ich es bis vor den Haupteingang des Hauses VI geschafft hatte und kurz verschnaufen konnte.

Die Gliederung des Hauses VI war ebenso wie im Haus III. Gegenüber der Mitteltreppe befand sich auf Berta die Zentrale für das SV-Personal. Auf jeder der Etagen Anton, Berta, Cäsar und Dora lag links und rechts des Mittelaufganges je eine Station. Für uns hieß es an diesem Tag: »Station Cäsar II.« Hier endete allerdings die Ähnlichkeit mit Haus III. Statt der acht Zellen, die es dort auf jeder Seite des Korridors gegeben hatte, lagen hier jeweils vier größere Räume, die nicht nur über den Gang erreichbar, sondern durch Türen in den Zwischenwänden auch untereinander verbunden waren. Während die ersten drei dieser großen Räume als Zellen eingerichtet waren, sollte der vierte wohl als Fernsehraum dienen. Allerdings war noch kein Gerät vorhanden. Die Zellen waren etwa doppelt so groß wie in Haus III. Zwar waren auch hier auf vielleicht 28 Quadratmetern zehn Betten, drei Spinde, zwei Tische, zehn Schemel und – hinter einer spanischen Wand – die Sanitärecke untergebracht, doch boten die neuen Räume spürbar mehr Platz für jeden. Die ersten Tage nach dem Umzug fühlten wir uns fast wie in einer Jugendherberge, die nur merkwürdigerweise Gitter vor den Fenstern hatte. Zusätzlich zu diesen vier Räumen gehörte zu jedem Trakt noch ein an der Mitteltreppe gelegener Wasch- und Duschraum, der ebenfalls ständig zugänglich war. So konnte man statt, wie bisher, wöchentlich nun täglich unter die Dusche steigen. Neben drei Duschen befanden sich hier auch zwei Toiletten und mehrere Handwaschbecken, sodass auch die allgemeine Hygiene besser als zuvor gewährleistet war.

Nachdem wir uns eingerichtet hatten, war die Stimmung des Kommandos blendend. An diesem ereignisreichen Tag bekam ich übrigens erstmals den Anstaltsleiter, einen Oberst, zu Gesicht. Er inspizierte vom Gang aus jede Zelle, ließ sie sich aufschließen und wollte sich »väterlich« von der Zufriedenheit seiner Gefangenen überzeugen. Der untersetzte Mann von Mitte 50 hatte seine Rolle als »gütiger Gefängnisvater« gut einstudiert. Als aber einige Gefangene ironisch für die gute Unterbringung dankten, schließlich wüssten sie aus dem »Neuen Deutschland«, dass sie es hier besser als im Westen hätten, wo ja alle völlig entwurzelt wären, reagierte er mit einem Wutausbruch, kündigte disziplinarische Folgen an und brach seinen Rundgang ab.

Für ein paar Tage blieben die alten Kommandos noch erhalten. Zur Arbeit marschierten wir weiterhin nach Haus V. Am 24. Mai begann dann die Auseinanderlegung der bisherigen Stationen nach einem ausgeklügelten System. Kaum ein Gefangener blieb mit ihm bekannten Leuten zusammen. Unterleutnant Nietsche verteilte uns truppweise auf die einzelnen Trakte. Ehe ich mich versah, war ich auf Cäsar I gelandet, wo uns »Brottasche« als neuer »Erzieher« erwartete. Ich kam auf den neben der Dusche von Cäsar I A gelegenen Verwahrraum 222, richtete mich dort häuslich ein und musste dann zur Arbeit. Als ich zur Arbeit ging, war nur ein weiteres Bett belegt gewesen. Um 22.30 Uhr, bei meiner Rückkehr von der Arbeit, war alles wieder voll. Ich hatte neun völlig neue Leute um mich herum, und eine neue Etappe meiner Odyssee hatte begonnen.

Trakt Cäsar I A

Der Tagesablauf blieb auch auf dem neuen Kommando der gleiche. Zusammen mit den Trakten Cäsar II A und Dora I A bildeten wir eine gemeinsame Schicht, die weiterhin in Haus V arbeitete. Dort verlor ich übrigens in diesen Tagen endgültig meinen Platz am Geko-Band. Zivilmeister Pomnitz meinte mir gegenüber zur Begründung, wenn er eine Arbeitskraft vom Band entbehren müsse, dann würde er sich selbstverständlich für die entscheiden, die am lustlosesten arbeite. Das traf mich allerdings nicht allzu hart. In der Folge arbeitete ich als Aushilfe am Relog-Band. Hier war ich vorwiegend damit beschäftigt, Schrauben vorzustecken, das heißt mit Unterlegscheiben und Federringen zu bestücken, damit andere diese verarbeiten konnten. Oft habe ich in dieser Zeit auch mit Christian Christiansen zusammengearbeitet, mit dem man sich gut unterhalten konnte, obwohl ihm die Haftbelastungen inzwischen nervlich erheblich zu schaffen machten. Meine Steckarbeit gehörte zu den wenigen Arbeitsgängen, die nicht normiert waren. So erhielt ich Durchschnittslohn. Da mein Durchschnitt dank der Monate bei Geko erheblich über 100 Prozent lag, war ich im Vergleich zur erbrachten Arbeitsleistung jetzt sehr gut gestellt.

Eine Abweichung gegenüber dem Tagesablauf in Haus III brachte lediglich die auf eine Stunde verlängerte Freistunde mit sich. Der ursprünglich recht große Hof zwischen dem Zellenbau und dem dazugehörigen Industriegebäude, das wir auch bald von innen kennenlernen sollten, war nämlich in drei kleinere, durch Mauern voneinander getrennte »Freihöfe« unterteilt worden. Auf dem größten dieser Höfe, dem Hof 3, befand sich ein Volleyballfeld. Hier waren auch noch einige traurige Rasenreste erhalten geblieben. Die anderen beiden, kleineren Höfe waren kahl. Von den Betonplatten des Rundwegs abgesehen, bestand die Hoffläche aus nacktem Sand, der täglich geharkt wurde. Allerdings standen entlang des Betonweges einige Bänke, sodass man sich während des einstündigen Rundganges auch einmal hinsetzen konnte. Überwacht wurde die Freistunde nicht mehr wie in Haus III von einem SV-Meister, der sich mit den Gefangenen auf dem gleichen Hof befand. Die Überwachung fand jetzt von einem Turm aus statt, der sich am Schnittpunkt der drei Höfe befand, sodass man alles von ihm aus überblicken konnte.

Obwohl man sich jetzt während der Freistunde besser bewegen konnte und auch des lästigen Käppizwangs ledig war, gefiel uns die neue Hofanlage nicht. Sie war steril und unpersönlich. Immer auf drei Seiten von Häusern umgeben, verlor man den Blick für die Weite und fühlte sich bedrückt und eingeengt. Gerade auf den kahlen Höfen 1 und 2 inmitten von Sand und Beton, umgeben von rauverputzten Mauern, ohne einen einzigen grünen Halm auf dem Boden, konnte man leicht in eine depressive Stimmung geraten. Vielleicht war aber auch gerade das beabsichtigt.

Während des Hofganges am Montag fand jetzt der Einkauf statt. Wegen der gestiegenen Kaufkraft der Gefangenen reichte ein provisorischer Verkaufstisch nicht mehr aus. Die HO hatte deshalb in zwei Kellerzellen einen Verkaufs- und einen Lagerraum eingerichtet. Hier arbeiteten zwei DDR-Gefangene. Wir wurden in Gruppen von jeweils zehn Gefangenen von der Freistunde aus hierher gebracht. Das Angebot war gegenüber dem der Anfangszeit, ja sogar noch dem verbesserten von Januar gegenüber erheblich gestiegen. Es gab Kuchen, Limonade, Sirup, Wurst- und Fischkonserven, Marmelade, Knacker, Obst, Kompott, Süßwaren, Rauchwaren und Toilettenartikel. Kurze Zeit war sogar einmal löslicher Kaffee im Angebot. Da es eine ganze Reihe von Gefangenen gab, die ihr Arbeitssoll weit über 100 Prozent erfüllten (Werte von 200 bis 300 Prozent Normerfüllung waren nicht selten), kann man sich vorstellen, dass sich hier manchmal ganze Einkaufsorgien abspielten.

Auf den Trakten machten sich übrigens bald die Nachteile der neuen Unterbringung bemerkbar. Bislang hatte man auf ständig verschlossenen Zellen zu sechst auf engstem Raum zusammenleben müssen. Dabei hatte man die Mitgefangenen genau kennengelernt. Jetzt hatte man zwar etwas mehr Raum zur Verfügung, lag dafür aber zu zehnt auf einem Raum, der nicht ständig verschlossen war, sondern Verbindung zu zwei weiteren, entsprechend belegten Räumen besaß. So hatte man nicht nur neun Mitgefangene, sondern eigentlich 29. Durch die Umlegungen kannten sich von den 30 Gefangenen des Trakts die wenigsten schon längere Zeit. Mir fiel es zumindest 1977 sehr schwer, eine Einschätzung aller Mitgefangenen zu finden.

Anderen erging es ebenso. Damit war dem Spitzelwesen unter den Häftlingen Tür und Tor geöffnet. Ein weiterer wesentlicher Nachteil des Traktsystems bestand darin, dass jeder Gefangene ständig von Raum zu Raum wechseln konnte, was auch reichlich genutzt wurde. Obwohl man auf den ersten Blick meinen sollte, dass ein größeres Maß an Freizügigkeit im Strafvollzug nur von Vorteil sei, trügt dies. Binnen kurzem herrschte auf den Trakten eine regelrechte Bahnhofsatmosphäre. Mit Ausnahme des eigenen Bettes gab es keinen Platz, wohin man sich zurückziehen konnte. Ständig war irgendwo Trubel. Bald war man so weit, dass man sich fast nach den kleineren und ständig verschlossenen Zellen zurücksehnte.

Am 6. Juni kamen meine Eltern wieder zu Besuch. Dieser Besuch wurde schon nach den Bedingungen des neuen Strafvollzugsgesetzes abgewickelt. Beide Elternteile durften kommen, und der Besuch dauerte eine Stunde. Sie versprachen mir, im August wiederzukommen. An diesem Tag war auch die erste Aktion seit November 1976. Für acht Gefangene öffnete sich damit der Weg zurück in den Westen. Auf dem Weg zum »Sprecher« sah ich, wie Meister Rohne auf dem Korridor von Berta einige der Entlassungskandidaten nach Kassibern filzte, darunter auch Sablonski, mit dem ich zu Beginn meiner Rummelsburger Zeit zusammengelegen hatte. Die Aktion hob die Stimmung unter den Gefangenen beträchtlich. Mancher hatte aufgrund der langen Pause nämlich schon befürchtet, dass die Aktionen generell ausgesetzt seien und man sich wohl oder übel mit dem ausgesprochenen Strafmaß abfinden müsse.

Wenige Tage darauf, am 11. Juni, hatte ich meine erste ernsthafte Konfrontation mit den Zuchthausinstanzen. Normalerweise hatte die Spätschicht, deren Arbeitszeit ja von 14.30 bis 23.30 Uhr ging, an den Samstagen arbeitsfrei. An diesem Samstag aber hieß es, die Spätschicht müsse zur Ableistung von Überstunden mit ausrücken. Rückblickend nehme ich an, dass diese Maßnahme von Stasi und SV im Hinblick auf den bevorstehenden 17. Juni getroffen wurde. Während dieser Tag für die Mehrheit der Bundesbürger damals schon seit langem nur Anlass für einen gerngesehenen Feiertag war, an dem man gedankenlos ins Grüne fahren konnte, wirkte dieser Tag in der DDR bis zu deren Ende magisch nach. Auch die Behörden der DDR dachten voller Grauen an jene Tage im Jahre 1953 zurück, als die mitteldeutsche Bevölkerung sich fast spontan erhob, um die kommunistische Unterdrückung abzuschütteln, und es nur der Hilfe sowjetischer Panzer zu verdanken war, dass die SED-Herrschaft diese Krise überlebte. Auch die Strafvollzugsorgane erinnerten sich beklommen daran, dass seinerzeit die Zuchthäuser in Görlitz, Halle, Magdeburg und anderen Orten gestürmt wurden, die politischen Gefangenen befreit und die gerade diensttuenden Wärter zum Teil ihrer gerechten Strafe zugeführt wurden. Jährte sich dieser Tag, so wurde dieses Jubiläum stets von verstärkten Sicherheitsmaßnahmen auch in den Strafvollzugsanstalten der DDR begleitet. 1975 war es in Rummelsburg sogar dazu gekommen, dass die Gefangenen des »Ausländerkommandos« in ihrer Mehrheit nur 17 Prozent Arbeitsleistung an diesem Tag abgaben. Seinerzeit waren daraufhin die Bandleiter unter dem Verdacht der Rädelsführerschaft wieder in Untersuchungshaft genommen worden. Man hatte sie allerdings bald darauf ohne weitere Verurteilung wieder nach Rummelsburg zurückgebracht.

Mit der Maßnahme, uns am Samstagnachmittag arbeiten zu lassen, sollten wir vermutlich provoziert werden. Die Verantwortlichen rechneten damit, dass die stärkeren Häftlingspersönlichkeiten, die Aktiveren und Mutigeren, vielleicht auch nur die Leichtsinnigeren, jedenfalls aber die harten Gegner, sich dieser

Anordnung widersetzen würden. In der Tat weigerte sich zunächst fast ein Drittel der Gefangenen, zur Arbeit zu gehen. Und für diesen Fall hatte der SV vorgesorgt. Eine Art Schnellgericht aus Offizieren des Hauses hatte sich unter dem Vorsitz des Oberleutnants Wendel im Büro des stellvertretenden Abteilungsleiters zwischen den Stationen Dora I und II versammelt. Dort wurden alle, die die Arbeitsaufnahme verweigerten, einzeln vorgeführt. Einige gingen auch von dort direkt zur Arbeit. So kam auch ich in dieses Büro. Zunächst wurde ich angeherrscht, ob ich mich nicht anständig anmelden wolle. Da mir der Ton nicht gefiel, meinte ich daraufhin, das wäre für mich nicht so wichtig. Wendel wollte schon explodieren, noch bevor wir überhaupt zum eigentlichen Thema gekommen waren, aber der neben ihm sitzende Meister Rohne hielt ihn zurück und fragte mich, weshalb ich nicht arbeiten wolle. Ich erklärte ihm, dass mir aus dem »Neuen Deutschland« bekannt sei, dass laut Strafvollzugsgesetz die allgemeinen arbeitsrechtlichen Bedingungen auch im Strafvollzug gelten würden. Auch sei mir bekannt, dass laut Beschluss des DDR-Ministerrates und des FDGB-Bundesvorstandes vom 1. Mai 1977 für Arbeiter im Zweischichtsystem die 42-Stunden-Woche verbindlich sei. Ich würde im Zweischichtsystem arbeiten. 42 Stunden aber hätte ich bereits am Freitagabend absolviert. Zu meiner Verblüffung gab mir Wendel zunächst recht. Nach einer Pause aber fuhr er fort: »Aber Sie sind Strafgefangener und als solcher allen unseren Weisungen unterworfen. Wenn wir Ihnen nun die Weisung erteilen, jetzt zur Arbeit zu gehen, so haben Sie dieser Weisung Folge zu leisten. Treten Sie ab, Strafgefangener!« Ich wollte ihn noch fragen, ob er als Oberleutnant qua Weisung die Gesetze der DDR aufheben könne, aber er fiel mir ins Wort und herrschte mich an: »Sie haben hier nichts mehr zu fragen, Sie haben zur Arbeit zu gehen!« Nunmehr erklärte ich ebenfalls ziemlich scharf: »Wenn ich nicht mehr fragen kann, dann kann ich auch nicht mehr arbeiten!« Wendel zischte daraufhin nur noch: »Sofort auf Anton!«

Ich verließ das Dienstzimmer, um die Treppe zum Keller herabzugehen. Da tauchte hinter mir ein SV-Meister auf. Es handelte sich um einen jüngeren, kräftigen und ziemlich großen Mann mit kindlichen Gesichtszügen. Von den Gefangenen wurde er »Silvester« oder auch »Blondi« genannt. Später erfuhr ich, dass er Degner hieß. Er schubste mich von hinten, dass ich beinahe stolperte, und lief dann, mir von Zeit zu Zeit einen Stoß zwischen die Schultern versetzend, hinter mir die Treppe hinab. Das zwang mich zu einer immer schnelleren Gangart. Obwohl ich Pantoffeln anhatte, rannte ich schließlich vor ihm die Treppe hinab. Es mag eine lustige Vorstellung sein, einen Gefangenen zu sehen, der von einem Bewacher die Treppe heruntergejagt wird. Ich selbst fand es damals aber gar nicht lustig, sondern hatte wahnsinnige Angst, von einem dieser Stöße das Gleichgewicht zu verlieren und die Treppe hinabzustürzen. Gott sei Dank kam ich unten wohlbehalten an, wartete dort mit Degner vielleicht eine Minute, um schließlich von Leutnant Lange in eine der Arrestzellen gesperrt zu werden. Zuvor hatte Lange mich allerdings noch gefilzt und mir den Inhalt meiner Taschen abgenommen. Zunächst war ich damit beschäftigt zu lauschen, was auf dem Gang geschah. Es wurden noch mehrere andere Zellen geöffnet und wieder geschlossen. Bis zum Abend waren alle Kellerzellen mit Arbeitsverweigerern belegt. Wir unterhielten uns über die geöffneten Fenster. Nachdem am Abend die Pritsche durch die SV-Nachtschicht heruntergeschlossen wurde, fand ich es in meinem neuen Souterrain-Quartier ganz annehmbar. Vor allem empfand ich es als positiv, dass es hier unten ruhig war. Man konnte sich hier wieder einmal auf sich selber besinnen.

Am Montag wurde ich nach der Freistunde von den Leutnants Lange und Geschonnek geholt. Im Dienstzimmer auf Anton unterhielten sie sich sitzend eine Stunde mit mir, während ich vor ihnen stand. Diese Unterhaltung war für mich äußerst interessant. Zunächst war das Gespräch recht sachlich. Geschonnek, der das Gespräch führte, las mir einiges aus einer »Dienst- und Vollzugsordnung« vor, einem grauen Ringbuch im DIN-A5-Format. Demnach hätten Strafgefangene lediglich alle sieben Wochen

Anspruch auf ein arbeitsfreies Wochenende. Die durchschnittlich erzielte Arbeitsleistung sei als Produktionskennziffer des Arbeitskommandos anzusetzen. Würde diese Ziffer nicht mehr erreicht, so sei der Strafvollzug berechtigt, die Gefangenen unentgeltlich so lange nacharbeiten zu lassen, bis die Kennziffer wieder erfüllt sei. Außerdem könne jeder Gefangene neben seiner Arbeit für den Arbeitseinsatzbetrieb noch pro Tag für vier Stunden zu Arbeiten zur Aufrechterhaltung des Anstaltsbetriebes ohne Entlohnung herangezogen werden. Geschonnek meinte, das würde alles zusammengenommen wohl in keiner Anstalt praktiziert werden, sei aber rechtlich durchaus möglich. Ich könne deshalb davon ausgehen, dass alle Weisungen des SV, auch die vom letzten Samstag, mit den rechtlichen Bestimmungen in Einklang stünden. Einsicht in seine »Dienst- und Vollzugsordnung« wollte er mir allerdings nicht gewähren. Stattdessen brachte er nunmehr politische Argumente ins Spiel. In der DDR würde eine Klasse regieren, die nicht die meine wäre. Diese Klasse habe Gesetze geschaffen, denen ich aufgrund meiner Herkunft zwangsläufig feindlich gegenüberstehen würde. Das sei ihnen alles klar. Andererseits sei ich nicht wie die meisten meiner Mitgefangenen ein Entwurzelter, Asozialer oder Krimineller. Im Westen würde ich bestimmt niemals mit dem Gesetz Schwierigkeiten haben. Aber nun sei ich hier. Man wolle mich hier ja gar nicht umerziehen. Ich solle aber erkennen, dass ich mich auf Dauer der mich umgebenden Ordnung fügen oder zumindest anpassen müsse. Die DDR sei souverän und habe sich ihre eigene Ordnung gegeben. Auch wenn mir das nicht gefalle, müsse ich mich daran gewöhnen.

In diesem Stil ging es wohl an die 20 Minuten. Als Geschonnek an meinen gelegentlichen Entgegnungen merkte, dass er mich nicht so recht zu überzeugen vermochte, meinte er schließlich, ich sei wohl noch zu jung, um das zu begreifen. Ich solle noch einmal 21 Jahre leben; vielleicht sei ich dann etwas klüger. Es hätten schließlich schon ganz andere Leute, wie z. B. auch ein Herr Brandt, sich bequemen müssen umzudenken. Ich entgegnete, dass es in 21 Jahren, also 1998, vielleicht die DDR gar nicht mehr geben würde. »Meinen Sie wirklich, die beiden Teile finden noch einmal zusammen?«, fragte mein Gegenüber daraufhin nachdenklich, um mir gleich darauf einen Vortrag über das militärische Kräfteverhältnis in Europa zu halten. Als er mich aber auch damit nicht überzeugen konnte, wechselte er das Thema.

Ob ich mich denn noch an den § 236 Strafgesetzbuch erinnern könne? Am letzten Samstag hätte ja immerhin eine ganze Reihe von Gefangenen die Arbeit verweigert. Aufgrund meiner Herkunft und meines Wissensstandes sei ich den meisten meiner Mitgefangenen erheblich überlegen. Wie es mir denn gefallen würde, als Rädelsführer einer Gefangenenmeuterei mit Aussicht auf weitere zwei bis zehn Jahre vor Gericht zu stehen. Ich meinte, dass mir das sicherlich nicht gefallen würde, aber dass auch die Beweislage hierfür wohl etwas dünn wäre. Das solle ich nur ihre Sorge sein lassen, erhielt ich zur Antwort. Selbst wenn man mich nicht vor Gericht bringe, so könnte ich doch mit einer gepfefferten Hausstrafe rechnen. 21 Tage strengen Arrests wären wohl das Mindeste. Man könne allerdings auch großzügig sein; ich würde doch sicherlich noch wissen, mit wem ich über die Arbeitsverweigerung am Samstag gesprochen hätte. Vielleicht wisse ich auch noch, wie sich dieser oder jener Gefangene zu diesem Punkt geäußert habe. Interessant wären auch die Begründungen, mit denen die Arbeit verweigert würde. Vielleicht lägen hier in einzelnen Fällen sogar berechtigte Anliegen der Gefangenen vor, die vom SV zu überprüfen wären. Hierzu könnte ich doch sicherlich eine »Persönliche Stellungnahme« schreiben. Ich antwortete, dass ich hier nur für mich sprechen könne, dass es sicherlich auch Unterhaltungen zu diesem Thema unter den Gefangenen gegeben habe, dass diese mir aber »leider« nicht mehr erinnerlich wären. Vielleicht sollten sie doch besser Beweise für den 236er suchen.

Geschonnek entgegnete, man könne es auch so machen, dass ich nach meiner Rückkehr in den Westen meine zehn Jahre dort erhielte, wenn mir das lieber wäre. Ich erwiderte ihm nur, dass er zu diesem Zweck sicher ganz gerne ein paar »Persönliche

Stellungnahmen« in der von ihm skizzierten Art zur Verfügung hätte, von mir aber nicht bekommen würde. »Sagen Sie mal, Ihr Verhalten zeigt ja eine ganze Menge Mut. Das ist ja unter Ihresgleichen ansonsten gar nicht typisch, wie kommt denn das?«, wechselte er abermals das Thema. Ich antwortete ihm, dass man mich im Oktober 1976 mit derartigen Drohungen sicher noch hätte einschüchtern können, dass ich aber inzwischen auch etwas dazugelernt hätte. »Mit der Zeit verliert man dann auch etwas den Respekt vor der Uniform«, waren wohl meine direkten Worte im Anschluss hieran.

Als ich das sagte, ballte Geschonnek unwillkürlich die vor ihm auf dem Tisch liegenden Hände zu Fäusten, blieb aber äußerlich ruhig und mahnte mich: »Sprechen Sie weiter!« Diese Bemerkung schien ihn mehr getroffen zu haben als die über den Fortbestand der DDR. In der Folge suchte er mich weiter davon zu überzeugen, eine »Persönliche Stellungnahme« abzugeben. Dabei wechselten ständig Schmeicheleien mit Drohungen. Interessanterweise wurde hierbei deutlich, dass Geschonnek und Lange offensichtlich etwas gegen einige der jüngeren Offiziere im Haus, darunter wohl auch gegen meinen »Erzieher« Herbig, zu haben schienen. Geschonnek sagte nämlich unter anderem, ich stünde hier zwei Leuten gegenüber, die wüssten, dass sie Macht hätten, und denen es keine Bauchschmerzen bereiten würde, diese Macht anzuwenden, ganz im Gegensatz zu manchen Jüngeren, denen es ja fast das Herz abklemmen würde, einmal wirklich hart zu handeln. Bemerkenswert an dem ganzen Gespräch war, dass es trotz der brisanten Themen die ganze Zeit über in normalem Ton verlief. Hätte ich nicht stehen müssen, während die Offiziere saßen, so hätte man fast an ein Gespräch unter Gleichen denken können.

Nach einer Stunde erhielt ich Papier und Bleistift und wurde auf meine Zelle zurückgebracht. Dort brachte ich noch einmal meinen Standpunkt bezüglich der Samstagsarbeit zu Papier und beschwerte mich, dass man mir die Einsicht in die für die Regelung dieser Frage wohl wesentlichen Vorschriften verwehrt habe.

Hinsichtlich der Einstellung anderer Häftlinge zu diesem Thema machte ich keine Angaben. Die Stellungnahme wurde nach einiger Zeit von Leutnant Herbig abgeholt, der sehr überrascht schien, mich hier im Keller vorzufinden. Er war übrigens am Samstag auch nicht im Haus gewesen. Etwa eine Stunde später erschien Lange, um die Stellungnahme abzuholen. Sein Gesicht wurde seinem Namen sehr ähnlich, als ich ihm sagte, dass ich die Stellungnahme bereits Herbig mitgegeben hatte.

Insgesamt blieb ich zehn Tage im Keller. Da ich mich nur in Einzelunterbringung (EU) befand, waren meine Lebensbedingungen nicht allzu schlecht. Ich konnte einkaufen und auch tagsüber liegen. So betrachtete ich diese Zeit als einen willkommenen Urlaub, um mich von der Hektik, die oben auf dem Trakt herrschte, etwas zu erholen. Albert, der noch in Haus III von seinem Hilfsbrigadiersposten entbunden worden war und jetzt als eine Art Hilfskalfaktor im Keller herumlief, packte wohl etwas das schlechte Gewissen mir gegenüber, was zur Folge hatte, dass er mich die ganze Zeit im Keller über bevorzugt mit Büchern versorgte. So fehlte es mir im Rahmen der Gefängnismöglichkeiten an nichts. Auch der 17. Juni, an dem ich ohnehin nicht vorhatte zu arbeiten, verging so. Es war alles in allem eine angenehme Zeit. Am 21. Juni kam Leutnant Urban und fragte, ob ich wieder bereit sei, zu arbeiten. Da sowohl der fragliche Samstag als auch der Tag der deutschen Einheit vorüber waren, erklärte ich mich auch dazu bereit und kam am gleichen Nachmittag wieder auf meine Station.

Hier gefiel es mir noch weniger als vor meinem »Kellerurlaub«. Ich fand kaum Kontakt zu meinen Mithäftlingen und fühlte mich wie entwurzelt. Einigermaßen zufrieden war ich nur auf Arbeit, wo ich noch einige Bekannte von unserem alten Kommando hatte. Relativ viele meiner alten Freunde lagen auf dem Trakt Cäsar II A, mit dem wir jetzt nur noch während der Arbeitszeit zusammenkamen. Was lag näher als anzustreben, auf diesen Trakt verlegt zu werden? Ich stellte also mehrere Anträge über den »Erzieher«. Um zu zeigen, wie ernst es mir damit war, beantragte ich für den

Fall der Ablehnung meines Antrags, mich in Einzelunterbringung zu legen. Anträge auf Einzelunterbringung gab es übrigens eine ganze Reihe, da viele Häftlinge den Trubel auf den Trakten ebenso wie ich als unangenehm empfanden. Meine Anträge wurden fürs Erste abgelehnt und, als ich sie abermals vorbrachte, wochenlang verschleppt.

Am 1. Juli zogen wir dann auch arbeitsmäßig um. Von nun an arbeiteten wir in dem Mitte der 50er Jahre entstandenen Industriegebäude, einem Anbau des Haus VI. Damit war auch eine Neueinteilung der Schichten verbunden. Zu unserer Schicht kam jetzt der Trakt Cäsar I B hinzu. Dafür rückte Cäsar II A – also die Leute, mit denen ich mich am besten verstand – für mich in unermessliche Ferne. Im Industriegebäude hatten wir das ganze obere Stockwerk für uns. Unter uns im Keller und im ersten Zwischenstockwerk produzierten DDR-Kommandos für den VEB Knorr-Bremse. Wir setzten unsere alten Arbeiten fort, nunmehr jedes Band in einem eigenen Werkstattraum. Außerdem kam noch ein neuer Produktionsbereich hinzu. In Haus V hatten wir, wenn nichts anderes zu tun war, gelegentlich auch kleine Kühlschrankschalter (Relais) montiert. Jetzt wurde an einem Extraband nicht nur die Montage dieser mit »RS 8« bezeichneten Geräte vorgenommen, sondern auch die Herstellung der Nietschaltstücke und Anker, die in die Gehäuse kamen, die elektrische Prüfung der Relais sowie ein Teil der weiteren Verarbeitung.

Am ersten Tag im IG wurden wir durch die Zivilmeister neu auf die einzelnen Bänder verteilt. In den RS-8-Bereich, der sehr ungünstige Normen hatte, wurden alle abgeschoben, mit denen es in der Vergangenheit bereits irgendwelche Schwierigkeiten gegeben hatte, darunter auch ich. Neuer Zivilmeister war wieder Meister Pomnitz, der neben Geko nun auch für RS 8 verantwortlich war. Als er mich sah, grinste er und teilte mich als E-Prüfer ein. Dieser Job sah zunächst sehr günstig aus und war es auch, verglichen mit anderen Tätigkeiten am Band. Die erste Woche arbeiteten wir außerdem auf Durchschnitt. Dann hieß es aber, dass wir im Gegensatz zum E-Prüfer bei Relog auf Norm arbeiten sollten: 100 Stück in 25 Minuten. Kurz darauf war es auch tatsächlich so. Meine Leistungen pendelten sich bald bei 60 Prozent ein, die ich – sehr zum Missfallen von SV und Betrieb – auch die nächsten zwei Monate durchhielt.

Die Räume im IG waren sauberer als der alte Arbeitssaal in dem zwischen 1876 und 1880 entstandenen Haus V. Als Verbesserung betrachteten wir auch den Umstand, dass es hier Pausenecken mit gepolsterten Stühlen gab. Das Beste aber war, dass die Fenster nicht mehr mit Blechen verblendet waren, sodass man einen weiten Blick hinaus hatte und zum ersten Mal sehen konnte, wie landschaftlich schön Rummelsburg gelegen war. Man blickte auf den Rummelsburger See und sah auf der anderen Seite Alt-Stralau mit seiner schönen Dorfkirche. Spreeaufwärts lagen der Treptower Park und der Vergnügungspark Plänterwald. Jetzt im Sommer fuhren auch oft die Dampfer der Weißen Flotte vorbei, und wir konnten auch manchmal das Jauchzen derjenigen hören, die am anderen Ufer badeten. Allerdings wurde einem so erst wieder richtig bewusst gemacht, was man alles entbehrte.

Die Monate des Hochsommers waren für mich unangenehm. Mit den Leuten auf meinem Trakt fand ich keinen engeren Kontakt. Die Arbeit gefiel mir auch nicht. Besonders unangenehm war die Berührung mit den Styropor-Paletten, in denen die zu prüfenden RS-8-Schalter transportiert wurden. Meine Anträge auf Verlegung wurden die ganze Zeit über verschleppt. Unter diesen Bedingungen fiel meine Arbeitsleistung noch weiter ab.

Anfang September hatte ich dann einen kleinen Auftritt mit dem Zivilmeister Krull vom RA 6/7-Band, dem es missfiel, dass ich mich während der Arbeitszeit etwas länger mit einem Gefangenen von seinem Band unterhalten hatte. Da ich nicht gleich in Demutsgesten verfiel, erboste sich Krull erheblich und verhieß mir zum Abschied: »Das werden Sie noch bereuen! Das wird noch seine Auswirkungen haben!« Am nächsten Tag teilte mir der Bandleiter mit, auf Anweisung des Betriebes sei ich ab sofort wegen »Nichtausnutzung der Arbeitszeit« vom Posten des E-Prüfers entbunden. Meine neue Tätigkeit bestand darin, an einem Niethammer Nietschaltstücke für die RS 8 zu verfertigen. Hier waren in 8,5 Minuten 100 Stück zu schaffen. Meine tägliche Durchschnittsleistung betrug nunmehr 12 bis 16 Prozent, wobei ich mich selbst hierbei noch großzügig aus den fertigen Vorräten im Regal bediente. Nach einigen Tagen aber galt es, Schaltstücke zu nieten, deren Vorrat alle war und die dringend benötigt wurden. An diesem Tag glänzte ich mit sieben Prozent Normerfüllung. Am nächsten Tag brauchte ich nicht mehr zu nieten, sondern musste Litze drallen, was hieß, die offenen Drahtenden von kurzen Kabeln mit den Fingern so zurechtzuzwirbeln, dass die fertigen Kabel verlötet werden konnten. Hier trafen sich alle, bei denen die Ausbeutungshoffnungen des Betriebes auf Null gesunken waren. Die Niethämmer blieben übrigens noch bis zum Winter 1977/78 auf dem Kommando in Betrieb. Erst nachdem sich kurz hintereinander zwei Gefangene einen Finger zernietet hatten, verschwanden sie von unserem Kommando.

Anfang September teilte mir Leutnant Herbig mit, meine Anträge auf Verlegung seien endgültig abgelehnt worden. Da ich wusste, dass der medizinische Dienst in meinem Fall eine Verlegung aus ärztlichen Gründen befürwortet hatte – ich war schließlich nicht untätig geblieben –, und da ich mir nicht vorstellen konnte, was der Abteilungsleiter, der offiziell für diese Entscheidung zuständig war, gegen eine derartige Verlegung haben konnte (er kannte mich ja gar nicht), verwickelte ich »Brottasche« in ein Gespräch. Dabei kam heraus, dass neben dem Abteilungsleiter, einem Major des SV, auch der Verbindungsoffizier des MfS hier mitzureden habe. Dieser habe aber seine Zustimmung verweigert. Über diese Entscheidung war ich ziemlich erbittert. Ich sagte Herbig, dass ich hieraus Konsequenzen ziehen und bei neuen Streitfällen nicht mehr auf den Instanzenweg vertrauen würde.

Als um den 10. September das Juligehalt ausgezahlt wurde, erhielt ich statt der mir zustehenden 80 Mark lediglich 30 Mark ausgezahlt. Ich forderte Herbig auf, den Verbleib des fehlenden Geldes zu klären und mir dann die 50 Mark auszuzahlen. Am

16. September rief er mich mittags vor der Arbeit in sein Büro und teilte mir mit, die Einbehaltung meines Geldes sei rechtens, denn ich hätte ja in der DDR noch Schulden, an deren Abzahlung ich mich endlich machen müsse! Ich antwortete, dass ich nichts von Schulden wisse, die ich anerkannt hätte. Er wies nun auf die 1963 Mark »Gerichtskosten« hin, ich darauf, dass ich die fragliche Rechnung nie anerkannt hätte und deshalb auch überhaupt nicht daran dächte, sie zu begleichen. So gab ein Wort das andere. Als Herbig nun noch den Versuch machte, mich umzustimmen, und barmte, er wolle das Geld doch nicht für sich, es sei doch »Volkseigentum«, da hatte er mir das Reizwort gegeben. Ich riet ihm, in Zukunft sein Volkseigentum alleine zu mehren. Ich würde das unter diesen Bedingungen jedenfalls ablehnen.

Am Abend desselben Tages befand ich mich bereits wegen Arbeitsverweigerung in einer Einzelzelle auf Anton I.

Arbeitsverweigerung

Auf Anton I gefiel es mir sehr gut. Hier konnte ich mich von der Hektik der Vormonate erholen. Außerdem brauchte ich nicht zu arbeiten, unterlag nicht dem ständigen Schichtwechsel und brauchte mir keine Sorgen wegen nichterfüllter Arbeitsnormen zu machen. In meiner Zelle hatte ich vier mal dreieinhalb Meter für mich allein. Störend waren nur ein Mittelgitter, das den Raum quer in zwei gleich große Bereiche teilte, und ein zum ersten rechtwinklig angeordnetes weiteres Gitter, das den Raum zwischen Tür und Mittelgitter noch einmal längs halbierte. In einem der so entstandenen Zellenviertel befanden sich Zellentür und Spind. Durch die Türöffnung des Längsgitters gelangte man in das zweite Raumviertel mit Toilette und Ausguss. Die verbleibende Raumhälfte zwischen Quergitter und Fenster war mein eigentlicher »Wohnraum«. Hier standen zwei Feldbetten, dazwischen unter dem Fenster der Tisch mit zwei Schemeln. Für die Öffnungen der beiden Gitter im Raum gab es übrigens nur eine Tür, die so schwenkbar war, dass man entweder das Quer- oder das Längsgitter schließen konnte. Solange ich mich noch auf Einzelunterbringung befand, blieb diese Tür aber stets geöffnet.

Ich ruhte mich die ersten Tage gut aus. Über die DDR-Hausarbeiter bekam ich einigermaßen erträgliche Bücher und konnte mich auf die Lektüre zurückziehen. Über die Fenster waren auch Unterhaltungen mit den Nachbarzellen möglich. Wie immer lag eine illustre Mannschaft im Keller, auf meiner Nebenzelle z.B. Hartmut. Er hatte noch im Mai erfahren, dass man seine Schwester nach ihrer Strafverbüßung zurück in die DDR entlassen hatte, statt sie in den Westen abzuschieben. Daraufhin hatte er die Arbeit verweigert und war mehrfach in Hungerstreik getreten. Nach dem letzten Hungerstreik war er Mitte August aus Meusdorf nach Rummelsburg zurückgebracht worden. Dort hatte er den Hungerstreik abgebrochen, nachdem ihm ein höherer MfS-Dienstgrad vage Versprechungen hinsichtlich der Übersiedelung seiner Schwester gemacht hatte. Auch seine Angehörigen hatten ihn gebeten, den Streik abzubrechen. Der SV wagte es nach seiner Rückkehr nicht, ihn auf ein normales Kommando mit anderen Gefangenen zusammenzubringen.

Auch »Kongo-Müller«, den ich von Oktober 1976 her kannte, war hier. Er hatte im November 1976 abermals versucht, sich durch Aufschneiden der Pulsadern das Leben zu nehmen, und befand sich seit dieser Zeit ununterbrochen in Einzelhaft. Gelegentlich erregte er Aufsehen durch seine Eskapaden gegenüber dem Wachpersonal. Auch die anderen Kellerinsassen lagen zumeist quer zur Anstaltsordnung.

Dementsprechend groß war das Hallo, als wir uns am nächsten Tag in der Freistunde trafen. Ich fühlte mich im Kreis derer, die sich hier unten befanden, wesentlich wohler als auf dem Trakt. Auch die anderen freuten sich, mich in ihrer Runde begrüßen zu können. Von einigen, die zwar im Keller lagen, aber von hier aus arbeiten gingen, erhielt ich Unterstützung, um die geminderte Verpflegung bis zum nächsten Einkauf überbrücken zu können.

Unsere Verbindung hielten wir auch nach der Freistunde bis zum Abend über den Gang oder die Fenster aufrecht.

Am Nachmittag des 18. September hörten wir Kongo plötzlich über starke Rückenschmerzen klagen und einen Arzt verlangen. Da es Sonntag war, war natürlich keiner greifbar. Die Posten teilten ihm das mit der Bemerkung mit, er solle mal nicht so angeben. Das war für Kongo das Signal, sich seinen Unmut von der Seele reden zu können. Sein Wutausbruch war im ganzen Keller zu hören. Darauf hatte der SV offenbar nur gewartet: Man hörte es kurz darauf schließen. Nachdem es draußen wieder ruhig war, begann Kongo wieder zu brüllen: Man hatte ihn kurzerhand angekettet. Sechs SV-Angehörige unter Führung von Leutnant Geschonnek hatten ihm Hand- und Fußschellen angelegt und diese durch Ketten mit seinem Bettgestell verbunden. Kongo schrie den ganzen Nachmittag über bis in den Abend hinein. Es ist ein schlimmes Gefühl, wenn man bei so etwas Zeuge wird und keinerlei Eingriffsmöglichkeit hat. Voller Empörung unterhielt ich mich mit Hartmut am Fenster über den Vorfall. Geschonnek kam bei unserem Gespräch nicht gut weg. Plötzlich wurde bei Hartmut geschlossen. Ich hörte Geschonneks Stimme: »Strafgefangener, packen Sie Ihre Sachen zusammen und kommen Sie mit!« Bald darauf meldete sich Hartmut aber wieder. Man hatte ihn nur auf eine Zelle auf der anderen Seite des Ganges gelegt. Später erfuhr ich über die Hausarbeiter, dass Geschonnek unsere gesamte Unterhaltung am Vortage verfolgt hatte. Er soll zu diesem Zweck sogar mit einem Tonbandgerät auf dem Gang von Zelle zu Zelle geschlichen sein. Unsere Unterhaltung aber hatte ihn wohl am meisten geärgert, sodass er gleich zur Tat schritt. Ich habe allerdings nie etwas von der Tonbandaufnahme gehört.

Auch das nächste Wochenende hatte seinen Höhepunkt. Diensthabender Offizier war »Brottasche«. Aus unerfindlichen Gründen war er wesentlich antikirchlicher eingestellt als die anderen Offiziere. Immer wenn er Diensthabender an einem Wochenende mit Gottesdienst war, gab es Probleme. An diesem Samstag fiel ihm ein, dass die Teilnahme am Gottesdienst doch eigentlich eine Vergünstigung sei und deshalb für die im Keller befindlichen Gefangenen nicht in Betracht komme. Durch einen Meister ließ er daher verkünden, für die Station Anton I gebe es keinen Gottesdienst. Unsere spontane Antwort war, das wolle man ja noch sehen. Während »Brottasche« oben im Haus diejenigen sammelte, denen er den Kirchgang zugestand, fingen wir unten an, gegen die Zellentüren zu schlagen. Binnen kurzem war die ganze Station Anton I in Aufruhr. »Brottasche« rückte mit seinen Leuten nach Haus IX ab, wo seit Mai auch der evangelische Gottesdienst stattfand.

Die Wachschicht hätte uns nun wohl »beruhigen« müssen. An diesem Tag liefen aber zur gleichen Zeit wichtige Fußballspiele im Fernsehen. Die SV-Meister wollten lieber Fußball sehen als sich der unangenehmen Beschäftigung mit uns im Keller unterziehen. Deshalb rief ihr Schichtführer, der nach dem Offizier des Hauses der maßgebliche Mann war, den diensthabenden Offizier der Gesamtanstalt an. Dieser, ein Hauptmann, kam auch ziemlich schnell, erfuhr den Sachverhalt und entschied, wir seien nachzubringen. Unter seiner Aufsicht ging es nach Haus IX, wo wir die Zahl der Gottesdienstteilnehmer verdoppelten. Herbig, mit Tränen der Wut in den Augen, sah uns kommen, konnte aber gegen seinen Vorgesetzten nichts machen. Wir grinsten ihn freundlich an. Nach dem Gottesdienst verhieß uns Herbig, seine ursprüngliche Entscheidung sei doch richtig gewesen und er wolle schon dafür sorgen, dass eine Wiederholung des heutigen Vorganges unmöglich werde. Uns war das egal, hatten wir doch soeben erfahren, dass man durch gemeinsame Aktionen unter günstigen Voraussetzungen auch Ungerechtigkeiten unterer SV-Instanzen aus dem Weg räumen konnte.

Am Nachmittag des 29. September hieß es ganz plötzlich für einige Gefangene, darunter auch Hartmut und mich: »Sachen packen!« Einzeln wurden wir nach Haus III und dort wieder auf die Station Anton II gebracht. Hier erwartete uns Meister Rohne, um uns abzutasten und unsere Bündel und Tüten zu durchsuchen. Als ich fragte, weshalb man uns denn in ein anderes Haus verlege, meinte er, unsere bisherigen Zellen würden für eine Reihe Neuzugänge aus einer anderen Anstalt benötigt. Nach der Filzung ging es in eine der Zellen. Als die Tür geöffnet wurde, war ich fast so schockiert wie damals, als ich zum ersten Mal im Transportfahrzeug Platz nehmen musste. Die Zelle war höchstens drei mal anderthalb Meter groß. Tisch und Sitz waren zwei in die Wand eingelassene Bretter. Wurde das Bett, welches an der Wand hochgeschlossen war, herabgelassen, blieb kaum Raum zum Bewegen. Das Fenster war mit Glasbausteinen völlig vermauert. Zur Luftzufuhr hatte man oberhalb des Fensters eine schmale Öffnung gelassen, die mit einem Blech verschlossen war, das 13 kleine Löcher aufwies. Die Zelle war einschließlich der abgerundeten Decke mit beigegrauer Ölfarbe gestrichen, was den tristen Eindruck noch potenzierte. Ich fühlte mich wie eingesargt.

Am nächsten Tag wurde Hartmut aus seiner Zelle geholt und blieb seitdem verschwunden. Monate später erfuhr ich, dass am Vortage auch unsere geräumten Zellen in Haus VI gefilzt worden waren. In Hartmuts Zelle hatte man von ihm verfasste Flugblätter gefunden, in denen die Lebensbedingungen im Zuchthaus, insbesondere die Praxis des Ankettens, scharf angegriffen wurden. Hartmut war daraufhin von Rummelsburg ins Untersuchungsgefängnis Keibelstraße überführt worden, wo er isoliert bis Anfang Dezember 1977 als Untersuchungshäftling blieb. Danach brachte man ihn in die StVE Bautzen II. Damals wussten wir das aber nicht und machten uns entsprechende Sorgen. Diese Sorgen wurden noch verstärkt, als wir das erste Mal wieder zur Freistunde kamen. Statt bei Haus VI ließ man uns unsere Runden auf dem großen Hof von Haus III drehen. Wir mussten einzeln gehen und durften uns nicht unterhalten. Ich erinnere mich noch genau: Es waren die ersten grauen Herbsttage, und ein kühler Wind pfiff über den Hof. Fröstelnd liefen wir in unseren dünnen Jacken umher. So wie das Wetter sah es bei mir auch innerlich aus. Als Einziges hielt mich die Wut über meine jetzige Unterbringung aufrecht. Die Woche, die ich in der kleinen Einzelzelle, völlig isoliert von den Kameraden, verbrachte, zählt für mich zu dem Härtesten, was ich dort erlebte. Da man sich in der Zelle kaum bewegen konnte, lag ich den ganzen Tag auf dem Bett. Als einziges Buch hatte ich Goethes »Dichtung und Wahrheit« zur Verfügung, das ich in dieser Zeit wohl dreimal las. Ich glaube, wenn man längere Zeit in einer derartigen Zelle verbringen muss, kann einem das ganz schön aufs Gemüt schlagen. Für mich war dieses Erlebnis Gott sei Dank am 5. Oktober überstanden, als Unterleutnant Nietsche erschien und mich nach Haus VI zurückbrachte.

Dort waren die Zellen auf Anton I tatsächlich mit Neuzugängen überfüllt. Rohne hatte nicht gelogen. Die »Neuen« hatten allerdings alle schon mindestens drei Jahre hinter sich. Sie kamen aus der StVE Brandenburg, deren »Westkommando« aufgelöst werden sollte. Die 30 dort noch verbliebenen Gefangenen sollten schubweise nach Rummelsburg kommen. Es war äußerst interessant, sich mit den Brandenburgern zu unterhalten, von denen jeder ein ganzes Buch mit Knasterlebnissen hätte füllen können.

Ich kam jetzt nach Anton II in eine eigentliche Arrestzelle, wie sie mir ja schon vom Sommer her bekannt war. Ähnlich wie auf Anton I war sie durch Innengitter mit einem Stababstand von drei Zentimetern in drei Bereiche unterteilt. Außerdem befand sich hier aber innen vor dem Fenster noch ein weiteres enges Gitter. Statt eines Feldbettes enthielt die Zelle eine flache Holzpritsche, die auf zwei Stahlträgern auf dem Boden auflag und an der Wand hochgeschlossen werden konnte. Statt Tisch und Schemel befanden sich am Mittelgitter zwei quadratische Bretter als Tisch und Sitz. Ferner hatte die Zelle keine Neonlampe, sondern wurde nur durch eine düstere Glühbirne, die durch einen Käfig gesichert an der Decke hing, beleuchtet. Allerdings änderte sich für mich zunächst wenig, da ich mich weiterhin auf Einzelunterbringung befand. Lediglich die Umgebung war halt etwas trister als auf Anton I.

Am 6. Oktober holte mich Leutnant Herbig aus der Freistunde und brachte mich zum Abteilungsleiter Major Becker, der als Nachfolger von »Blutblase« seit Frühjahr im Haus war. Becker, ein Mann von Mitte 50, gab sich zunächst väterlich und kulant.

Eine Dreiviertelstunde erklärte er mir die »rechtlichen« Grundlagen, nach denen ich zur Begleichung der Kostenrechnung verpflichtet wäre. Er räumte mir sogar ein, dass ich Widerspruch dagegen einlegen könne. Dieser aber habe keine aufschiebende Wirkung. Ich müsse mich daher damit einverstanden erklären, dass mir zunächst das Geld ratenweise bis zur Entscheidung des Gerichts vom Einkauf abgezogen würde. Da ich bereits im November 1976 Einspruch gegen die Rechnung erhoben hatte, ohne seitdem etwas davon gehört zu haben, war mir damit klar, dass ich nie eine Antwort vom Gericht erhalten würde und somit trotz des Einspruches die Rechnung bezahlen musste. Beckers Zuckerpille, ich bekäme das schon abgezogene Geld ja wieder rücküberwiesen, wenn das Gericht meinem Einspruch stattgeben würde, reizte mich zum Lachen. Becker schien meine Stimmung nicht zu erkennen. Gleisnerisch fuhr er fort: »So, ich habe Ihnen das jetzt erklärt. Sie haben das auch eingesehen. Dann können Sie ja auch wieder arbeiten gehen. Ich bin sogar bereit, von disziplinarischen Maßnahmen abzusehen. Sie können also noch heute wieder auf Ihren Trakt!« Dass man mich für so dumm hielt und glaubte, mich mit ein paar freundlichen Worten von der Sache, um die es ging, abbringen zu können, ärgerte mich immens. Ich antwortete Becker daher: »Ich habe Ihnen so lange zugehört; jetzt will ich Ihnen mal was sagen. Ihre ganzen gesetzlichen Grundlagen, von denen Sie die ganze Zeit sprechen, interessieren mich überhaupt nicht. Sie sind für mich nichtig und werden von mir nicht akzeptiert. Würde ich sie anerkennen, hieße es ja anzuerkennen, dass ich hier zu Recht hinter Gittern bin. Das ist aber nicht der Fall. Meine ganze Verurteilung wie auch deren ›gesetzliche‹ Grundlagen sind Unrecht. Hier muss ich nur bleiben, weil mich Mauern und Gitter daran hindern fortzukommen. Aber ich bin doch nicht so blöd, bei meiner finanziellen Ausplünderung noch selbst mit Hand anzulegen. Ich bin mir völlig klar darüber, dass ich weder von Ihnen als Major noch von Ihrer DDR insgesamt etwas Positives zu erwarten habe. Alles, was ich an Positivem kenne und erwarte, liegt jenseits des weißen Striches.

Dorthin will und werde ich einmal zurückkehren, ohne mich hier korrumpiert zu haben, selbst wenn mir das hier momentane Nachteile einbringen sollte. Im schlimmsten Fall trennen mich noch dreieinhalb Jahre von diesem Augenblick. Die werde ich auch überstehen, selbst wenn es manchmal schwerfallen sollte. Wenn Ihnen das nicht passt, dann können Sie mich in Arrest stecken, dann können Sie mich noch mal in Arrest stecken und können das auch ein drittes Mal tun!«

Im Grunde hatte ich mir mit dieser Rede nur den ganzen Groll der letzten Monate von der Seele geredet. Es lag mir wenig daran, den Major zu provozieren. Auch hatte ich mir nicht vorher überlegt, was ich sagte, sondern das kam völlig spontan. Rückblickend muss ich aber sagen, dass ich doch etwas stolz auf das damals Gesagte bin und kein Wort davon streichen möchte. Becker allerdings platzte fast vor Wut. Er lief rot an und tönte: »Ich will Ihnen mal sagen, was Sie sind. Sie sind ein ganz dummer, frecher, flegelhafter, überheblicher Lümmel! Sie sind ein unreifer, unausgegorener, schnoddriger, kaltschnäuziger Strolch! Ein unverschämter, zynischer Bengel! So unverschämt wie Sie ist mir noch kein Gefangener gekommen. Das wird Ihnen noch leidtun. Bilden Sie sich nichts darauf ein, dass Sie vielleicht eine etwas bessere Bildung haben. Das zählt hier gar nichts. Unsere Gesetze zu ändern, das merken Sie sich, dazu sind Sie zu dumm, dazu ist Ihr Vater zu dumm, und dazu ist Ihre ganze sonstige Bagage im Westen auch zu dumm!« Nach diesen Worten sprang er auf und schrie: »Verlassen Sie mein Zimmer! Scheren Sie sich raus! Sofort!« Diesen Gefallen tat ich ihm gern, denn nach seiner Suada fühlte auch ich mich etwas angegriffen; mein dickes Fell war eben noch nicht dick genug. Kurz darauf kam Herbig, der die ganze Zeit wortlos dabeigesessen hatte, mit rotem Kopf aus dem Zimmer des Majors und brachte mich wieder in mein Kellerquartier. Während er die Zelle aufsperrte, meinte er nur giftig: »So brockt sich eben jeder selbst seine Jahre ein!«

Die nächsten Tage verliefen für mich ruhig. Allerdings waren sie nicht ereignislos. Am 8. Oktober 1977 las ich, dass ein »paar

Rowdys« am Alexanderplatz »randaliert« hätten. Als inzwischen auch im Lesen zwischen den Zeilen geübter Leser dachte ich mir gleich die wahren Hintergründe, die uns in den kommenden Wochen auch zumindest gerüchteweise bekannt wurden. Beim »Sprecher« und sogar durch Berichte eines Zivilmeisters erfuhren Gefangene vom Ausmaß der Unruhen und der vorläufigen Festnahme Hunderter Jugendlicher, die nun die Keibelstraße und Haus I füllten. Vorübergehend wurde für diese Fälle sogar in Haus IV eine Sonderstation eingerichtet.

Am 8. Oktober 1977 starb übrigens über mir im Haus in meinem alten Bett der Gefangene W. D. an einem Herzversagen. Er war am Nachmittag des 16. September auf unseren Trakt gekommen und hatte mein frei gewordenes Bett übernommen. An seinem Todestag war er nach dem Mittagessen ins Bett gegangen, um noch etwas zu schlafen. Als er sich auf einmal unruhig bewegte und zu stöhnen begann, witzelte einer der Mitgefangenen noch, D. habe wohl einen unruhigen Traum. Da fiel einem anderen auf, dass D. mit geöffneten Augen im Bett lag. Er befand sich bereits im Koma. Man betätigte die Notrufanlage, die mit der Zentrale in Verbindung stand. Nach 30 Minuten ließ sich auch ein Meister blicken. Nachdem er den Sachverhalt mitbekommen hatte, dauerte es noch einmal sage und schreibe 15 Minuten, bis eine Trage herangeschafft werden konnte. D. war in der Zwischenzeit schon verstorben. Nach 45 Minuten wurde nur noch eine Leiche aus der Zelle getragen. Es ist nicht gesagt, dass D. in jedem Fall überlebt hätte, wenn eher Hilfe gekommen wäre. Auf alle Fälle aber sind 45 Minuten bis zum Abtransport des Gefährdeten in einem medizinischen Notfall viel zu lang. Damit dürfte auch nach dem StGB der DDR der Straftatbestand »Verletzung der Obhutspflicht« erfüllt gewesen sein, der den Tätern bis zu zwei Jahren Freiheitsstrafe einbringen konnte. Die Schließer und der Offizier, die an diesem Tage Dienst hatten, sind aber wohl nie zur Verantwortung gezogen worden.

Am 17. Oktober sollte der nächste Besuch meiner Eltern stattfinden. An diesem Tag sollte ich die Rache des kleinen Mannes

Arrestzelle im Keller von Haus VI, ehemalige StVE, Juni 1991

respektive des Majors erfahren. Man brachte mich in die Sprecherbaracke. Während des ersten Durchgangs zum »Sprecher« wurde mein Name nicht aufgerufen, obwohl meine Eltern zu diesem Zeitpunkt hätten kommen wollen. Eine Stunde später beim zweiten Durchgang fehlte mein Name abermals. Leutnant Krause, der die Namen aufrief, meinte zu mir: »Strafgefangener Bath, bei Ihnen ist bis jetzt niemand gekommen. Sie können aber noch warten.« Ich wartete noch mehrere Durchgänge ab. Schließlich am späten Nachmittag hieß es: »So, die ›Sprecher‹ sind jetzt vorbei. Sie müssen jetzt auch mit zurück. Es tut uns ja sehr leid. Hoffentlich ist Ihren Angehörigen nichts passiert. Ihre Eltern kommen ja sonst immer sehr pünktlich, aber na ja, ein Unfall ist schnell passiert. Hoffentlich nichts Schlimmes!« Monate später erfuhr ich, dass meine Eltern an diesem Tag nicht gekommen waren, weil ihnen von der Anstalt telegrafisch abgesagt worden war. An jenem Tag aber ging ich voller Sorgen und mit bohrenden Kopfschmerzen zurück in meine Kellerzelle. Dort angekommen, musste ich mich erst einmal übergeben, so hatten mich die nervlichen Belastungen und Sorgen mitgenommen. In dieser Sorge sollte ich die nächsten Wochen weiterhin verbleiben, da ich im Arrest auch keine Post von zu Hause bekam. Erst im Dezember löste sich das alles wieder auf.

Wenige Tage später wurde ich wieder geholt. In einem Büro fand ich den Anstaltsleiter sowie den Major vor. Der Oberst hatte sich gut vorbereitet. Sachlich las er mir die Zusammenfassung des Protokolls vor, das der Major voller Grimm über die Unterredung am 6. Oktober angefertigt hatte. »Stimmt das in etwa?« Ich bestätigte es. »Gut. Ich entnehme dem, Ihnen geht es im Kern um die Negierung unserer Gesetze. Ist das richtig?« Ich bestätigte auch das. »Ich nehme das zur Kenntnis. Nehmen Sie zur Kenntnis, dass ich Sie mit 21 Tagen strengen Arrests sowie einer Paketscheinsperre auf Dauer bestrafe. Sollten Sie nach den 21 Tagen weiter die Arbeit verweigern, werde ich weitere Maßnahmen gegen Sie ergreifen.«

Anschließend versuchte der Oberst noch Schwachstellen auszuloten, indem er fragte, wie ich als potentieller Jurist denn meine Meinung mit dem Völkerrecht in Einklang bringen könne. Ich hatte keine Lust zu großen Diskussionen und antwortete ihm, dass es hier wohl unterschiedliche Meinungen gebe, die jeweils von berufeneren Leuten, als wir es wären, vertreten würden. Ich vertrete so im Kleinen nur das, was andere, deren Ansichten ich teile, im Großen vertreten würden. Er grinste: »Teilen Sie mal, immerhin. Ihren Arrest, den sitzen Sie aber ungeteilt ab.«

Ab 21. Oktober befand ich mich dann in Arrest. Zu diesem Zweck musste ich mein Eigentum mit Ausnahme von Besteck und Essschüssel einschließlich Bettzeug und Matratzen in das Raumviertel an der Tür bringen. Danach wurde die Gittertür, die diesen Bereich vom Rest der Zelle trennte, abgeschlossen. Die Pritsche wurde an der Wand hochgeschlossen.

Nur während der achtstündigen Nachtruhe durfte man sich hinlegen. Die übrigen 16 Stunden von 4.00 bis 20.00 Uhr konnte ich entweder in der Zelle auf und ab laufen oder es mir auf dem Brett am Mittelgitter bequem machen. Zu lesen gab es nichts. Abgesehen von den Mahlzeiten und der täglichen Freistunde war man sich völlig selbst überlassen. Am schlimmsten waren die Morgenstunden, wenn man lange vor Anbruch der Dämmerung geweckt wurde, Bettzeug, Decken und Matratzen abgeben musste, die Pritsche hochgeschlossen bekam, das Frühstück empfing und dann immer noch müde Stunde um Stunde in der nächtlichen Zelle zubringen musste, bis draußen allmählich der graue Morgen emporstieg.

Der Zweck der Arreststrafe war es, den Gefangenen durch fortwährende Isolation und das Fehlen jeglicher Ablenkungsmöglichkeit zu zermürben. Außer bei der Freistunde gab es keine Möglichkeit, andere Gefangene zu sehen und mit ihnen zu reden. Aber auch dann handelte es sich nur um Mitmenschen, die der gleichen Isolierung unterlagen. 15 Stunden des Tages musste man sich beschäftigen, ohne eine Beschäftigungsmöglichkeit zu haben. Die engmaschigen Gitter innerhalb der Zelle und vor dem Fenster, welche die Zelle nahezu in einen Käfig verwandelten, verstärkten noch die Trostlosigkeit, in der der Arrestant untergehen sollte.

Bei vielen, denen Kontakte zu anderen viel bedeuteten, verfehlte dieses Konzept auch nicht seine Wirkung. Es kam vor, dass erwachsene Männer weinend darum baten, vorzeitig aus dem Arrest entlassen zu werden. Meist wurde dieser Wunsch auch durch den SV erfüllt, denn bei dem, der so weit war, war das Erziehungsziel erreicht. Der Betreffende machte dann meist auch keine Schwierigkeiten mehr. Vielfach versuchten Arrestanten auch, sich das Leben zu nehmen. Oft handelte es sich dabei aber nur um Appelle an die harte Umwelt (sprich SV), den Betreffenden mit etwas mehr Sorgfalt zu behandeln. Allerdings war dieser Appell völlig verfehlt. Der SV lauerte geradezu auf alles, was auch nur entfernt an Suizid oder Suizidversuch erinnerte, um das zum Vorwand für verschärfte Maßnahmen zu nehmen. Natürlich nur zum »Schutze vor sich selbst« konnte man den Häftling dann beispielsweise anketten.

Während meiner Arrestzeit kam es zu drei derartigen Vorfällen. In einem Fall reichte schon die Äußerung des Gefangenen: »Bei dieser Behandlung kann man sich ja gleich einen Strick nehmen«, gegenüber dem SV-Meister Rohne, um eine Selbstmordabsicht zu konstatieren. »Zum eigenen Besten« wurde der Häftling daraufhin für drei Tage in Ketten gelegt.

Es war ein äußerst übles Gefühl, wenn man nächtens in der Arrestzelle lag und hörte, wie aus der Nebenzelle flehentlich darum gebeten wurde, nur für wenige Minuten von den Ketten befreit zu werden, man müsse mal zur Toilette. Dieses Gefühl steigerte sich noch, wenn dann nach vielleicht einer Stunde endlich ein Meister kam und verkündete: »Strafgefangener, das ist ja sehr schön, aber ich muss auch mal, und ich gehe erst mal«, lachte und dann für die nächsten Stunden verschwand. Ein drittes Stadium war erreicht, wenn der Mann in der Nebenzelle endlich in seinen eigenen Ausscheidungen lag und nur noch vor sich hin weinte. Zu meiner Schande muss ich gestehen, dass ich nach einigen Nächten allerdings auch schon imstande war, derartige Ereignisse, die ich nicht ändern konnte, zu verdrängen. Allerdings stellen derartige Erlebnisse – positiv formuliert – eine gute psychische Abhärtung dar.

Ich persönlich habe weder geweint noch an Selbstmord gedacht. Ich dachte vielmehr daran, wie es einmal sein werde, wenn ich diesen Käfig, dieses Zuchthaus verlassen haben würde. Wie es sein werde, wenn man wieder zu Hause bei Eltern und Geschwistern wäre. Was diese wohl gerade machten und was aus ihnen noch werden würde. Wie es sein werde, wenn man wieder studierte. Wenn man wieder dort wäre, wo man lauthals verkünden kann, was man denkt. Wie es sein wird, wenn man sich eines Tages vom Elternhaus verselbständigt. Wenn man eine dauerhafte Partnerschaft eingeht. Wie es sein werde, wenn man im Beruf stünde. Was man überhaupt eines Tages machen werde. Wie sich die politischen Entwicklungen bei uns und in der Welt gestalten würden oder könnten. Hinter all diesen Gedanken verblasste die Wirklichkeit des Kerkers. Ich war so damit beschäftigt, Luftschlösser aufzubauen, wieder einzureißen und abermals aufzubauen, dass ich nur noch körperlich in meiner Arrestzelle 009 weilte. Geistig befand ich mich an Orten, die dem Zugriff von SV oder Stasi nicht mehr zugänglich waren. Diese Tagträume schotteten mich absolut von der Tristesse der Arrestzeit ab und halfen sogar, das geschilderte Grauen einiger Nächte zu mindern. Ich weiß nicht, inwieweit Außenstehende dies nachvollziehen können, aber für mich war so das wirksame Gegenmittel zum Arresttrauma gefunden.

Drei Wochen, 21 Tage, sind so relativ schnell vergangen. Außerdem genoss ich ja noch zweimal das Vergnügen einer Unterredung mit Geschonnek, der mich in meinem Loch besuchte. Ihn interessierte, ob ich nicht wieder in die »hellen, freundlichen Räume« im Obergeschoss zurückkehren wolle. Ich könne sofort die Arrestzelle verlassen. Die Antwort, mir sei es völlig egal, wo man mich hier unterbringe, enttäuschte ihn sichtlich. Er meinte, anfänglich habe er mich für jemand gehalten, der vernünftigen Argumenten zugänglich sei und nur durch eine Verkettung unglücklicher Umstände hierher gekommen sei. Inzwischen wisse er aber, dass mein qualitatives Niveau beträchtlich gesunken sei. Ich würde mich jetzt genau auf dem Niveau eines gewöhnlichen Kriminellen bewegen. Ihn würde es nicht wundern, wenn ich auch im späteren Leben einmal wieder Sehnsucht nach »gesiebter Luft« verspürte. Mir war egal, was er meinte, und ich gab ihm das auch zu verstehen. Geschonnek verabschiedete sich darauf mit den Worten: »In zwei Tagen komme ich wieder. Vielleicht denken Sie bis dahin anders.« Leider war das aber auch nach diesen zwei Tagen nicht der Fall. So musste er unverrichteter Dinge wieder abziehen. Von da an hatte ich Ruhe und konnte mich ganz meinen Gedanken überlassen.

Am 11. November war die Arrestzeit überstanden. Oberleutnant Urban holte mich aus meiner Zelle und meinte, nun könnten wir ja wieder auf den Trakt gehen. Zu seinem Missfallen meinte ich, wir könnten gleich unten bleiben, da mit Arbeit bei mir bis auf weiteres nichts zu machen wäre. Nach einigem Hin und Her ließ er mich an der Treppe stehen und verschwand in der Zentrale.

Zwei Stunden später war ich samt Haftakte und Fluchtkarte meinem neuen »Erzieher« Leutnant Krause übergeben, einem Veteranen der ersten Stunde von vielleicht 60 Jahren, der die Nichtarbeiterstation des Ausländerkommandos leitete. Diese befand sich in Haus III auf der Station Cäsar I.

Nichtarbeiterstation

In Haus III angekommen, rief Krause mich zunächst in sein Büro, wo er mir knurrig mitteilte, dass ich künftig als »verschuldeter« Nichtarbeiter seiner Station angehören würde. Im Gegensatz zu den unverschuldeten Nichtarbeitern hätte ich keinerlei Ansprüche auf Pakete, Einkaufsgeld und sonstige Vergünstigungen. Auch bei den Besuchen würde ich keine Geschenke entgegennehmen dürfen. Danach wies er mir meinen neuen Verwahrraum zu. Die Zellen hatten sich im Vergleich zum Vorjahr nicht geändert.

Lediglich die Zahl der vorhandenen Bettgestelle war von sechs auf vier reduziert worden, aber auch diese waren nicht alle belegt. In meiner neuen Zelle 40 fand ich nur zwei Kameraden vor: Jürgen, der seiner Verlobten zur Flucht verhelfen wollte und dafür fünfeinhalb Jahre bekommen hatte, und Werner, der für einen Freund unentgeltliche Fluchthilfe geleistet hatte und zu vier Jahren verurteilt worden war. Beide waren seit Herbst 1976 in Haft. Zwischen uns dreien entstand ein sehr gutes Verhältnis. Trotz Krauses Drohungen lebte ich in den folgenden Wochen recht gut. Nichts wird so heiß gegessen, wie es gekocht wird. Anscheinend war mein Status als »verschuldeter« Nichtarbeiter irgendwie in Vergessenheit geraten. Ich wurde genauso behandelt wie alle anderen auf der Station, ging mit ihnen zum Fernsehen, konnte, nachdem meine Ersparnisse den Weg von Haus VI nach Haus III gefunden hatten, einkaufen gehen und bekam Anfang Dezember sogar noch meinen ausstehenden Lohn vom September ausgezahlt. Es ging mir im Grunde sogar besser, als wenn ich gearbeitet hätte. Außerdem unterstützten mich meine Freunde in Haus VI regelmäßig durch Finanzspritzen.

Von Haus VI blieb unser Kommando weitgehend isoliert. Lediglich Freistunde, Arztsprechstunde und medizinische Behandlung hatten wir dort. Schon der Einkauf fand – bei reduziertem Angebot – in Haus III statt. Sonst lagen wir den ganzen Tag auf der faulen Haut. Einige wenige von unserer Station arbeiteten auch; sie drehten in einer Arbeitszelle Klemmen. Es gab aber nur eine Schicht, und die Arbeit hatte wohl mehr therapeutischen als ausbeutenden Charakter. Auch Werner von unserer Zelle ging Klemmen drehen, aber nur, wenn er Lust dazu hatte.

Am Abend des 3. Dezember 1977 saßen Werner und ich am Tisch unserer Zelle. Werner las mir gerade einen Bericht über technische Neuentwicklungen aus der »Berliner Zeitung« vor, als er auf einmal husten musste. Unmittelbar danach klagte er über stechende Schmerzen im Rücken und darüber, dass er nur schwer Luft bekäme. Verschreckt half ich ihm auf sein Bett, wo er eine halbwegs bequeme Lage fand und wieder einigermaßen Luft bekam. Ich stand ratlos daneben und wusste nicht, wie ihm zu helfen war. Deshalb wollte ich zum Notruf gehen und die diensthabende SV-Schicht alarmieren. Ich wusste ja nicht, was Werner fehlte, und dachte schon an den Todesfall vom 8. Oktober. Werner aber bat mich inständig, den Notruf nicht zu betätigen, weil er sich dann wieder bewegen müsse, was mit Schmerz verbunden war, und sicher von unserer Zelle weg in eines der übelbeleumdeten Krankenreviere käme. Als Jürgen eine halbe Stunde später vom Fernsehen wiederkam, standen zwei Leute in der Zelle ratlos herum. Schließlich entschloss ich mich trotz Werners Bitten für den Notruf. Nach einiger Zeit kam auch ein Meister, dem wir den Fall schilderten. Es dauerte vielleicht noch eine halbe Stunde, bis »Susi«, der Sanitätsmeister, erschien. Auch er wusste nicht, was hier vorlag, erkannte aber zumindest, dass es sich um etwas Ernsthaftes handeln musste. So ordnete er Werners Überführung nach Haus VIII, dem Krankenrevier der Anstalt, an. Einen Tag später mussten wir Werners Sachen zusammenpacken und herausgeben. Danach hörten wir wochenlang nichts mehr von Werner. Wir wussten auch nicht, was ihm gefehlt hatte, und machten uns große Sorgen um ihn, aber auch um uns, weil es sich ja eventuell auch um eine infektiöse Krankheit gehandelt haben konnte.

Beim nächsten Besuch meiner Eltern bestätigte sich abermals, dass der SV sich über meinen Status nicht recht klar war. Ich durfte reichlich entgegennehmen, was meine Eltern mitgebracht hatten. Mit diesen Sachen konnte ich mich auch wieder in den internen Handel unter den Gefangenen einschalten und etwas erfolgreicher als zu Beginn meiner Haftzeit Waren gegen Geld umsetzen. Solche »kaufmännischen« Aktivitäten trugen ebenfalls dazu bei, meine Existenz auf der Nichtarbeiterstation wirtschaftlich abzusichern.

Bereits während meiner Arrestzeit war mit der Errichtung eines kleinen Anbaus an das IG von Haus VI begonnen worden. Ich dachte erst, hier solle ein Lagerschuppen für den Betrieb entstehen. Allmählich aber sprach sich herum, dass es eine neue HO-Verkaufsstelle werden sollte, bei der die Gefangenen während der

Freistunde von zwei Höfen aus gleichzeitig ihre Einkäufe erledigen könnten. Der Neubau befand sich so zwischen den Höfen I und II, dass auf jeden Hof ein Ausschank- und Verkaufsfenster wies. Mitte Dezember öffnete der Kiosk erstmals seine Fenster. Das Angebot war noch einmal etwas verbessert worden. Mitgefangene, die früher in der DDR gelebt hatten und die Realität des dortigen Alltags kannten, meinten sogar, abgesehen von Ost-Berlin und Leipzig zur Messezeit, würden wir hier besser versorgt als der normale DDR-Bewohner. Man konnte jetzt sogar heiße Würstchen und schwarzen Tee zum sofortigen Gebrauch erstehen. Schließlich gab es sogar Thermosflaschen, damit man den Tee auf die Zelle mitnehmen konnte. Wir konnten also über die Versorgung nicht mehr klagen und waren gegenüber den DDR-Häftlingen mit Sicherheit privilegiert.

Am 20. Dezember 1977 kam Werner zurück. Er wirkte immer noch sehr angegriffen, war aber froh, wieder bei uns zu sein. Bei seiner Erkrankung handelte es sich um einen spontanen Pneumothorax, das Zusammenbrechen eines Lungenflügels infolge einer Beschädigung der die Lunge umgebenden Hülle. Man hatte Werner am 4. Dezember in die Charité zum Röntgen ausgefahren. Danach war er noch am gleichen Tag in das zentrale Haftkrankenhaus der DDR in Leipzig-Meusdorf verlegt worden. Dort hatte man die Luft aus dem Thorax herausgepumpt, sodass sich der Lungenflügel wieder entfalten konnte. Wo der Schlauch eingeführt worden war, hatte Werner eine punktförmige rote Narbe, als ob er mit einer Zigarette verbrannt worden wäre. Wäre ihm seinerzeit auch der zweite Lungenflügel zusammengebrochen, so hätte er die Angelegenheit wohl kaum überlebt. Die Ursache der Krankheit war weiterhin unklar. Es konnte nicht ausgeschlossen werden, dass diese tuberkulös bedingt sei. Die Ärzte wollten ihn noch weiter zur Behandlung in Meusdorf behalten, aber Werner hatte es dort unerträglich gefunden. Verpflegung, Unterbringung und Behandlung waren dort nach seiner Schilderung unter aller Kritik. So war er auf eigene Verantwortung zurück nach Berlin gebracht worden.

Einen Tag später erhielten wir die Weihnachtspakete der Ständigen Vertretung, die diesmal eher den Bedürfnissen der Gefangenen entsprachen. Post auszuteilen hielt unser »Erzieher« Lange, der Krause inzwischen abgelöst hatte, vor den Festtagen nicht mehr für nötig. So kam Weihnachten ohne Nachricht von daheim. Heiligabend verbrachten wir vor dem Bildschirm, um nicht allzu viel trübe Gedanken aufkommen zu lassen. Gleiches galt für die Feiertage. Am 27. Dezember wurde dann die Weihnachtspost ausgeteilt. Ich bekam neben einem Brief auch ein kleines Bild mit einer Kerze, das meine Mutter gemalt hatte und das die Verbundenheit zwischen meinen Angehörigen und mir symbolisieren sollte. Auch den Jahreswechsel verbrachten wir vor dem Fernseher. Wohl um allen Schwierigkeiten mit uns aus dem Weg zu gehen, ließ man uns die Silvestersendung bis ins neue Jahr hinein sehen. Die Wachen becherten während dieser Zeit unten in ihrer Zentrale. Als wir gegen 1.00 Uhr früh in unsere Zellen zurückgeschlossen wurden, war einer der Meister so betrunken, dass er sich nur noch aufrecht halten konnte, indem er sich am Gitter festhielt.

Das neue Jahr begann verheißungsvoll: Bereits am 3. Januar fand eine Aktion mit 19 Gefangenen statt, darunter auch Christian Christiansen, dem ersten aus unserem Tatkreis. Es folgten in wöchentlichen Abständen weitere Aktionen. Bis Ende Januar waren schon mehr als 50 Gefangene entlassen worden. Durch die Anstalt schwirrten Gerüchte. Jeder hoffte, bei derart umfangreichen Entlassungen selber bald an der Reihe zu sein. Die Belegschaft des Hauses ging erheblich zurück, da die Neuzugänge die Entlassungen bei weitem nicht ausglichen. Eine positive Folge war, dass die Belegstärke der Zellen in Haus VI von zehn auf durchschnittlich acht Mann zurückging. Auch im Februar gingen die Entlassungen weiter, wenn auch spärlicher. Im März war dann leider wieder Funkstille. Insgesamt reduzierte sich die Zahl der Westhäftlinge in Rummelsburg 1978 trotz aller Zugänge von 300 auf wenig mehr als 200.

Ende Januar besuchte mich noch einmal Frau Dirkheim von der

Ständigen Vertretung. Ich fragte sie, ob es statthaft sei, dass die Anstalt von uns – wie mehrfach geschehen – verlange, Briefe an unsere Angehörigen mit »Berlin (West)« oder gar »Westberlin« zu beschriften statt mit »D-1000 Berlin«, wie es vertraglich vereinbart war. Sie versprach mir, sich danach umzuhören. Ferner brachte ich meine Rückenschmerzen vor und monierte, dass man auf den Zellen keine Stühle mit Rückenlehne hätte. Oberleutnant Graupner meinte dazu nur, dass Stühle nicht der Ausstattungsnorm für die Verwahrräume entsprächen. Frau Dirkheim zuckte dazu mit den Achseln. Wenige Tage später hatte ich mir aber über Major Radtke ein Attest für einen Stuhl mit Lehne besorgt. Dieser wollte zwar zunächst auch nicht, ließ sich dann aber überzeugen, als ich ihm vorschwindelte, mir sei eine entsprechende Zusage beim Gespräch mit der Vertretung gemacht worden. Da sich keine Stelle fand, die mir auch einen Stuhl besorgt hätte, holte ich mir einfach einen Stuhl aus dem Fernsehraum.

Zur Behandlung auf der Nichtarbeiterstation in den ersten Monaten des Jahres 1978 kann man sagen, dass der SV auf die Taktik des Austrocknens baute. Lange ließ sich so gut wie nie blicken. Post gab es auch so gut wie nie. Anliegen der Gefangenen, die über den »Erzieher« laufen mussten, wurden kaum bearbeitet. Andererseits ließ sich aber auch niemand blicken, um uns Vorschriften zu machen. Teilweise lagen wir noch zur morgendlichen Zählung im Bett, ohne dass einer der Meister dies moniert hätte. Man gab uns unser Essen, führte uns täglich zur Freistunde und einmal wöchentlich zum Duschen, wo es auch Wechselwäsche gab. Sonst ließ man uns in Ruhe.

Beim »Sprecher« im Februar wurde bei mir sogar die trennende Scheibe hochgeschoben. Nach 16 Monaten im Strafvollzug konnte ich erstmals meinen Eltern wieder die Hand geben. Rückblickend führe ich diese »offene Scheibe« auf meine Beschwerde über den »ausgefallenen« Besuch im Oktober 1977 zurück. Hatte man mir gegenüber zunächst frech behauptet, das Verhalten des SV sei damals völlig rechtens gewesen und ich hätte mir den Besuchsausfall selber zuzuschreiben, so war man, als ich Frau Dirkheim davon erzählte, schon kleinlauter und murmelte etwas von »Versehen«. Ich hatte schon im November 1977, gleich nach meiner Entlassung aus dem Arrest, über diesen Vorfall Beschwerde beim Anstaltsleiter erhoben. Offiziell habe ich nie wieder von dieser Beschwerde gehört. Inoffiziell, so nehme ich an, stellte die »offene Scheibe« eine Art Wiedergutmachung dar. Auch bei diesem »Sprecher« kam ich materiell übrigens sehr günstig weg.

Mitte März kam dann auch ein Schreiben der Ständigen Vertretung hinsichtlich der Adressierung von Briefen in den Westteil Berlins an. Ich erhielt es aber nicht ausgehändigt, sondern wurde in das »Erzieherzimmer« gerufen. Dort las mir Lange den Brief in Gegenwart des Unterleutnants Schnözel, der ihn bald darauf ablösen sollte, vor. In dem Brief stand, dass der Westteil Berlins in das Post- und Fernmeldeabkommen zwischen der Bundesrepublik Deutschland und der DDR einbezogen sei und die korrekte Anschrift daher lauten müsse: »D-1000 Berlin«. Lange erklärte nach Verlesung des Briefes, er würde ihn mir nicht aushändigen, und begann einen längeren Vortrag mit den Worten: »Diese Dame von der Ständigen Vertretung soll erst mal lernen, völkerrechtliche Vereinbarungen richtig zu lesen.« Kern seiner Ausführungen war, dass »Westberlin« eine selbständige politische Einheit sei, die völlig unabhängig wäre und keineswegs zur Bundesrepublik gehöre. »Westberlin hat einen eigenen Senat und ist deswegen unabhängig!« Als ich das hörte, dachte ich an Hamburg und Bremen. Aber als Lange mich noch fragte, ob ich dem noch etwas entgegenzuhalten hätte, strich ich vor so viel Dummheit die Segel, meldete mich ab und verließ den Raum. Mir war interessant, auf welch niedrigem Niveau sich die politische Argumentation eines doch auf herausgehobenem Posten tätigen Genossen bewegte und welche Qualität man der Vertragstreue der DDR beimessen dürfte, denn Lange hatte wohl kaum seine Privatmeinung geäußert, sondern als »Staatsfunktionär« vermutlich die Ausführungen irgendeines Schulungsbriefes wiedergegeben.

Anfang April klagte Werner eines Morgens erneut über Rückenschmerzen und Luftmangel. Diesmal war uns allen klar, was vorlag und was zu tun war. Die herbeigerufenen Sanitätsdienstgrade wollten ihn wieder sofort nach Haus VIII schaffen. Werner wusste, dass dann auch wieder Meusdorf auf ihn wartete. Er erlitt einen regelrechten Nervenzusammenbruch. Unterleutnant Schnözel erschien und stand dann betreten neben dem Weinenden. Uns wollte er befehlen, Werner gegen seinen Willen auf die zum Abtransport bereitstehende Trage zu heben, aber wir weigerten uns. Gegen Mittag kam Major Zeltz, der Chefarzt, persönlich in unsere Zelle, um Werner zu untersuchen. Jürgen und ich mussten die Zelle verlassen und durften als einzige das Mittagsprogramm des Fernsehens an diesem Samstag verfolgen. Als wir zurückkamen, war Werner abermals fort.

Mit der Übernahme der Station durch Unterleutnant Schnözel begann ein härterer Kurs. Als Erstes störte es ihn, dass sich auf unserer Zelle zwei Stühle befanden, da Jürgen und ich Atteste dafür besaßen. Eines Tages fehlte nach der Freistunde mein Stuhl. Erst nach einer Intervention über den medizinischen Dienst bequemte sich Schnözel mit rotem Kopf, den Stuhl zurückzugeben, den er zuvor selbst aus der Zelle geholt hatte. Diese erste Niederlage entmutigte ihn aber keineswegs. Am 12. April kam er mit einem neuen Belegungsplan an und verlegte die halbe Station. Mich verschlug es auf die Nachbarzelle 38, wo ich mit Manfred zusammenkam, der wie ich hartnäckig die Arbeit verweigerte. Leider war das aber auch unsere einzige Gemeinsamkeit. Wir hatten uns wenig zu sagen und gingen uns bald gegenseitig auf die Nerven. Alles wurde dadurch noch schlimmer, dass die Anweisung erging, uns nicht mehr zum Fernsehen zu lassen, unsere Zelle ständig unter Verschluss zu halten, uns weder zu Besuch auf andere Zellen noch Leute von anderen Zellen zu Besuch auf unsere Zelle zu lassen. Wir sollten uns gegenseitig fertigmachen. Nach einer Woche, am 19. April 1978, nachdem mein Antrag auf Verlegung abgelehnt worden war, beschloss ich, mit jemandem von einer anderen Zelle, der mit Manfred zusammenwollte, zu tauschen. So zog ich einfach, als unsere Zelle zur abendlichen Verpflegungsausgabe aufgeschlossen wurde, mit Sack und Pack um. Das ging auch gut, aber nur für zwei Stunden. Dann fiel einem Meister auf, dass ich nicht auf diese Zelle gehörte. Ich weigerte mich zurückzuziehen. Er schloss die Zelle ab und verschwand. Kurz darauf war er wieder mit entsprechender Verstärkung da. Ich wurde aus der Zelle gezerrt, über den Gang gezogen und mit einem Stoß in meine alte Zelle zurückbefördert, sodass ich zu Boden ging. Mein Tauschpartner zog daraufhin »freiwillig« zurück. Als ich mich über den Vorfall beschwerte, teilte mir Unterleutnant Nietsche nur mit, ich hätte Widerstand geleistet, der mit den gesetzlich vorgesehenen Mitteln gebrochen worden sei. Darüber gäbe es fünf Zeugenaussagen. Das konnte ich mir vorstellen, da ja fünf SV-Angehörige an dem Vorfall beteiligt waren. Ich erkannte, dass eine Krähe der anderen kein Auge aushackt und ich deshalb in dieser Angelegenheit nichts weiter bewirken konnte.

Mit Manfred blieb ich noch fast zwei Monate zusammen, wobei das Klima immer gespannter wurde. Irgendwann Mitte Juni war es dann so weit. Über irgendeine Kleinigkeit gerieten wir in Streit, der bald in eine handfeste Schlägerei ausartete. Hierbei zog ich den Kürzeren und stand nun vor der Wahl, etwas zu unternehmen, um aus der Zelle herauszukommen, oder mich auf tägliche Streitigkeiten mit ungewissem Ausgang einzustellen. Ein neuer Antrag auf Verlegung wurde abgelehnt. Schnözel teilte mir mit, für mich gebe es nur die Alternative, mich zur Arbeit zurückzumelden oder auf jener Zelle zu bleiben. Was dort passiere, interessiere den SV nicht. Dieser Erpressung gab ich schließlich nach.

Noch am gleichen Tag erhielt ich eine andere Zelle. Auch die Restriktionen fielen weg. Verblüffend für mich war, dass man zunächst gar keine Arbeit für mich hatte. Ich blieb noch über drei Wochen auf der Nichtarbeiterstation und konnte hier auch noch die letzten Spiele der Fußballweltmeisterschaft sehen. Wahrscheinlich reichte zunächst dem SV meine Einwilligung zu arbeiten. Erst Anfang Juli wurde ich zurück nach Haus VI verlegt, um dort wieder zu arbeiten.

Wieder auf Arbeit

Ich kam auf den Trakt Cäsar I B. Als das Kommando am ersten Abend von der Spätschicht wiederkam, gab es ein freudiges Wiedersehen mit Thomas und einigen anderen, die ich noch vom ersten Arbeitseinsatz 1976/77 her kannte. Sogleich saßen wir bei einer Tasse Kaffee und erzählten uns, was wir in der Zwischenzeit erlebt hatten. Thomas berichtete auch, dass in unserer jetzigen Zelle kürzlich ein Gefangener versucht hatte, zum 17. Juni Flugblätter herzustellen, in denen er zu einer Schweigeminute aufrief. Die Flugblätter waren jedoch bei einer Filzung der Zelle entdeckt worden. Nach Schriftproben von allen in Frage kommenden Gefangenen hatte man den Betreffenden abgeholt. Er befand sich jetzt vermutlich in Untersuchungshaft. Ein Vierteljahr später sollte er wiederkommen. Man hatte ihn zusätzlich zu zwei Jahren verurteilt; statt mit ursprünglich vier Jahren war er nunmehr mit sechs Jahren belastet.

Am nächsten Tag traf ich auf der Arbeit weitere alte Bekannte von anderen Trakten. Es zeigte sich, dass diese Bekanntschaften auch ihre Vorteile hatten: Nach recht kurzer Einarbeitungszeit bekam ich einen Arbeitsplatz in der Relog-Endmontage zugewiesen, der einer der günstigsten Arbeitsplätze des ganzen Bandes war. Ich hatte dort an bestimmte Relais Schauzeichen bzw. Fallklappen anzuschrauben. Das waren Gehäuse mit einem feinen Mechanismus, der mittels eines Röllchens anzeigte, ob sich das Gerät im Arbeits- oder Ruhezustand befand. Mit der Norm von 100 Stück in 225 Minuten kam ich sehr gut zurecht. Ich machte mich nicht tot, sondern hörte, wenn ich 120 bis 150 Prozent erwirtschaftet hatte, lieber auch einmal zwei Stunden vor Feierabend auf. Sobald ich neue Kontakte unter meinen Mitgefangenen gefunden hatte, verbrachte ich die Stunden zum Feierabend hin vorzugsweise mit Diskussionen. Diese arteten mit der Zeit zu einem regelrechten Geschichtsunterricht aus, der erst sein Ende fand, als zu offenkundig wurde, dass sich in unserem Kreis mindestens ein Spitzel befand und ich wegen unserer Gespräche mehrfach verwarnt wurde.

»Erzieher« unserer Station war zu dieser Zeit Unterleutnant Schlegel, den ich von früher nicht kannte. Schlegel war ein noch junger Mann von nicht viel mehr als 25 Jahren. Mit Sicherheit war das hier sein erstes Kommando, nachdem er seine Ausbildung abgeschlossen hatte. Seine daraus resultierende gelegentliche Unsicherheit versuchte er durch penible Disziplin und Ordnungsforderungen gegenüber den Gefangenen zu kaschieren. Andererseits war er aber auch selber äußerst korrekt in der Beachtung der ihn bindenden Vorschriften und in dem, was er Gefangenen zusagte. Er war der einzige »Erzieher«, den ich dort kennenlernte, auf dessen Wort man einigermaßen vertrauen konnte. Ich kam mit ihm trotz seiner Eigenheiten ganz gut aus. Leider wurde er bald durch den mir schon hinlänglich bekannten und mittlerweile beförderten Oberleutnant Krause ersetzt. Damit war wieder alles beim Alten, und man tat gut daran, die Blau-Uniformierten möglichst nur von hinten zu sehen.

Ende Juli besuchte mich ein Dr. Kass von der Ständigen Vertretung. Obwohl er mir auch nichts Positives mitteilen konnte, war es doch ein erfreuliches Erlebnis, weil ich zum ersten Mal den Eindruck hatte, dass der Vertreter, der mich da besuchen kam, sich der politischen Motive für meine Inhaftierung bewusst war. Dieser Besuch stärkte mich daher erheblich.

Anfang September erhielt ich eine andere Arbeit. Offensichtlich gefiel es einigen Leuten nicht, dass ich nicht, wie andere zuvor, an meinem Platz 200 oder mehr Prozent erwirtschaftete. So setzte man mich an eine wesentlich schlechter normierte Lötarbeit, während mein alter Arbeitsplatz unbesetzt blieb. Vom Löten kam ich nach einigen Tagen wieder weg, indem ich beim Arzt Kopfschmerzen geltend machte. Arbeitsmäßig wurde ich dadurch allerdings noch schlechter gestellt, denn ich musste nunmehr die von anderen zu verlötenden Drahtlitzen mit den Fingern zurechtdrallen. In zehn Minuten musste man die offenen Enden von 100 Kabeln zusammenzwirbeln, um seine Norm zu erfüllen. Später

Bezirksverwaltung
für Staatssicherheit Berlin
Abteilung VII

Berlin, 13. 9. 1978
Gab/Schm

BStU
000088

B e r i c h t

Am 12.9.1978 ging in der StVE Berlin ein Brief der Ständigen Vertretung der BRD an den Strafgefangenen

B a t h ,	Mathias
geb. am:	02. 02. 1956
Delikt:	§ 105 StGB
Strafmaß:	5 Jahre FS
TB:	09. 04. 1976
TE:	08. 04. 1981
letzte Wohnanschrift:	1 Berlin 38 (West) Pfeddersheimer Weg 16

ein. Der Brief ist unterschrieben durch Dr. K a s s .
In dem Brief bezieht sich Dr. Kass auf ein Ende Juli geführtes Gespräch mit dem SG Bath. Dieses Gespräch fand am 27.7.1978 in der StVE Berlin statt. In diesem Gespräch wollte der SG Bath von Dr. Kass wissen, welche Verbindlichkeiten aus UNO-Beschlüssen für Strafgefangene während ihrer Inhaftierung bestehen. Der Dr. K. entgegnete, daß er sich sachkundig machen wird und ihm schriftlich Bescheid zukommen läßt.
In diesem Gespräch sprach der Strafgefangene nicht über Zustände im Strafvollzug.

Der Dr. Kass erschien erstmalig im Strafvollzug der StVE Berlin. Vorher wurde der SG Bath durch die Regierungsamtmännin Dürbaum betreut. Der SG Bath hat weitere Besuche durch die Regierungsamtmännin abgelehnt, da sie sich nach seiner Meinung zu wenig für ihn einsetzen würde. Bei einem Sprecher mit der Dürbaum am 3.2.1978 stellte er folgende zwei Fragen:

1. Besteht eine internationale Konvention zur Arbeitspflicht für Strafgefangene?

2. Welche grundsätzliche Anschrift hat Westberlin, da er mit der durch den Strafvollzug vorgegebenen Anschrift nicht einverstanden ist (seiner Meinung nach müßte aus der Westberliner Anschrift hervorgehen, daß Westberlin ein Bestandteil der BRD ist)?

Zur ersten Frage verwies Frau Dürbaum unsicher auf die bestehenden Gesetze im jeweiligen Staat.
Zur zweiten Frage versprach Frau Dürbaum, sich sachkundig zu machen.

Bericht des MfS über Matthias Bath, 1978

konnte ich auch wahlweise Ankerfolien nieten. Dazu musste man in 24 Minuten 100 Folien an 100 metallenen Ankerplatten befestigen. Ich war der Meinung, dass man für diese Arbeit besser Maschinen konstruieren und einsetzen solle, und reagierte entsprechend mit Miniprozenten. Übrigens stand ich damit nicht allein. Inzwischen kam nämlich einer nach dem anderen von der restlichen Belegschaft der Nichtarbeiterstation, die unter sanftem Druck des SV aufgelöst wurde, auf die Arbeitskommandos in Haus VI. Diese Neuankömmlinge waren zu besonderen Arbeitsleistungen nicht gerade motiviert, sodass mit der Zeit eine ganze Gruppe entstand, die zwischen drei und 60 Prozent abrechnete.

Ende September kam wieder eine große Aktion, bei der besonders Leute mit langen Strafen und Alteingesessene verschwanden. Ich war nicht darunter, obwohl ich nun schon fast die Hälfte meiner fünf Jahre hinter mir hatte. Im Grunde konnte ich mir schon ausrechnen, dass ich kaum noch eine Chance hatte, noch 1978 nach Hause zu kommen. Am Tag darauf besuchten mich meine Eltern. Anstatt wie sonst gefasst und scheinbar in mein Schicksal ergeben zu lächeln, fragte ich diesmal meine Eltern, als sie wieder ihre Hoffnung auf meine baldige Freilassung äußerten, wie lange sie sich eigentlich von den Behörden noch Sand in die Augen streuen lassen wollten. Ich fühlte mich mittlerweile verraten und verkauft. Während Kriminelle, die auch in der Bundesrepublik nur Behördenärgernisse dargestellt hatten, bevorzugt entlassen wurden und Leute mit sechs, sieben, ja acht Jahren, die noch nach mir gekommen waren, freikamen, sollte ich hier offenbar ohne absehbares Ende sitzen. Ich empfand es als grobe Ungerechtigkeit, dass der ursprünglich für politische Gefangene geschaffene Freikauf gerade den Leuten vorenthalten wurde, die ihre Inhaftierung und alles, was damit zusammenhing, politisch vertraten. Offenbar legte der Westen ergeben die Hände in den Schoß und wartete, was der Osten denn großzügig schicken würde. Ich wusste auch anhand vergleichbarer Fälle, dass ich im Frühjahr oder Sommer 1978 durch den Freikauf hätte freikommen müssen, falls ich nicht als negativer Sonderfall behandelt wurde.

Wenn aber der Freikauf in meinem Fall nicht zog, wie sollte ich dann überhaupt vorzeitig freikommen? Unterschwellig beschlich mich manchmal schon der Gedanke an die »Endstrafe« im April 1981. Auch wenn meine Eltern für all dies nicht verantwortlich zu machen waren, so wurde ihnen an diesem Tag wohl deutlich, wie verzweifelt ich die Lage sah.

Am 8. Oktober 1978 hatte ich die Halbzeit meiner offiziellen Haftzeit erreicht. Selbst im schlimmsten Fall hatte ich jetzt mehr hinter mir als noch vor mir. Ein solches Ereignis musste gefeiert werden. Ich hatte bei der HO-Verkaufsstelle eine Torte bestellt, was seit einiger Zeit möglich war. So saßen wir dann an jenem Sonntag bei Kaffee und Kuchen um den Tisch herum und feierten Bergfest. Einige Tage später schien mir, als hätten wir etwas ganz anderes gefeiert. Am 12. Oktober gingen nämlich Thomas und noch einer aus unserer Runde auf Aktion. Auch wenn ich beiden die Entlassung von Herzen gönnte, nahm mich ihr Weggang doch sehr mit, zumal sie rein rechnerisch noch nicht aktionsreif gewesen waren. Ich trat allerdings ihr Erbe an und war in der nächsten Zeit nicht nur einer der wohlhabendsten Leute vom Trakt, sondern konnte nun auch die Miniprozente auf Arbeit und den damit verbundenen Minilohn auf längere Zeit wirtschaftlich durchstehen.

Ab Oktober 1978 arbeiteten wir übrigens auch im Dreischichtsystem. Es hatte einigen Leuten wohl keine Ruhe gelassen, dass unsere Produktionsbereiche in den kurzen Nachtstunden von 23.30 bis 5.30 Uhr nicht genutzt werden konnten. So führte man jetzt drei achtstündige Schichten ein, um den Tag rund um die Uhr nutzen zu können. Der wöchentliche Schichtwechsel wurde beibehalten. Dass drei Schichten unter dem Strich weniger produzierten als vorher zwei, interessierte niemand. Anfänglich war nicht einmal genügend Material da, um alle Schichten beliefern zu können. Rückblickend glaube ich, dass es gar nicht um eine Erhöhung der Produktion ging. Man wollte vielmehr die Gefangenen physisch und psychisch treffen, um sie langsam, aber sicher zu zerrütten. In dieser Ansicht werde ich auch durch die seinerzeitigen »begeisterten« Reaktionen der Zivilmeister auf die Einführung der Nachtschicht bestärkt.

In einer der ersten dieser Nächte versuchten zwei Gefangene von Dora I, ein Fenstergitter im Lager des Industriegebäudes zu durchsägen, um zu fliehen. Bereits beim Ansägen des Gitters wurden sie jedoch gestellt und in eine MfS-Untersuchungshaftanstalt zurückverlegt. Einer von ihnen kam, kurz bevor ich Rummelsburg verließ, mit drei Jahren »Nachschlag« von dort zurück. Dieser Ausbruchsversuch hatte größere Filzungen im ganzen Haus zur Folge.

Bei einer dieser Zellendurchsuchungen wurde der Tee, den Thomas und ich im Laufe der Zeit über die HO offiziell erworben hatten, konfisziert. Es handelte sich um die ansehnliche Menge von anderthalb Kilogramm, die gerade im Zuchthaus einen recht erheblichen Wert darstellte. Ich war daher nicht gesonnen, mir das bieten zu lassen. Oberleutnant Krause, bei dem ich zunächst Beschwerde erhob, fühlte sich sehr sicher, sprach von »spekulativer Warenhortung« und versuchte, mich auch anderwärtig zu »verklapsen«. Als ich merkte, dass auf diesem Wege nichts zu erreichen war, überlegte ich, was zu tun wäre. Dass Anstaltsinstanzen meist die Übergriffe untergeordneter SV-Bediensteter deckten, wusste ich aus Erfahrung. An das MfS wollte ich mich nicht wenden. So blieb nur die staatsanwaltliche Aufsicht über den Strafvollzug. Eingedenk meiner Erfahrungen trumpfte ich in meinem Brief nicht auf, sondern schrieb betont devot und so, als ob ich allen Ernstes auf die Gerechtigkeit eines DDR-Staatsanwalts vertrauen würde. Dann wartete ich ab. Viel Vertrauen hatte ich nicht in den Erfolg meiner Sache.

Ende November wurde ich von Krause in sein Zimmer gerufen. Er hielt mir meine Beschwerde vor und versuchte, mir eine »Persönliche Stellungnahme« zu entlocken, in der ich einräumen sollte, den Tee wider besseres Wissen unter der Hand erworben zu haben. Als ich mich weigerte, hielt er mir meine Arbeitsprozente vor und drohte mir Maßnahmen an. Ich sagte ihm dazu nur, mit Arrest könne man mich nicht mehr schocken. Jetzt würde ich erst recht jede Stellungnahme, und sei es nur die Unterschrift unter ein von ihm aufgesetztes Protokoll, ablehnen. Meine Beschwerde bei der Staatsanwaltschaft sei für die Aufhellung des Sachverhalts völlig ausreichend. Schwitzend machte sich Krause dann an ein Protokoll über unser Gespräch, das ich aber, wie versprochen, nicht unterschrieb. Als ich an diesem Abend auf meiner Zelle nachdachte, merkte ich, dass meine Beschwerde wohl doch nicht ganz umsonst gewesen sei, und schöpfte wieder Hoffnung auf meinen Tee.

Am 29. November bekam ich während der Spätschicht plötzlich starke Kopfschmerzen. Ich wurde kalkbleich und schwitzte stark. Die Schmerzen wurden so stark, dass sogar mein Sehvermögen beeinträchtigt wurde. Die Anker, Ankerfolien und Nieten vor mir verschwammen zu einem einzigen Einerlei. Ich meldete mich zum Zivilmeister, der bei der SV-Wache anrief, um mich abholen zu lassen. Nach einiger Zeit kam von dort auch ein Meister, der mit mir zum Krankenrevier in Haus III ging. Dort war zu dieser Stunde kein Arzt mehr zu finden. Dienst hatte ein Hauptwachtmeister, der mich oberflächlich untersuchte und feststellte, dass Puls und Temperatur normal waren. Er meinte zwar, er glaube mir, dass ich mich nicht wohl fühle, da er aber nichts Greifbares feststellen könne, müsse ich trotzdem wieder arbeiten gehen. Wohl zum Trost gab es eine (!) Analgin-Tablette, die aber nur gegen Benommenheit und Schmerzen bei grippalen Infekten hilft, in meinem Fall also völlig witzlos war. Zurück auf Arbeit, meinte selbst der Zivilmeister, dass es wohl etwas zu viel des Guten wäre, und riet mir, mich irgendwo in eine Ecke zu setzen. Mein Zustand verschlechterte sich im Laufe des Abends noch mehr. Erst nachdem ich mich übergeben hatte, ging es mir wieder etwas besser. Allerdings war nach diesem Erlebnis für mich der ganze medizinische Dienst erledigt. Zukünftig ging ich nur noch dorthin, wenn ich etwas erreichen wollte, nicht mehr, wenn mir etwas fehlte.

Am 14. Dezember 1978 wurde ich völlig überraschend zum Arzt bestellt. Dieser fragte mich, ob ich im Moment irgendwelche Beschwerden hätte. Als ich dies verneinte, konnte ich auch schon wieder gehen. Ich brauchte nicht lange zu rätseln, was das zu bedeuten hatte. Nach der Freistunde kam Krause an und befahl mir, meine Sachen zusammenzupacken. Sofort war der halbe Trakt um mich herum. Alle meinten, ich würde endlich nach Hause gehen, und beglückwünschten mich schon. Ich teilte diesen Optimismus nicht, konnte mir aber auch keinen Reim darauf machen. So stieg ich schließlich, mit meinem Bündel schwerbepackt, hinter Krause die Treppe hinab. Unten vor der Zentrale angekommen, drehte Krause sich um und setzte ein amtliches Gesicht auf. Er zog einen Wisch aus der Tasche und verkündete, ganz Oberleutnant: »Strafgefangener Bath, ich habe Sie wiederholt verwarnt. Sie haben daraus keine Lehren gezogen, sondern weiter auf Arbeit gefaulenzt und andere Strafgefangene von der Arbeit abgehalten. Ich bestrafe Sie deshalb wegen Arbeitsbummelei und Nichtausnutzung der Arbeitszeit mit sieben Tagen strengem Arrest. Sie treten Ihren Arrest mit sofortiger Wirkung an!« Kurz darauf musste ich mich im Keller unter Aufsicht des Meisters Degner, mit dem ich zweimal schlechte Erfahrungen gemacht hatte, umkleiden und wurde in eine Arrestzelle gesperrt. Die nun folgende Woche unterschied sich nicht viel von der Arrestzeit, die ich im Herbst 1977 verbracht hatte. Vielleicht machte sie mir noch etwas weniger aus. Da man mir im Gegensatz zu damals ein Essbesteck verweigerte – man sollte sich die Stullen mit dem Löffelstiel schmieren –, verweigerte ich die ersten vier Tage das Essen. Da die Arrestzeit nur eine Woche betrug, gab ich meinen Hungerstreik dann aber auf, weil Reaktionen des SV auf Hungerstreiks durch Gefangene gewöhnlich erst nach einer Woche einsetzten. Unangenehm war, dass das Fenster meiner Zelle kaputt war und es drei Tage dauerte, ehe der SV eine Reparatur veranlasste. Zugleich fiel die Heizung aus. Draußen war schneidende Kälte. So »turnte« ich in meiner Zelle im Mantel herum, um wenigstens etwas warm zu werden. Die Zeit vertrieb ich mir wieder mit der Errichtung und Demontage von Luftschlössern.

Nach Ablauf einer Woche kam ich wieder auf die alte Station zurück. Hier begrüßte mich Krause gleich mit dem Weihnachtspaket der Ständigen Vertretung. Dass er während meiner Arrestzeit ein Paket meiner Eltern an diese zurückgeschickt hatte, erzählte er mir aber nicht. So kam Heiligabend 1978 heran. Am Nachmittag dieses Tages wurde ich wieder einmal zu Krause gerufen, der mir mitteilte, dass aufgrund meiner Beschwerde der Staatsanwalt in der Anstalt gewesen sei. Als Ergebnis seines Besuches sei angeordnet worden, mir den Tee rationsweise wieder auszuhändigen. Ich könne, wenn ich wolle, gleich die erste Portion mitnehmen. So kam ich mit einem großen Glas Tee zurück auf meine Zelle. Das war das beste Weihnachtsgeschenk, welches man mir in dieser Situation machen konnte. Auch wenn es nicht besonders weihnachtlich klingt, ich freute mich kindisch, den SV zumindest in dieser Angelegenheit übertrumpft zu haben. Jetzt wurde mir auch klar, warum ich und kein anderer »Miniprozentler« in den Keller gewandert war. Die Rache des kleinen Mannes hatte zumindest ein Unentschieden erzielen wollen. Nun gut, der Arrest lag hinter mir und hatte mir nicht allzu viel ausgemacht. Der Tee aber lag vor mir und war etwas greifbar Positives.

Nach den Festtagen stellte sich noch eine weitere positive Auswirkung des Arrests heraus. Unser Zivilmeister hatte von dem wirklichen Hintergrund meiner Arreststrafe gehört und hatte wohl ein schlechtes Gewissen. Jedenfalls fragte er mich, welche Arbeit mir denn liegen würde, um über 100 Prozent zu kommen. Ich nannte ihm die Montage von Schauzeichen und Fallklappen, meine alte Arbeit, die seitdem vakant war und nur auf den anderen Schichten verrichtet wurde. Einen Tag später saß ich wieder dort. Diese Arbeit behielt ich bis zu meiner Entlassung unangefochten, ohne dass sich meine Einstellung zu ihr gewandelt hätte.

Ende Januar bekam ich wieder Besuch von der Ständigen Vertretung. Diesmal erschien ein Herr Ritzel*. Sein Besuch blieb mir als eines der unangenehmsten Erlebnisse meiner Haftzeit in Erinnerung. Ritzel wusste über alles Bescheid, weil er schon früher in Frankreich Häftlinge betreut hatte. Häftling ist ja schließlich gleich Häftling. Er wusste so gut Bescheid, dass er zu keinem meiner konkreten Probleme eine Antwort wusste, wohl weil ihn die Häftlinge in Frankreich nie mit solchen Fragen konfrontiert hatten. Sein Wissen stellte er gleich zu Beginn der Unterredung unter Beweis, als er fragte, welche Sendungen des Westfernsehens wir sehen könnten. Nun bestand zwar auf Cäsar I B seit Sommer 1978 die Möglichkeit, auch alle Kanäle des Westfernsehens illegal zu empfangen, weil Kameraden den Apparat umgetrimmt hatten und der SV bislang nicht dahintergekommen war, aber das konnte ich Ritzel natürlich nicht erzählen. So sagte ich nur, dass ich die Sendungen des Westfernsehens empfangen könne, die Karl Eduard von Schnitzler für den »Schwarzen Kanal« auswählen würde. Ritzel schien verwundert.

Auch im Folgenden zeigte er sich weder besonders informiert noch gewillt, sich für die Anliegen einzusetzen, die man vorbrachte. Ich erzählte ihm, dass wir im Oktober 1978 gewaltsam gegen Grippe geimpft worden wären, und erfuhr, dass Herr Ritzel auch ein Anhänger von Schutzimpfungen sei und die Sache im Übrigen nicht besonders erörterungswürdig wäre. Auf die Frage, ob es statthaft sei, wegen Nichterfüllung der Arbeitsnorm Arrest zu verhängen, antwortete Ritzel, in Frankreich hätten sich die Gefangenen gefreut, wenn sie sich durch Arbeit etwas hätten dazuverdienen können. Immerhin hatte er etwas von Arrest und Arbeit behalten, denn am gleichen Abend teilte er meiner Mutter telefonisch mit, dass ich wohl wieder wegen Arbeitsverweigerung in Arrest gewesen sei. Das Resümee dieses Gesprächs: Wer den Schaden hat, braucht für Hohn und Spott nicht zu sorgen, das tun ganz andere. Die Bundesrepublik Deutschland kann stolz auf diesen Vertreter sein!

Wenige Tage später, am 30. Januar 1979, wurde ich auf die andere Seite der Station nach Cäsar I A verlegt. Hier bezog ich im Verwahrraum 222 wieder das Bett, welches ich schon im Sommer 1977 innegehabt hatte und in dem im Oktober 1977 der Gefangene W. D. gestorben war.

Die letzten Monate

Nicht nur das Bett, die ganze Situation war so, wie ich sie hier schon 1977 erlebt hatte. Wieder hatte ich auf dem Trakt kaum einen echten Gesprächspartner. Allerdings war ich jetzt gegenüber 1977 reifer und nahm die Situation gelassener hin. Die Leute, mit denen ich mich in den vergangenen Monaten angefreundet hatte, sah ich ja ohnehin während der Arbeit. Obwohl es verboten war, hielt ich mich in den folgenden Monaten an den Wochenenden auch weiterhin häufig auf Cäsar I B auf. Außerdem hatte ich auch auf meinem neuen Trakt ein, zwei Freunde, darunter Jürgen, mit dem ich bis April 1978 auf der Nichtarbeiterstation zusammen gewesen war. Den Leuten gegenüber, mit denen mich nicht so viel verband, machte ich ein freundlich-verbindliches Gesicht und hatte somit auch hier keine Schwierigkeiten.

Dann kam mein 23. Geburtstag. Von Jürgen und einem anderen Mitgefangenen erhielt ich eine Karte, die mich mit einem langen »Elch« (so nannten wir eine lange Nase) hinter einem vergitterten Fenster auf die Aktion wartend zeigte. Der gereimte Text dazu lautete: »Drei Jahre nun im schönen Rummelsburg schon, doch vielleicht erlöst auch Dich bald die Aktion.« Dazu durfte ich mich über eine Flasche Rasierwasser freuen. Wir feierten auch dieses Ereignis gebührend mit einer Torte, die allerdings während des Wochenendes auf meiner alten Zelle verspeist wurde.

Anfang April »durfte« ich dann auch meinen dritten Jahrestag feiern. Das und der heraufziehende Frühling stimmten mich nicht gerade froher. Das merkten auch meine Eltern bei ihren Besuchen. Erste Andeutungen von ihnen, dass in meinem Fall möglicherweise ein Austausch zustande kommen könnte, weil es mit dem Freikauf nicht klappte, nahm ich nicht sonderlich ernst. Ich dachte, man hätte meinen Eltern, um sie abzuwimmeln, behördlicherseits irgendeine Geschichte erzählt, auf die meine Eltern jetzt alle Hoffnung setzen würden.

Draußen wurden die Tage länger, und das Wetter wurde wärmer. Sporadisch liefen auch wieder kleinere Aktionen. Daran, wer ging, konnte ich sehen, dass der Freikauf an mir vorübergegangen war. Während mich früher leidenschaftlich interessiert hatte, wer gegangen war, ließen mich jetzt Debatten über dieses Thema kalt. Die Namen der Entlassenen von anderen Stationen kannte ich ohnehin nicht, weil der Verkehr zwischen den einzelnen Stationen 1978 stark eingeschränkt worden war und die Betreffenden sich davor meist noch gar nicht in Haft befunden hatten. Mittlerweile gehörte ich zu den 30 »dienstältesten« Häftlingen im Haus.

Gesundheitlich plagten mich von Zeit zu Zeit bohrende Kopfschmerzen, gegen die ich jedoch wirksame Tabletten erhielt. Mit meinem Rücken hatte ich keine Beschwerden mehr, seitdem ich 1978 den Stuhl mit Rückenlehne erhalten hatte. Allerdings wurde das gesundheitliche Befinden insgesamt durch die psychischen Belastungen erheblich beeinträchtigt. Auch der wöchentliche Wechsel der drei Schichten machte mir ernsthaft zu schaffen.

Am Montag, dem 28. Mai, wurde ich mit einigen anderen Gefangenen überraschend zum Arzt geholt. Während die Ärzte sonst förmliche Gesundbeter waren, die nur bei Bilderbuchsymptomen krankschrieben, hieß es heute, ich müsse mich doch erschöpft fühlen, und da der Arzt, Major Herder, gerade seinen guten Tag habe, wolle er mich für drei Tage zur Erholung krankschreiben. Ich wunderte mich zwar, hatte aber nichts dagegen, wenn der SV für ein paar Tage auf meine Arbeitskraft verzichten wollte und mir dafür noch Krankengeld zahlte. So blieb ich die erste Nacht, statt sie mir bei der Nachtschicht um die Ohren zu schlagen, auf meiner Zelle und schlief vorzüglich. Am Nachmittag des zweiten Tages hieß es aber, alle am Vortag Krankgeschriebenen sollten sich zur Verlegung nach Haus VIII fertigmachen. Dort, im sogenannten Krankenhaus, nahm man uns zunächst einmal alle persönlichen Sachen ab, wog uns, maß Temperatur und Puls und steckte uns dann auf die Zellen, die sich nur durch ihre Krankenhausbetten von anderen Zellen unterschieden. Ich kam mit Jürgen, der wegen eines verstauchten Fußes mit von der Partie war, auf eine Zelle. Ich aber hatte dem Arzt gegenüber keinerlei Beschwerden geltend gemacht. Warum hatte man mich also hierher verlegt? Gespannt warteten wir die Visite am nächsten Vormittag ab.

Am Morgen gab es zunächst noch einen kleinen Auftritt mit dem SV-Personal, weil ich mich weigerte, mir Blut abnehmen zu lassen, da ich hierfür keinen Anlass sah. Bei der Visite hörte ich dann die Frau Major Hoffmann: »Strafgefangener Bath, Sie haben doch vor einiger Zeit über Kopfschmerzen geklagt. Wir wollen einmal überprüfen, worauf diese zurückzuführen sind. Deshalb haben wir Sie hier zur Untersuchung eingewiesen. Sie werden voraussichtlich einige Tage hierbleiben.« Das war völlig ungewöhnlich. In allen anderen mir bekannten Fällen war es dem SV ganz egal, woran der Gefangene litt, sofern nur seine Arbeitskraft erhalten blieb. Warum plötzlich diese Fürsorge? Für mich war klar: Dieser Grund war vorgeschoben. Aus irgendwelchen Erwägungen wollte man uns von Haus VI fernhalten. Die Untersuchungen hätte man schließlich auch ambulant durchführen können! Jürgen hatte gleich eine ganz andere Lösung parat: »Du wirst wahrscheinlich doch bald entlassen. Damit du drüben aber nicht erzählen kannst, welche Krankheiten du dir hier zugezogen hast, ohne behandelt worden zu sein, untersucht man dich jetzt noch auf den letzten Drücker.«

Ich hätte das zwar gerne geglaubt, vermutete aber mehr einen Zusammenhang mit dem bevorstehenden Pfingsttreffen der FDJ in Ost-Berlin. Vielleicht wollte man vermeiden, dass ich die Fernsehberichterstattung noch durch eigene Kommentare anreicherte, wie ich das gewöhnlich tat. Vielleicht fanden aber auch irgendwelche negativen Veränderungen in Haus VI statt, mit denen man uns bei unserer Rückkehr überraschen wollte. Da Jürgen auf seiner Variante beharrte, schlossen wir schließlich eine Wette darüber ab.

In den folgenden Tagen fanden auch tatsächlich einige »Untersuchungen« statt, doch merkte man an der Intensität, dass es sich nur um vorgeschobene Manöver handelte. Rechtzeitig zu Pfingsten wurden alle, die mit mir nach Haus VIII gekommen waren, nach Haus VI zurückgeschickt. Ich blieb allein zurück. Als bei der Visite der Leiter des medizinischen Dienstes, Oberstleutnant Zeltz, durchkam, beschwerte ich mich bei ihm, dass man mich mit fadenscheinigen Gründen hierher verlegt habe. Zeltz holte mich etwas später und unterhielt sich mit mir unter vier Augen. Dabei gab er mir zu verstehen, dass meine Einweisung sicher medizinisch nicht erforderlich sei. Es gebe aber Leute, denen gegenüber auch der Leiter des medizinischen Dienstes weisungsgebunden sei. Daher würde ich wohl erst nach Pfingsten zurück nach Haus VI kommen. Neben dieser aufschlussreichen Auskunft konnte ich noch erreichen, dass mir meine persönlichen Sachen umgehend zurückgegeben wurden. Wieder mit allem Nötigen versehen, verbrachte ich so ein zwar sehr ruhiges, aber dennoch erträgliches Pfingstfest. Danach kam ich wieder nach Haus VI und musste auch sogleich wieder arbeiten. Die »Sorgen« um meine Kopfschmerzen waren wieder in den Hintergrund getreten.

Ende Juni wurde ich ebenso überraschend zum Anstaltspsychologen Strohschneider geholt, den ich schon von 1977 her kannte. Dieser fing wieder von meinen Kopfschmerzen an und meinte, eventuell könnte mein Wahrnehmungsvermögen unter diesen Schmerzen gelitten haben. Deshalb wolle er, natürlich nur, um mir zu helfen, und mein Einverständnis vorausgesetzt, mein Wahrnehmungsvermögen einmal testen. Sprach's und hatte dabei die Testbögen schon aus der Aktentasche geholt. Zu seiner Enttäuschung verweigerte ich jedoch die Mitwirkung an diesem Test, da mir der Sinn des Ganzen nicht einleuchtete und ich nicht die Absicht hatte, der DDR irgendwelche Aufschlüsse über mein Innenleben zu geben. Strohschneider meinte, auch meine Weigerung sei aufschlussreich genug. Mein Misstrauen lasse eine bedenkliche Tendenz erkennen. Möglicherweise schwinge darin ein paranoider Zug mit. Ich erwiderte, ich wisse schon, was ich tue, und er wahrscheinlich auch. Damit war die Unterredung beendet. Mitgefangene, denen ich von diesem Testversuch erzählte, meinten, das sei nur positiv zu interpretieren. Möglicherweise habe Jürgen mit seiner Theorie doch recht.

Überhaupt waren meine Mitgefangenen zu dieser Zeit hinsichtlich meiner Zukunft optimistischer als ich selbst. Ich war zwar in meinen Überzeugungen ungebrochen, meinte aber, für diese jetzt einen doch überhöhten Preis zahlen zu müssen. Allmählich sah ich schon den April 1981 als mein Entlassungsdatum näher rücken. An Wunder glaubte ich nicht mehr. Nur ein Wunder schien mir aber helfen zu können. Auf die Andeutungen, die mir erneut beim letzten Besuch meiner Eltern und beim »Sondersprecher« mit einem engen Freund im Juni gemacht wurden, wollte ich mich keineswegs verlassen. Dazu war ich zu oft enttäuscht worden!

Der Freitausch

Die letzten Tage

Am Montag, dem 16. Juli 1979, hatte ich mich nach der morgendlichen Zählung noch einmal ins Bett gelegt, um zur Spätschicht frisch zu sein, als gegen 7.30 Uhr plötzlich unser Raum aufgeschlossen wurde. Im Halbschlaf hörte ich Oberleutnant Krause: »Strafgefangener Bath, stehen Sie auf und packen Sie alle Sachen! Ich komme in einer Viertelstunde wieder und hole Sie ab.« Mit einem Schlag war alle Müdigkeit verschwunden. Derart unvorhergesehene Veränderungen versetzten einen trotz der mehr als dreijährigen Hafterfahrung noch immer in Aufregung. Aber auch meine Zellengenossen kamen in Bewegung: »Mann, hat der ein Schwein!« – »Na ja, der ist ja auch lange genug hier!« – »Du gehst!« – »Na, endlich hast Du es auch geschafft!« – »Grüß die Heimat!«

Für meine Mitgefangenen stand fest, dass ich entlassen werden würde. Ich selber war mir dessen gar nicht so sicher, sondern dachte daran, unter welchen Umständen ich im Dezember des Vorjahres in Arrest gekommen war. Zwar fiel mir nichts Arrestträchtiges ein, aber auch die Verlegung auf eine andere Station war ja jederzeit möglich. Eine derartige Verlegung empfand ich aber auch nicht als angenehm, weil man sich mit neuen Leuten und einer neuen Umgebung anfreunden musste und eventuell auch arbeitsmäßig schlechter gestellt wurde. Aber was sollte es, man konnte sich ja doch nicht dagegen wehren! So packte ich mürrisch meine Sachen zusammen. Da aber auch die Vermutungen meiner Kameraden nicht völlig von der Hand zu weisen waren, ließ ich einen Großteil meiner Vorräte wie Konserven, Gewürze und Kaffee auf dem Trakt zurück. Mein Geld ließ ich Jürgen und nahm nur einen 20-Mark-Schein als eiserne Reserve mit. Ich vereinbarte, dass man mir, sollte ich doch auf einem anderen Trakt auftauchen, die Sachen über den HO-Kiosk nachreichen solle. Schließlich saß ich auf meinen gepackten Sachen und wartete auf Krause, der natürlich erst wesentlich später kam als angekündigt, um mich zu holen.

Es ging nicht, wie von mir befürchtet, auf eine andere Station, sondern nach Berta II, wo sich zwischen den beiden Arztwartezellen ein Dienstraum befand, der zum Umkleiden von Häftlingen benutzt wurde, die auf Aktion gingen. In diesem Raum sagte mir Krause: »Strafgefangener Bath, Sie bleiben nicht hier im Haus. Sie werden verlegt. Wohin, weiß ich nicht.« Ich erhielt eine neue Garnitur Häftlingskleidung, aus den ältesten Lumpen bestehend, die vorrätig waren. Krause bestand auch darauf, dass ich noch ein Käppi nahm, damit ich auch auf den letzten Metern innerhalb der Anstalt der Vorschrift entsprechen würde. Bei der Durchsicht der Tüte mit meinen persönlichen Habseligkeiten nahm Krause mir den Großteil der Briefe, die ich nicht vorher auf die Effekten gegeben hatte, ab. Ich durfte nur einen Brief, drei Ansichtskarten und die Familienbilder behalten. Ich bat Krause, den 20-Mark-Wertgutschein, der mir außerhalb der Anstalt ja nichts mehr nützte, ebenfalls an Jürgen weiterzugeben. Er versprach es und ließ mich eine diesbezügliche Anweisung unterschreiben.

Dann sperrte er mich in eine der Wartezellen. Zwei Stunden später wollte er wiederkommen, um mich endgültig zu holen. Ich wartete. Dass ich nun bald entlassen werden würde, war mir klar. Merkwürdig fand ich nur, dass ich die Anstalt offensichtlich allein verlassen sollte. Bei Aktionen waren sonst immer mindestens vier bis fünf Häftlinge verschwunden. Sollte an den Andeutungen über einen Austausch doch etwas Wahres sein?

Auf einmal schloss es, und Oberleutnant Geschonnek, mittlerweile stellvertretender Abteilungsleiter, trat ein. Er hatte seit 1977, als er ins Haus kam, kaum eine Gelegenheit ausgelassen zu versuchen, mich einzuschüchtern oder zu beleidigen. Heute war er wie umgewandelt: »Na, Strafgefangener Bath, nun haben

Sie ja auch bald alles überstanden. Lange genug hat es bei Ihnen ja gedauert. Aber auch wenn Sie es mir jetzt nicht glauben, ich wünsche Ihnen für Ihr weiteres Leben alles Gute!« Ich begann zu lachen und lachte noch, als er schon längst wieder fort war. Wohl zwei Stunden später erschien Krause tatsächlich wieder, drückte mir die Tüte mit meinen Privatsachen in die Hand und brachte mich nach Haus IV.

Vor dem Haus stand ein kleiner grauer Barkas-Gefangenentransportwagen, und um diesen herum standen einige Zivilisten. Krause übergab einem von ihnen meine Akte, woraufhin dieser mich fragte: »Name? Vorname? Geboren?« Ich antwortete und wusste zugleich, dass ich hier richtig war. Zivil, das war nicht mehr das Dunkelblau des Strafvollzugs. Zivil, das hieß MfS. MfS wiederum, das hieß Entlassung und Rückkehr in den Westen! So folgte ich gerne der Weisung »Steigen Sie ein!«. Drinnen saß zwar auch ein Uniformierter, ein Unterleutnant, aber er trug kein Dunkelblau, sondern die militärische Uniform der MfS-Wacheinheiten. Letztmalig erhielt ich nun Handschellen angelegt. Der Wagen fuhr los und hielt etwa zehn Minuten später in einem anderen Gefängnis.

Sofort beim Aussteigen erkannte ich, dass wir uns in der Magdalenenstraße befanden. Seit 1976 hatte sich hier kaum etwas verändert. Lediglich auf den Gängen hatte man Fernsehkameras installiert, wohl auch, um das Wachpersonal noch besser kontrollieren zu können. Ich musste meine Tüte abgeben und wurde in eine Einzelzelle im ersten Stock gesperrt. Dort steckte ich zunächst einmal das Käppi unter die Matratze einer der beiden Holzpritschen.

Am Nachmittag wurde ich offiziell von meiner bevorstehenden Freilassung in Kenntnis gesetzt. In dem Büro, in dem ich 1976 mit Rechtsanwalt Starkulla gesprochen hatte, erwartete mich ein rundlicher Zivilist mittleren Alters. Er begrüßte mich und begann sogleich damit, meine persönlichen und meine Haftdaten abzufragen. Da ich nicht mehr ganz so schüchtern war wie zu Beginn meiner Haft, unterbrach ich ihn: »Sagen Sie mal, Sie wissen, wer ich bin, ich wüsste auch gerne, mit wem ich es zu tun habe und in welcher Eigenschaft Sie mich hier befragen.« Er grinste und meinte: »Die Fragen stelle eigentlich ich hier, aber Sie können davon ausgehen, dass ich hier zum Haus gehöre. Im Übrigen könnte ich Ihnen auch einen Namen sagen.« – »Der aber nicht unbedingt stimmen muss«, ergänzte ich. Seine Antwort: »Genau! Ich sehe, wir verstehen uns. Dann kann ich ja weitermachen.«

Nachdem er Wichtiges und Unwichtiges abgefragt hatte, kam er zum Wesentlichen: »Welche Konsequenz haben Sie eigentlich aus der Tatsache Ihrer Verurteilung und Haft gezogen?« Ich erwiderte, ich würde wohl in Zukunft die Finger von derartigen Unternehmungen lassen, da man sie sich zu leicht verbrennen könnte. Er meinte, das glaube er mir gerne, ihn würden aber die weitergehenden Konsequenzen interessieren.

Befragt, was er damit meine, antwortete er: »Na, zum Beispiel in politischer Hinsicht.« Dazu teilte ich ihm mit, dass sich die Lage in Deutschland seit 1976 doch wohl kaum geändert habe. Daher sähe ich auch keinen Anlass, meine Meinung zu ändern. Wenn Leute ausreisen wollten und daran von Staats wegen gehindert würden, werde es auch weiterhin Flucht und Fluchthilfe geben. Mein Gegenüber fühlte sich jetzt bemüßigt, mir noch einmal Angst einjagen zu wollen: »Sie sind also offensichtlich unbelehrbar! Das Beste wäre wohl, man würde Sie noch einmal für die fehlenden zwei Jahre nach Rummelsburg schicken!« Da ich wusste, dass hier geblufft wurde, bemerkte ich, dass es ja allenfalls noch 20 Monate wären. »Na ja, das ist auch egal. 20 Monate sind ja fast zwei Jahre. Aber wir wollen uns nicht streiten. Wir sind ja großzügig und haben deshalb beschlossen, Sie, obwohl Sie unbelehrbar sind, demnächst freizulassen, nicht morgen und nicht übermorgen, aber doch in den nächsten Tagen.« Dann gab er seiner »Hoffnung« Ausdruck, dass ich mich dieser »Großzügigkeit« würdig erweisen möge. Man werde aber, da ich mich wahrscheinlich auch weiterhin der DDR gegenüber feindselig verhalten würde, auch in Zukunft ein wachsames Auge auf mich haben. Ich riet ihm, dies aber möglichst vorsichtig zu tun, da auch für

MfS-Mitarbeiter West-Berlin rechtlich ein fremdes Territorium sei. Es folgten noch einige Formalien hinsichtlich meines Aufenthaltes in der Magdalenenstraße. Er versprach mir Lektüre, die Möglichkeit zu duschen und Freigang.

Noch am gleichen Nachmittag konnte ich tatsächlich duschen und bekam auch ein Buch, Ludwig Renn: »Im spanischen Krieg«. Ähnlich meiner damaligen Lage beginnt es in einem Gefängnis und leitet dann mit der Freilassung des Autors zur eigentlichen Handlung über. Am 17. Juli hatte ich erstmals in der Magdalenenstraße Freistunde, die in ähnlich engen Hofzellen wie seinerzeit in Hohenschönhausen durchgeführt wurde. Zum ersten Mal seit langem sah ich hier auch wieder grüne Bäume aus nächster Nähe, denn unmittelbar außerhalb der Mauern standen mehrere Kastanien, deren Kronen zum Teil bis über die Gitter des Hofes reichten. Nach dem Mittagessen musste ich zum Arzt. Dieser begrüßte mich mit der Frage: »Was haben Sie denn für abenteuerliche Kleidung an?« Ich antwortete: »Das ist Häftlingskleidung. So lässt man nämlich bei Ihnen im Strafvollzug die Leute herumlaufen!« Diese Antwort schien ihm peinlich. Er blätterte in irgendwelchen Akten und murmelte: »So, so. Ach, zu diesen Leuten gehören Sie. Ich verstehe.« Er sah auf und drehte sich zu mir um: »Ich habe eigentlich nur zwei Fragen. Haben Sie irgendwelche Beschwerden über den medizinischen Dienst während Ihrer Vollzugszeit, oder fühlen Sie sich korrekt behandelt?« Ich lachte und meinte, fünf Minuten vor zwölf würde ich mir wohl keine Schwierigkeiten mehr mit irgendwelchen Beschwerden machen. Darauf meinte er, dass mir hier bestimmt niemand mehr irgendwelche Steine in den Weg legen wolle. Ihn interessiere noch, ob ich momentan gesundheitliche Beschwerden hätte. Da ich etwas erkältet war, erhielt ich von ihm einige Tabletten.

Am 18. Juli wurde ich nach der Freistunde zu den Effekten geholt. Hier konnte ich mich meiner Sträflingsklamotten, die ich 33 Monate in Ehren getragen hatte, entledigen und bekam dafür meine Privatsachen sowie Uhr und Westgeld zurück. Zum Abkauf meines noch ausstehenden Arbeitslohnes erfuhr ich, dass es damit schlecht aussehe. Man werde mir noch eine Reisetasche kaufen, damit ich nicht mit meinem Lufthansa-Campingbeutel, sondern »anständig« die DDR verlasse. Der Rest meines Ostgeldes werde eingezogen, da ich ja in der DDR noch über 1900 Mark Schulden habe. Abschließend erlaubte man sich noch einen letzten schlechten Witz mit mir: »Wissen Sie, wann es mit Ihnen losgeht?« Ich: »Nein.« – »Morgen früh, um acht Uhr!«

Dann wurde ich wieder auf meine Zelle zurückgebracht, wo mir einfiel, dass mein Sträflingskäppi ja noch wohlverwahrt unter den Matratzen ruhte. Ich besaß nun eine Uhr, die ich nach der eines Postens gestellt hatte, und konnte so das Schwinden der verbleibenden Stunden auch optisch verfolgen. Der Nachmittag verstrich relativ schnell. Ich dachte, dass ich bestimmt zum letzten Mal in einer derartigen Situation wäre. Nach 1196 Tagen hinter Gittern wurde mir so der letzte Tag nicht mehr zur Qual. Ich kostete das Gefühl, Gefangener zu sein, fast »genüsslich« aus. Morgen würde ja alles vorbei sein. Als es um 21.00 Uhr zur Nachtruhe klingelte, begab ich mich frohgemut zu Bett und verbrachte eine sehr ruhige Nacht.

Donnerstag, der 19. Juli 1979, der große Tag für mich, war gekommen. Um 6.00 Uhr klingelte es zum Wecken. Ich stand auf, wusch mich, zog mich an und frühstückte zum letzten Mal hinter Gittern. Nach dem Frühstück zog ich meine Pritsche ab und packte Bettwäsche und Decken zu einem großen Bündel. In der Annahme, dass man mich nicht mehr durchsuchen würde, holte ich das Käppi aus seinem Versteck und steckte es mir in die Hose. Dann wartete ich. Die verbleibende Zeit bis acht Uhr verging ebenfalls recht schnell.

Aber um 8.00 Uhr kam niemand, um mich zu holen. Zunächst beunruhigte mich das nicht, weil Verspätungen immer möglich sind. Als aber um 8.15 Uhr immer noch nichts geschehen war, wurde ich unruhig. Hatte ich am Vortag etwa nicht richtig zugehört? Hatte man etwa gesagt: »Übermorgen früh, acht Uhr« oder »Morgen Abend, acht Uhr«? War vielleicht überhaupt etwas dazwischengekommen? Ich lief in der Zelle auf und ab und wäre am liebsten die Wände hochgegangen. So wurde die letzte Stunde beinahe die schlimmste meiner ganzen Haft.

Endlich, gegen 9.00 Uhr, wurde die Tür aufgeschlossen. Draußen stand der Posten, ein Feldwebel. Er sagte nur: »Haben Sie alles? Dann kommen Sie mit!«

Die Rückkehr

Wir gingen nach unten. Dort erhielt ich quasi im Vorbeigehen eine schwarze Reisetasche mit meinem Eigentum sowie meinen Ausweis, meinen Führerschein und den Entlassungsschein ausgehändigt. Ohne Verzögerung ging es dann auf den Hof, wo neben einem grünen Pkw Wartburg zwei Männer und eine Frau warteten. In einem der Männer erkannte ich den Stasi-Mann von Montag wieder. Auch der andere schien »zum Haus« zu gehören. Die Frau dagegen, eine junge Asiatin, hatte ebenfalls eine Reisetasche neben sich stehen. Sie war also auch eine Gefangene, die ihrer Freilassung entgegensah. Wir luden unsere Taschen in den Kofferraum und nahmen im Fond des Wagens Platz. Unsere Begleiter vom Staatssicherheitsdienst saßen vorne. Es war ein schönes Gefühl, wieder einmal in einem richtigen offenen Auto zu sitzen. Der Wagen fuhr los. Ein Uniformierter öffnete das Tor. Es ging durch eine Sperrzone und ein zweites Tor, das von bewaffneten Posten gesichert war. Dann waren wir auf der Straße. Ich warf einen Blick zurück. Eine hohe graue Mauer mit einer Stacheldrahtkrone und ein ebenso hohes Holztor, davor auf dem Bürgersteig ein, zwei Passanten, das war alles, was ich sah.

Schon bog der Wagen um die Ecke: Wir fuhren im Kreis um eine Kirche und dann eine kurze Straße entlang. Dann waren wir schon auf der Frankfurter Allee, einer der Hauptstraßen Ost-Berlins. Dieser folgten wir nun in östlicher Richtung. Die junge Frau neben mir fragte mich, wie lange ich gesessen hätte, sie selber habe vier Jahre und drei Monate hinter Gittern zugebracht. Ich antwortete ihr kurz. Sonst schwiegen wir angesichts unserer Begleiter noch. Diese taten aber so, als würden sie sich nicht weiter um uns kümmern. Der Wagen fuhr weiter nach Osten die »Straße der Befreiung« (!) entlang und bog dann in die Marzahner Chaussee ab. In einer ihrer Seitenstraßen, der Reiler Straße, befand sich das Büro des Rechtsanwalts Dr. Vogel. Das war vorerst unser Ziel.

In der ungepflasterten, holprigen Straße hielten wir vor einem schmucken Einfamilienhaus aus den 30er Jahren. Noch während der Fahrt hatte ich über meine Begleiterin nachgedacht. Dunkel war mir dabei der Fall des Ehepaars Franke in Erinnerung gekommen, das Anfang April 1975, ein Jahr vor mir, wegen angeblicher Spionage in der DDR festgenommen worden war. Volker Franke war wie ich Mitglied der Jungen Union, seine Frau eine Krankenschwester aus Südkorea. Allzu viele junge Frauen aus Asien, die seit April 1975 in der DDR inhaftiert waren, konnte es ja nicht geben. So sprach ich sie beim Aussteigen an: »Sagen Sie, Sie sind doch Frau Franke?« Sie war verblüfft: »Woher wissen Sie?« Ich vertröstete sie auf später. Wir holten die Taschen aus dem Kofferraum und gingen auf das Haus zu. An der Tür erwartete uns eine junge Frau. Unsere »Schatten« waren auf einmal verschwunden. Ich weiß nicht, welchen Status wir jetzt – noch immer in Ost-Berlin – einnahmen, jedenfalls standen wir nicht mehr unter ständiger Aufsicht. Die Frau begrüßte uns und bat uns, im Wartezimmer Platz zu nehmen. Dr. Vogel sei unterwegs, wolle sich aber noch mit uns unterhalten. Danach werde man uns nach West-Berlin bringen.

Im Wartezimmer machten Hyoon-Ya Franke und ich uns erst einmal bekannt. Ich sagte ihr, woher ich ihren Fall kannte. Wir verglichen die Lebensbedingungen in Bautzen II und in Rummelsburg und unterhielten uns mit Haftepisoden. Erstmals seit langem erhielt ich nun eine Nachricht über meinen Freund Hartmut, der seit Dezember 1977 auch in Bautzen II war. Zwischendurch servierte uns die Frau aus dem Anwaltsbüro einen Kaffee. Nach etwa 45 Minuten kam sie dann und sagte, wir würden »drüben« erwartet und müssten daher losfahren, ohne mit Dr. Vogel gesprochen zu haben. Sie sei eine Mitarbeiterin von Dr. Vogel und würde uns hinüberfahren.

In der Garage des Hauses stiegen wir in den Mercedes 250 des Anwalts. Über die Marzahner Chaussee, die Allee der Kosmonauten und die Rhinstraße erreichten wir die Leninallee, der wir in Richtung Stadtzentrum folgten. Zum Abschied bot man uns also noch eine Art Stadtrundfahrt durch Ost-Berlin. Am Leninplatz sah ich einen kleinen, unauffälligen Barkas-Bus, der, wie ich nun wusste, einem ganz bestimmten Zweck diente. Ich zeigte ihn Hyoon-Ya. Da meinte unsere Fahrerin: »So etwas ist doch nicht schön. Da guckt man doch nicht hin!«

Wir fuhren an diesem sonnigen Sommermorgen durch lebhaften Verkehr. Niemand von denen, die wir sahen, konnte ahnen, dass es für uns kein normaler, sondern ein ganz besonderer Tag war. In der Hannoverschen Straße fuhren wir am Gebäude der Ständigen Vertretung der Bundesrepublik Deutschland in der DDR vorbei, mit einem auffälligen Polizeiposten vor dem Gebäude. Dann bogen wir auch schon in die Invalidenstraße ein. Vor uns lag der Grenzübergang. Wir fuhren auf der Diplomatenspur bis an eine Stahltrosse, warteten kaum 15 Sekunden, bis ein Offizier herankam, einen kurzen Blick auf unseren Wagen warf, die Trosse aushängte und uns vorbeiwinkte. Augenblicke später passierten wir den weißen Strich. Wir waren im Westen. Ein unheimliches Glücksgefühl bemächtigte sich meiner. Jetzt holte ich auch das Käppi heraus. Hyoon-Ya staunte und lachte.

Wir fuhren auf direktem Wege zum Rechtsanwaltsbüro Stange in der Bundesallee. Eine Straßenecke vorher hielten wir. Hier erwarteten uns ein Mitarbeiter des Anwaltsbüros und ein Ministerialrat vom Berliner Bundeshaus. Zu unserer Überraschung hörten wir, wie sie unsere Fahrerin mit »Frau Vogel« ansprachen. Wir hörten, dass der Haupteingang der Anwaltskanzlei von Journalisten blockiert sein sollte. Deshalb benutzten wir den Hintereingang von der Berliner Straße aus. Vor diesem warteten nur ein Fotograf und ein guter Freund von mir. Wir gingen hinauf und standen vor der massiven Hintertür. Es dauerte endlos, bis sie von drinnen geöffnet wurde. Dann war es so weit. In einem Raum des Büros erwarteten mich meine Eltern und Geschwister. Als ich sie sah, war ich zunächst beschämt darüber, wie ich meine Angehörigen 1976 getäuscht und dadurch viel Leid auch über sie gebracht hatte. Dann aber schwemmte die Wiedersehensfreude alles fort. Jetzt erfuhr ich auch, dass wir gemeinsam mit Volker Franke und einem weiteren Berliner gegen den DDR-Spion Burger ausgetauscht worden waren, der jahrelang die Berliner SPD für das MfS ausgeforscht hatte und dafür zu sieben Jahren Freiheitsstrafe in West-Berlin verurteilt worden war. Nach 1197 Tagen war meine Odyssee dadurch beendet. Ich war endlich heimgekehrt.

Nachwort

Verfasst für die erste Ausgabe 1981

Dieses Buch Matthias Baths ist ein Rapport, Rückmeldung ins Leben: kundig, knapp, korrekt. Ausführliche Ergänzungen – ein ganzer Band mit dokumentarischen Belegen ließe sich mühelos anschließen – würden die Gradlinigkeit in Stil und Wesensveranlagung des Autors überdecken, dem ein präzise funktionierendes Gedächtnis minutiöse Detailtreue ermöglicht.

Die ständig präsente Gegenseite hat die Terminologie vom »staatsfeindlichen Menschenhandel« erfunden, um Inhumanität juristisch zu tarnen. Sie hat im Laufe der Jahre beachtliche kommerzielle Perfektion beim Häftlingsfreikauf erreicht. Der Preis steigt mit der Demütigungsbereitschaft der Käufer. Wo auch der Mehrfachpreis nicht ausreicht, beginnt das Feilschen um Köpfe, der Austausch.

Die Käufer sind in misslicher Lage. Was sie euphorisch als neue Ostpolitik begannen, birgt noch immer, wenn auch hinter vorgehaltener Hand, die Notwendigkeit, Westmark für die Freilassung deutscher Menschen zu bieten. Oder eben den Tausch, Köpfe gegen Kopf. Kein Wunder, dass die Käufer sich unmerklich in Denkweise und Wortschatz ihrer Gesprächspartner verstricken. Was sie als Geheimdiplomatie, als Spiel der Eingeweihten rechtfertigen mögen, ist oft nur das Tappen von Falle zu Falle. Sie bleiben in das Dilemma gezwängt, um Menschlichkeit konspirativ schachern zu müssen.

Die Publizistik hat nur selten in das Zwielicht hinter dem Dunkel hineingeleuchtet. Die, die sich der Seriosität verpflichtet fühlen, übten und üben sich in asketischer Zurückhaltung – ihnen sei Dank.

Sensationsgierige kombinieren zuweilen mit mehr oder weniger Geschick das wenige Bekannte mit dem fälschlich Vermuteten, des Dementis im Voraus gewiss. Die Ingredienzen sind längst bekannt: der Big Boss des Großunternehmens Fluchthilfe in seiner boxerbewachten Villa im Tessin oder ein paar Jungpolitiker, ein Bordell als Agententreff, eine quicklebendige Gespielin als Lockmittel – gemixt als Schütteldrinks für Krimisüchtige.

Als Matthias Bath in die Dämmerung eines Aprilabends hinein zu seinem gefahrvollen Unternehmen aufbricht – eine Dämmerung, die erst nach dreieinviertel Jahren für ihn enden wird –, hinterlässt der nüchtern Planende, der auch der schlimmsten Folgerung nicht ausweicht, einen Brief an seine abwesenden Angehörigen, in dem es heißt: »Wenn Ihr dieses Schreiben vorfindet, befinde ich mich nach einem gescheiterten Fluchthilfeunternehmen in der DDR in Haft. Ich weiß, dass ich damit etwas getan habe, was Ihr nicht billigt, glaube aber, dass mir mein Gewissen keine andere Wahl lässt ... Mancher andere, der wie ich denkt, ist durch familiäre Verpflichtungen gehindert ... Bitte verzeiht mir den Kummer, den ich Euch mit diesem Schritt antue. Bedenkt auch, dass die Lage der Leute drüben noch hoffnungsloser wäre, gäbe es nicht Leute wie mich.«

Den Zeitgeschichtler erinnert dieser Brief an die erschütternden Abschiedszeilen so manchen Widerstandskämpfers. Für die Eltern des Inhaftierten ist er die vorerst letzte Nachricht. Dann der erste Brief aus dem Gefängnis: ein wenig Linderung, aufkeimende Hoffnung am Beginn einer langen Trennung, die in jeder Stunde spürbar bleibt. Der Sohn kann in seinen Gedanken mit Eltern und Geschwistern in der häuslichen Umgebung weiterleben. Für die daheim endet jedes Bemühen, sich das Leben hinter Gittern vorzustellen, in lähmender Ungewissheit. Die Bilder, die die Mutter in jenen Jahren malt, spiegeln den feinnervig tastenden Versuch der Eltern, dem Sohn trotz aller Unerreichbarkeit nahe zu bleiben.

Und unablässig müht sich der Vater, Kontakte zu knüpfen, die eine baldige Rückkehr des Sohnes bewirken sollen. Die Zahl der Eingaben, Anfragen und persönlichen Gespräche wächst, die Korrespondenz verdichtet sich: Auskünfte der Rechtsanwälte, der »Strafvollzugseinrichtung«, der »Ständigen Vertretung der Bundesrepublik«. Briefe, geschrieben mit der inneren Anteilnahme von Obduktionsberichten. Schreiben der Parteien, Zielrichtung Bonn. Oft lassen sie die ganze Variationsbreite ahnen, in der ein Stück Papier auf der Suche nach dem Kompetenten weitergereicht werden kann. Oder auch unredlicher Trost von Wirkungsbeflissenen, Halbwahrheiten, um die groteske Ohnmacht der Kaufbereiten zu kaschieren. Schließlich ein Hauch von Ränkespiel um Leben und Freiheit, wie es wohl im Moskau der Stalinzeit, im Komintern-Hotel Lux, sich zutrug.

Und auch das andere, wohltuend Positive gehört dazu: Briefe einer klugen Frau aus dem Petitionsausschuss und vor allem die Aktivität eines Abgeordneten, der seit seiner Jugend weiß, was politische Haft bedeutet.

Nach zweieinhalb Jahren ist die Hälfte der Strafzeit abgelaufen. Allmählich wird deutlich, dass der ansonsten nach dieser Frist mögliche »Freikauf« für Matthias Bath nicht zustande kommt. Die Gründe, die eine außergewöhnliche Lösung bedingen, sind nur zu vermuten. Ist es die exponierte Stellung des Vaters, dessen mutiges Eintreten für klare pädagogische Grundsätze ihm, dem Berliner Landesschulrat, breite Anerkennung eintrug? Ist es die nicht weniger klarsichtige Überzeugungstreue seines Sohnes, die das Regime besonders rachsüchtig stimmt? Ist es die Publizität des Falles, für den sich inzwischen nicht nur der »Unabhängige Schülerbund«, sondern auch die in- und ausländische Presse mit Unterschriftensammlungen und immer neuen Veröffentlichungen einsetzen? Oder muss das Ministerium für Staatssicherheit in Ost-Berlin seinen West-Agenten nach manchen Fehlschlägen erneut verdeutlichen, was man für sie zu tun bereit ist?

Welcher Grund für die östliche Seite auch immer entscheidend gewesen sein mag: Nutznießer ist der Ost-Agent Burger, für den vier West-Berliner heimkehren durften. Neben Matthias Bath der zu 15-jähriger Haft verurteilte Volker Franke mit seiner koreanischen Ehefrau und der Finanzbeamte Günter Weinhold.

Ost-Agent Burger, zu sieben Jahren verurteilt, schon nach zwei Jahren begnadigt und ausgetauscht, ist kein Richard Sorge, eher ein Miesling von Spitzenformat. Was er als Pressesprecher des Landesvorstandes der Berliner SPD in Erfahrung bringt – auch seine später gegen ihn aussagende Frau ist unter dem reichlich euphemistischen Decknamen »Helena« mit von der Partie –, trägt die Putzfrau des freundlichen Paares in Form von Notizen, Fotos und Tonbändern über die Sektorengrenze. Nach der Verhaftung Burgers zeigt sich, dass er, der so erfolgreich Redselige, belauschte, selbst jedoch schweigen kann. Die Austauschquote (1:4) macht überzeugend deutlich, welchen Wert er noch immer für die Gegenseite hat.

Matthias Bath verbringt die letzten Haftmonate in Unkenntnis des bevorstehenden Austausches. Die Familie, bereits in großen Zügen darüber unterrichtet, trifft erste Vorbereitungen für den Tag seiner Heimkehr. Während er die nervenaufreibenden Schlussphasen der Freilassung und der Fahrt nach West-Berlin durchlebt, wartet die Familie auf ihn in jenem hiesigen, am Austausch beteiligten Rechtsanwaltsbüro. Und als sich dann dort die Tür vor ihm öffnet, ist es zugleich die Tür in ein neues, ein zweites Leben ...

Die heimischen, die ausländischen Zeitungen und das Fernsehen bringen die ersten Interviews mit dem Heimgekehrten. Eine Presseagentur zitiert seinen Dank: »Ich bin von der Anteilnahme an meinem Schicksal überwältigt.«

Noch während er das ausspricht, denkt er an die, die er hinter den Gittern zurückließ, vor allem an jene, die auch nach einer Entlassung – mit diffamierenden Auflagen bedacht – weiterhin unfrei bleiben werden. Wie formuliert es der große Pole Stanislaw Lec? »Ein Staat, aus dem die Bürger nicht herauskönnen, hat wohl keinen Ausweg.«

In vielfacher Hinsicht ist der »Fall« Matthias Bath nur einer unter Abertausenden. Und doch bleibt er durch die Gradlinigkeit seines Verlaufs ein exemplarischer. Wir haben nach 1945 erlebt, wie die Einschätzung von Widerstandshandlungen gegen ein inhumanes Regime sich wandelte, die ethische Substanz sichtbar wurde, die bis dahin den meisten Zeitgenossen verborgen war. Das Engagement weniger nicht mit dem Strom Schwimmender hatte einer ganzen Generation das geistige Überleben ermöglicht. Niemand aus der jungen Generation dürfte heute wissen, ob ihr eigener geistiger Fortbestand nicht auf den wenigen ruht, die das helfende Handeln als unausweichliche Gewissensentscheidung begriffen.

Werner Krüger,
1922–1992, politischer Häftling in Bautzen und Torgau 1950–1957, später Leiter eines schulpraktischen Seminars in Berlin

Abkürzungen

BVG	Berliner Verkehrsgesellschaft
BZ	Berliner Zeitung (West)
CDU	Christlich-Demokratische Union
ČSSR	Tschechoslowakische Sozialistische Republik
DKP	Deutsche Kommunistische Partei
E-Zaun	Elektrozaun
EAW	Elektro-Apparate-Werke
EU	Einzelunterbringung
FDGB	Freier Deutscher Gewerkschaftsbund
FDJ	Freie Deutsche Jugend
FU	Freie Universität
Geko	Typbezeichnung in Rummelsburg gefertigter Relais
HO	Handelsorganisation
IG	Industriegebäude
JU	Junge Union
MdI	Ministerium des Innern der DDR
MfS	Ministerium für Staatssicherheit der DDR
MWD	Ministerstwo Wnutrennich Djel (= Ministerium des Innern der Sowjetunion)
OvD	Offizier vom Dienst
PZL	Prämienzeitlohn
RA 6/7	Typbezeichnung in Rummelsburg gefertigter Relais
Relog	Typbezeichnung in Rummelsburg gefertigter Relais
RS 8	Typbezeichnung in Rummelsburg gefertigter Relais
SED	Sozialistische Einheitspartei Deutschlands
SPD	Sozialdemokratische Partei Deutschlands
SSD	Staatssicherheitsdienst

	(vornehmlich im Westen gebräuchlicher Ausdruck für das MfS und seine Angehörigen)
Stasi	Staatssicherheit (in der DDR gebräuchlicher Ausdruck für das MfS und seine Angehörigen)
StGB	Strafgesetzbuch
StPO	Strafprozessordnung
StVE	Strafvollzugseinrichtung
SV	Strafvollzug
TKO	Technische Kontrollorganisation
TU	Technische Universität
UHA	Untersuchungshaftanstalt
VEB	Volkseigener Betrieb
Vopo	Volkspolizei, Volkspolizist
VR	Verwahrraum